"Queremos água!" Reunião dos trabalhadores da construção, de Aleksander Ródtchenko, 1933.

TEORIA GERAL DO DIREITO
E MARXISMO

Luiz Fernando M. Costa, *Pachukanis*, 2017, pintura a óleo.

Evguiéni B. Pachukanis

TEORIA GERAL DO DIREITO E MARXISMO

Tradução
Paula Vaz de Almeida

Revisão técnica
Alysson Leandro Mascaro e Pedro Davoglio

Evguiéni B. Pachukanis traduzido diretamente do original em russo: "Общая теория права и марксизм" / *Obschaia teoria prava i marksizm*, em Избранные произведения по общей теории права и государства / *Izbrannye proizviedienia po obschei teorii prava i gossudarstva* [*Obras escolhidas sobre teoria geral do direito e Estado*] (Moscou, Academia de Ciência, Instituto de Estado e Direito/Naúka, 1980) (corpo editorial: V. N. Kudriavtsev, editor responsável; S. N. Brastus; L. Ia. Guinsburg; L. S. Mamut; B. S. Nerssiessiánts).

Direção editorial Ivana Jinkings
Edição Bibiana Leme
Assistência editorial Thaisa Burani
Tradução Paula Vaz de Almeida (com auxílio de Nélio Schneider para as citações de livros em alemão)
Revisão técnica Alysson Leandro Mascaro e Pedro Davoglio
Preparação Alícia Toffani e Mariana Echalar
Revisão Thais Rimkus
Coordenação de produção Livia Campos
Assistência de produção Camila Nakazone
Capa Ronaldo Alves
(frente: foto de Aleksander Ródtchenko, 1933; quarta capa e internas: foto de Frankieleon)
Diagramação Aeroestúdio

Equipe de apoio Allan Jones / Ana Yumi Kajiki / Artur Renzo / Eduardo Marques / Elaine Ramos / Frederico Indiani / Isabella Marcatti / Ivam Oliveira / Kim Doria / Marlene Baptista / Maurício Barbosa / Renato Soares / Thaís Barros / Tulio Candiotto

CIP-BRASIL. CATALOGAÇÃO NA PUBLICAÇÃO
SINDICATO NACIONAL DOS EDITORES DE LIVROS, RJ

P123t
Pachukanis, Evguiéni B., 1891-1937
Teoria geral do direito e marxismo / Evguiéni B. Pachukanis ; tradução Paula Vaz de Almeida ; revisão técnica Alysson Leandro Mascaro, Pedro Davoglio. – 1. ed. – São Paulo : Boitempo, 2017.

Inclui índice
ISBN: 978-85-7559-547-3

1. Direito – Teoria. I. Almeida, Paula Vaz de. II. Mascaro, Alysson Leandro. III. Davoglio, Pedro. IV. Título.

17-39970
CDU: 340.12

1ª edição: abril de 2017; 1ª reimpressão: julho de 2017;
2ª reimpressão: outubro de 2017; 3ª reimpressão: maio de 2019;
4ª reimpressão: setembro de 2020; 5ª reimpressão: maio de 2021;
6ª reimpressão: abril de 2022; 7ª reimpressão: julho de 2023

BOITEMPO
Jinkings Editores Associados Ltda.
Rua Pereira Leite, 373
05442-000 São Paulo SP
Tel.: (11) 3875-7250 / 3875-7285
editor@boitempoeditorial.com.br
boitempoeditorial.com.br | blogdaboitempo.com.br
facebook.com/boitempo | twitter.com/editoraboitempo
youtube.com/tvboitempo | instagram.com/boitempo

Sumário

NOTA DA EDIÇÃO

Apesar de no Brasil ser mais usada a grafia Evgeni para o primeiro nome de Pachukanis, nesta edição optou-se por não perpetuar tal equívoco: de acordo com os estudos da transliteração, levados a cabo por tradutores e estudiosos do russo, a grafia em português que melhor se adapta à sonoridade do original Евгений é Evguiéni (podendo-se inclusive considerar Ievguéni/Ievguêni/Ievguiéni/Evguéni/Evguêni), visto que a oclusiva velar sonora "g", no português, deve ser transcrita "gu" antes das vogais "e" e "i" (por isso, jamais Evgeni, que em português é lido com som de "j").

Este volume contou com o apoio aguerrido de profissionais que se envolveram nas mais variadas etapas da edição, conferindo-lhe seriedade e abrangência: a editora agradece a Paula Vaz de Almeida, pela tradução meticulosa do texto de Pachukanis; a Alysson Leandro Mascaro e Pedro Davoglio, pela diligente revisão técnica (e individualmente a Alysson, pela seleção dos textos extras que acompanham a edição, e a Pedro, pela redação do texto "Sobre o autor", às páginas 205-6); a Nélio Schneider, pela tradução dos trechos em latim e pela localização e tradução das citações de livros em alemão; a Patricia Peterle e Andrea Santurbano, pela tradução dos textos de Antonio Negri; a Martha Camargo Vasconcelos Pereira, Daniel S. Mayor Fabre, Taylisi de Souza Correa Leite e Thiago Kühl, pela tradução dos textos da seção "Sobre a obra"; a Alícia Toffani e Mariana Echalar, pela preparação dos textos e pesquisa de informações bibliográficas das obras citadas; a Thais Rimkus, pela revisão; a Priscila Abakerli, pela diagramação; e a Ronaldo Alves, pela criação da capa. Agradece ainda à Biblioteca Científica de Direito, por ceder o original de Pachukanis para tradução; a Antonio Negri, pela autorização para que desta edição constassem não apenas um, mas dois ensaios de sua autoria, sendo um inédito; a Carlos Rivera-Lugo, pela também gentil autorização de uso de seu texto; a Editori Riuniti, na pessoa da editora Anna Ricca, pela generosa cessão do texto "A teoria socioeconômica de Pachukanis", de Umberto Cerroni; assim como a Sebastian Budgen, pela autorização do trecho de "A favor de Pachukanis: exposição e defesa da teoria jurídica da forma-mercadoria", de China Miéville. Todos foram, em diferentes momentos, indispensáveis à publicação no Brasil desta magistral obra do campo do direito.

Relendo Pachukanis: notas de discussão*

Antonio Negri

1. O direito no mundo das mercadorias

"Do mesmo modo que a riqueza da sociedade capitalista assume a forma de uma enorme coleção de mercadorias, também a sociedade se apresenta como uma cadeia ininterrupta de relações jurídicas."[1] É desse modo que Pachukanis nos introduz no mundo da mistificação jurídica, lembrando-nos, simultaneamente, de que o direito, se é ideologia e fetiche, também é real. "O Estado não é apenas uma forma ideológica, ele é, ao mesmo tempo, uma forma de ser social. O caráter ideológico de um conceito não elimina aquelas relações reais e materiais que este exprime."[2] Ora, "*seria possível entender o direito como uma relação social, naquele mesmo sentido que Marx usou ao chamar o capital de relação social?*"[3]

Relação social, mundo das relações sociais, mundo das mercadorias. Estamos inteiramente no terreno de Marx. Na primeira sessão do Livro I de *O capital*, quando ainda analisa a fenomenologia do valor de troca, ele já afirma: no atual regime, a troca pressupõe protagonistas que "têm [...] de se reconhecer mutuamente como proprietários privados. Essa relação jurídica, cuja forma é o contrato, seja ela legalmente desenvolvida ou não, é uma relação volitiva, na qual se reflete a relação econômica. O conteúdo dessa relação jurídica ou volitiva é dado pela própria relação econômica"[4]. Este

* Traduzido por Patricia Peterle e Andrea Santurbano do original em italiano "Rileggendo Pašukanis: note di discussione", *Critica del Diritto*, n. 1, 1974, p. 90-119. (N. E.)

1 Ver, neste volume, p. 97.

2 Ver, neste volume, p. 89.

3 Ver, neste volume, p. 88; grifos do original.

4 K. Marx, *O capital: crítica da economia política*, Livro I: *O processo de produção do capital* (trad. Rubens Enderle, São Paulo, Boitempo, 2013), p. 159.

– interno e material – é o nexo entre vontade jurídica e seu conteúdo econômico. "Aqui, as pessoas existem umas para as outras apenas como representantes da mercadoria e, por conseguinte, como possuidoras de mercadorias."[5] Já os idealistas atribuem uma realidade autônoma a essa relação. Vejamos o caso de Proudhon. Segundo Marx:

> [ele] cria seu ideal de justiça, a *justice éternelle* [justiça eterna], a partir das relações jurídicas correspondentes à produção de mercadorias, por meio do que, diga-se de passagem, também é fornecida a prova, consoladora para todos os filisteus, de que a forma da produção de mercadorias é tão eterna quanto a justiça. Então, em direção inversa, ele procura modelar de acordo com esse ideal a produção real de mercadorias e o direito real que a ela corresponde. O que se pensaria de um químico que, em vez de estudar as leis reais do metabolismo e de resolver determinadas tarefas com base nesse estudo, pretendesse modelar o metabolismo por meio das "ideias eternas" da "*naturalité*" [naturalidade] e da "*affinité*" [afinidade]? Por acaso se sabe mais sobre um agiota quando se diz que ele contraria a "*justice éternelle*", a "*équité éternelle*" [equidade eterna], a "*mutualité éternelle*" [mutualidade eterna] e outras "*vérités éternelles*" [verdades eternas] do que os padres da Igreja o sabiam quando diziam que ele contradiz a "*grâce éternelle*" [graça eterna], a "*foi éternelle*" [fé eterna] e a "*volonté éternelle de Dieu*" [vontade eterna de Deus]?[6]

Dito isso, o projeto de pesquisa de Marx se esclarece por inteiro: "Na sequência de nosso desenvolvimento, veremos que as máscaras econômicas das pessoas não passam de personificações das relações econômicas, como suporte [*Träger*] das quais elas se defrontam umas com as outras"[7].

A forma, porém, não é somente uma referência à materialidade do conteúdo da troca, em geral permutabilidade das mercadorias; ela é, ao mesmo tempo, mistificação do comando capitalista sobre a permutabilidade das mercadorias.

> De fato, na forma da permutabilidade direta e universal não se vê de modo algum que ela seja uma forma antitética de mercadoria, tão inseparável da forma da permutabilidade não imediata quanto a positividade de um polo magnético é inseparável da negatividade do outro. Por essa razão, pode-se imaginar ser possível imprimir simultaneamente em todas as mercadorias o selo da permutabilidade direta, do mesmo modo como se pode imaginar ser possível transformar todos os católicos em papas. O pequeno-burguês, que vislumbra na produção de mercadorias o *nec plus ultra* [limite inultrapassável] da liberdade humana e da independência individual, desejaria naturalmente se ver livre dos abusos vinculados a essa forma, especialmente da permutabilidade não imediata das mercadorias. O retrato dessa utopia filisteia constitui o socialismo de Proudhon [...].[9]

---

[5] Ibidem, p. 159-60.

[6] Ibidem, p. 159-60, nota 38.

[7] Ibidem, p. 160.

[8] Ibidem, p. 144, nota 24.

A forma-mercadoria é, portanto, essencialmente antagônica: "Vimos que o processo de troca das mercadorias inclui relações contraditórias e mutuamente excludentes. O desenvolvimento da mercadoria não elimina essas contradições, porém cria a forma em que elas podem se mover"[10].

O raciocínio marxiano se conclui somente quando a contradição essencial da forma-mercadoria consegue se realizar na forma mercantilizada do trabalho, na força de trabalho. Aqui, a forma-mercadoria se revela completamente, e revela completamente a função da própria contradição.

> [A] lei da propriedade privada, fundada na produção e na circulação de mercadorias, transforma-se, obedecendo a sua dialética própria, interna e inevitável, em seu direto oposto. A troca de equivalentes, que aparecia como a operação original, torceu-se ao ponto de que agora a troca se efetiva apenas na aparência, pois, em primeiro lugar, a própria parte do capital trocada por força de trabalho não é mais do que uma parte do produto do trabalho alheio, apropriado sem equivalente; em segundo lugar, seu produtor, o trabalhador, não só tem de repô-la, como tem de fazê-lo com um novo excedente. A relação de troca entre o capitalista e o trabalhador se converte, assim, em mera aparência pertencente ao processo de circulação, numa mera forma, estranha ao próprio conteúdo e que apenas o mistifica. A contínua compra e venda da força de trabalho é a forma. O conteúdo está no fato de que o capitalista troca continuamente uma parte do trabalho alheio já objetivado, do qual ele não cessa de se apropriar sem equivalente, por uma quantidade maior de trabalho vivo alheio.[11]

A abstração "mercadoria" concretiza assim seu conteúdo antinômico e a análise atinge seu centro fundamental: a determinação do tecido da exploração e das condições da luta de classes:

> Originalmente, o direito de propriedade apareceu diante de nós como fundado no próprio trabalho. [...] Agora, ao contrário, a propriedade aparece do lado do capitalista, como direito a apropriar-se de trabalho alheio não pago ou de seu produto; do lado do trabalhador, como impossibilidade de apropriar-se de seu próprio produto. A cisão entre propriedade e trabalho torna-se consequência necessária de uma lei que, aparentemente, tinha origem na identidade de ambos.[12]

Na forma da mercadoria e do direito, portanto no mundo das mercadorias, organização da força de trabalho e comando da exploração da força de trabalho convivem necessariamente. O antagonismo da forma é, antes de tudo, essa convi-

---

9 Ibidem, p. 178.

10 Ibidem, p. 659.

11 Idem.

vência – que gostaria de se apresentar como mistificação da exploração e negação da luta de classes. Mas o jovem Marx, percorrendo novamente a relação, vê não só o antagonismo da forma, mas seu desenvolvimento antagonístico:

> A relação [*Verhältnis*] da propriedade privada contém latente em si a relação da propriedade privada como *trabalho*, assim como a relação dela mesma como *capital* e a conexão [*Beziehung*] destas duas expressões uma com a outra. [Por um lado, trata-se d] a produção da atividade humana enquanto *trabalho*, ou seja, enquanto uma [atividade] totalmente estranha a si, ao homem e à natureza e, por conseguinte, a consciência e a manifestação de vida [*Lebensäusserung*] também [como] atividade estranha; a existência *abstrata* do homem como um puro *homem que trabalha* e que, por isso, pode precipitar-se diariamente de sua pleno nada no nada absoluto e, portanto, na sua efetiva [*wirkliche*] não existência. Por outro, [trata-se d]a produção do objeto da atividade humana como *capital*, no qual toda determinidade natural e social do objeto está *extinta*, [em que] a propriedade privada perdeu sua qualidade natural e social (ou seja, perdeu todas as ilusões políticas e gregárias, sem se mesclar com relação *aparentemente* humana nenhuma) [...]. Esta oposição [*Gegensatz*], levada ao seu extremo é necessariamente o auge, a culminância e o declínio de toda a relação.[13]

O antagonismo dissimulado pela forma é o motor ativo da extinção da própria forma, e a luta operária destruirá a forma na medida em que ela mesma se desenvolve como momento de um antagonismo necessário. Esse processo não é um processo indefinido: verifica-se no andamento da luta de classes; a ilusão jurídica é atacada diretamente na própria medida em que cresce a luta comunista e, nesse caso, é muito diretamente desmistificada. Marx acrescenta sarcasticamente: "Linguet demoliu numa frase o ilusório *Esprit des Lois*, de Montesquieu: '*L'esprit des lois, c'est la propriété*' [O espírito das leis é a propriedade]"[14].

Uma incitação de Pachukanis nos permitiu seguir o conceito de forma jurídica em Marx: ela nasce do valor de troca, bem no centro do mundo das mercadorias, cobre seus conteúdos apropriativos, obtém da forma-mercadoria em geral sua figura antinômica específica – entre organização e comando, organização da e para a exploração – e, enquanto tenta o controle desse antagonismo, submete-se à tendência de sua própria destruição. A incitação funcionou corretamente: Pachukanis foi um dos primeiros[15] (e, infelizmente, um dos últimos teóricos marxistas do direito) a captar o

[12] Idem, *Manuscritos econômico-filosóficos* (trad. Jesus Ranieri, São Paulo, Boitempo, 2004), p. 93. Mas ver em F. Engels, "Lineamenti di una critica dell'economia politica del 1844", em *Scritti* (trad. Ettore Ciccotti, Roma, Mangini, 1899), p. 28-51.

[13] K. Marx, *O capital*, Livro I, cit., p. 692, nota 73.

[14] Ele o reivindica com justiça, contra a polêmica de Stutchka, sobretudo no prefácio à segunda edição de *Teoria geral do direito e marxismo*. Ver, neste volume, p. 59-66.

ponto de vista marxiano pelo qual, para além da contraposição abstrata e escolástica entre estrutura e superestrutura, o direito é dialeticamente considerado forma do processo real da troca, face do valor de troca. Antes dele, só um observador atento, mas externo ao marxismo como Emil Lask e a tumultuada, mas parcial pesquisa de György Lukács haviam insistido nesse ponto[16]. Mas a análise de Pachukanis sobre a forma jurídica é tão radical quanto a de Marx? Ela é capaz de se desenvolver com a intensidade marxiana até alcançar na fenomenologia da forma a amplitude do antagonismo e a força destrutiva que a luta de classes exerce sobre ele?

A posição dessas questões é legitimada pelo fato de uma série de intérpretes contemporâneos do pensamento jurídico de Pachukanis ter dado relevo aos êxitos realistas, ao invés de admitir o matiz fundamentalmente revolucionário de sua obra, ou melhor, ter tentado submetê-la a uma perspectiva revisionista e meramente modernizante em relação às teorias vigentes do direito burguês, atribuindo-lhe uma versão sociológica e institucional[17]. É por isso que, aqui, queremos procurar medir o grau efetivo de participação de Pachukanis na teoria marxista do direito, avaliar até que ponto a consideração do direito no plano da estrutura e da forma pode sustentar o ponto de vista da revolução.

Ora, não há nenhuma dúvida de que a leitura revisionista de Pachukanis tem fundamento. Ele parte, de fato, da pesquisa do "específico" do direito – busca que repete uma longa tradição e, em particular, retoma um problema enfatizado no neokantismo jurídico:

> se as definições abstratas da forma jurídica não indicam apenas processos ideológicos ou psicológicos conhecidos, e sim a essência do conceito que exprime uma relação social objetiva, então em que sentido falamos que o direito regulamenta as relações sociais? Não estaríamos, portanto, dizendo com isso que as relações sociais se regulamentam por si mesmas? Ou, quando falamos que esta ou aquela relação social assume a forma jurídica, não deveríamos denotar uma simples tautologia, o direito assume a forma do direito?[18]

---

[15] Ver Emil Lask, "Rechtsphilosophie" (1905), em *Gesammelte Schriften* (Tubinga, Mohr, 1923), v. 1, p. 275-332; G. Lukács, *História e consciência de classe* (trad. Rodnei Nascimento, São Paulo, Martins fontes, 2003). Sobre esses antecedentes, ver K. Korsch, "En guise d'introduction" (1930), em Evguiéni B. Pachukanis, *La théorie générale du droit et le marxisme* (Paris, Études et Documentation Internationales, 1970), p. 12 [ver, nas p. 121-2 deste volume, um trecho do referido texto de Karl Korsch. – N. E.].

[16] Ver Umberto Cerroni, *Introduzione a teorie sovietiche del diritto*, em particular p. xxiii; Riccardo Guastini, "La 'teoria generale del diritto' in URSS", em Giovanni Tarello (org.), *Materiali per una storia della cultura giuridica* (Bolonha, Il Mulino, 1971), em particular p. 392-400 e 401-8.

[17] Ver, neste volume, p. 91.

A resposta é que "nos desvencilharemos dessa contradição aparente se, por meio da análise das definições fundamentais do direito, lograrmos demonstrar que ele se apresenta como a forma mistificada de uma relação social bem *específica*"[19]. Isto é, "a *regulamentação* das relações sociais em determinadas condições *assume um caráter jurídico*"[20]. Quais são essas condições? Na esteira de Gumplowicz, Pachukanis acredita que "o núcleo mais consolidado do universo jurídico [...] repousa precisamente sobre o domínio das relações de direito privado"[21].

> Uma das premissas fundamentais da regulamentação jurídica é, portanto, o antagonismo dos interesses privados. Isso é, ao mesmo tempo, uma premissa lógica da forma jurídica e uma causa real do desenvolvimento da superestrutura jurídica. O comportamento das pessoas pode ser regulado pelas mais diferentes regras, mas o momento jurídico dessa regulamentação começa onde têm início as diferenças e oposições de interesses.[22]

O que é específico da relação jurídica deve ser buscado, então, na "relação social *sui generis* da qual a forma do direito é reflexo inevitável", isto é, na "relação entre os proprietários de mercadorias"[23].

Daqui até a definição de uma gênese privatista e institucional do ordenamento jurídico o caminho é curto: às vezes parece seguir trechos e fragmentos do primeiro Croce ou Santi Romano sobre o "direito dos privados"! Mas sigamos Pachukanis:

> o caminho que vai das relações de produção até as relações jurídicas, ou relações de propriedade, é mais curto do que aquele percorrido pela assim chamada jurisprudência positivista, que não pode passar sem um elo entre o poder do Estado e sua norma. O homem que produz em sociedade é o pressuposto do qual parte a teoria econômica. Desse pressuposto fundamental deve partir a teoria geral do direito, já que ela lida com definições fundamentais.[24]

A tese esboçada é reproposta agora do ponto de vista histórico e dinâmico: a gênese privatista do direito se enriquece na perspectiva processual, onde reside a controvérsia que pouco a pouco aperfeiçoa e determina as figuras da superestrutura jurídica. "Eu não apenas apontei que a gênese da forma jurídica deve ser procurada nas relações de troca, mas também destaquei o momento que, segundo meu ponto

---

[18] Ver, neste volume, p. 92.

[19] Ver, neste volume, p. 92.

[20] Ver, neste volume, p. 93.

[21] Ver, neste volume, p. 94.

[22] Ver, neste volume, p. 95.

[23] Ver, neste volume, p. 95.

de vista, representa a mais completa realização da forma jurídica, a saber, o tribunal e o processo judicial."[25] E sobre esses pressupostos se reforça e se repete um outro elemento da concepção institucional, privatista e sociológica do direito: a polêmica contra o estadismo normativo. "O poder estatal confere clareza e estabilidade à estrutura jurídica, mas não cria os seus pressupostos, os quais estão arraigados nas relações materiais, ou seja, de produção."[26] E ainda:

> É bastante óbvio que a lógica dos conceitos jurídicos corresponde à lógica das relações sociais da sociedade de produção mercantil, e é precisamente nelas, nessas relações, e não nas resoluções das autoridades, que vale a pena procurar as raízes do sistema do direito privado. Contudo, a lógica das relações de poder e submissão cabe apenas em parte no sistema dos conceitos jurídicos. Por isso, o conceito jurídico de Estado nunca poderá ser uma teoria, mas permanecerá sempre como uma deformação ideológica dos fatos.[27]

Já temos matéria suficiente para fundamentar uma interpretação revisionista do pensamento de Pachukanis. Se, para dizer com Kelsen, em Pachukanis "todo o direito é direito privado", se "o direito público é mera ideologia dos juristas burgueses"[28], se a gênese do ordenamento jurídico é retilínea e institucional, então a copresença antagonista e dialética de funções de organização e comando para a exploração que constitui a característica fundamental da concepção marxiana de direito parece ficar de lado. A determinação estrutural do direito se torna necessariamente genérica, na medida em que exclui, em sua base, não a troca em geral, mas a troca específica entre mercadoria, força de trabalho e capital, sobre a qual se funda o próprio processo capitalista e a existência social desse modo de produção. E esse caráter genérico logo se torna unilateralidade, na medida em que a falta do conceito científico de troca e exploração tolhe a pesquisa da capacidade de determinar o nexo entre troca no mundo das mercadorias e capital global – autoridade, comando do Estado. Assim, o privado é exaltado numa radicalidade de funções de fundação do ordenamento jurídico que é puramente ilusória. O revisionismo capta esses elementos e, a partir deles, desenvolve uma leitura de Pachukanis que é dada cientificamente como produtiva e, o que é pior, como autenticamente marxiana. Ao passo que, se essa fosse realmente a concepção exclusiva de Pachukanis, estaríamos diante de uma concepção radical da filosofia da ação jurídica, da *actio* como momento teleológico da formação do ordenamento, tal como se sustentava sobre-

---

[24] Ver, neste volume, p. 64.

[25] Ver, neste volume, p. 104.

[26] Ver, neste volume, p. 106.

[27] H. Kelsen, *La teoria comunista del diritto* (Roma, Comunità, 1956), p. 146 e 148.

tudo na tradição dos romanistas – aqui, oportunamente atualizada[29]. Mas, em Pachukanis, só há isso?

Na realidade, ao lado e dialeticamente articulada a essa tendência, Pachukanis desenvolve uma abordagem altamente correta e eficaz: em última análise, o quadro global de seu pensamento acabará irredutivelmente oposto ao desejado pelo revisionismo. Aquelas categorias – sujeito, contrato, propriedade, processo – que pareciam dar-se na continuidade de um processo formativo e institucionalizador dão-se aqui, ao contrário, como contraditórias e descontínuas, recompostas somente pela dialética do capital. O "geral" capitalista não se constitui no ritmo ascendente da relação "pretensamente subjetiva/mercado (controvérsia)/instituição", mas desenrola-se em suas articulações de exploração e mistificação da exploração.

Tomemos uma categoria fundamental: a do sujeito jurídico. Agora, a análise da forma do sujeito deve se dar – como em Marx – diretamente pela forma de mercadoria; já que a mercadoria é a forma em que se estabiliza a produção capitalista, o sujeito é construído em sua abstração e formalidade pelo desenvolvimento capitalista. "Por isso, ao mesmo tempo que um produto do trabalho adquire propriedade de mercadoria e se torna o portador de um valor, o homem adquire um valor de sujeito de direito e se torna portador de direitos. [...] O fetichismo da mercadoria se completa com o fetichismo jurídico."[30] É o todo da sociedade capitalista que prefigura e forma as próprias componentes.

> Assim, em um dado estágio de desenvolvimento, as relações entre as pessoas no processo de produção adquirem uma forma duplamente enigmática. Elas, por um lado, surgem como relações entre coisas, que são ao mesmo tempo mercadorias e, por outro, como relações de vontade entre unidades independentes e iguais umas perante as outras, como as que se dão entre sujeitos de direitos. Ao lado da propriedade mística do valor aparece algo não menos enigmático: o direito. Ao mesmo tempo, a relação unitária e total adquire dois aspectos abstratos fundamentais: o econômico e o jurídico. [...] Devido ao crescimento das forças sociais reguladoras, o sujeito perde sua tangibilidade material. Sua energia pessoal é substituída pela potência da organização social, ou seja, de classe, que atinge sua mais alta expressão no Estado. Aqui, o poder estatal impessoal e abstrato, agindo no espaço e no tempo com continuidade e regularidade ideais, corresponde ao sujeito impessoal e abstrato, do qual é o reflexo.[31]

---

[28] Atualizada em relação às clássicas concepções de Ihering e Winscheid. Um ponto de vista análogo está em Emil Lask, não tanto na sua *Rechtsphilosophie*, mas sim em *Fichtes Idealismus und die Geschichte* (*Ges. Scghr.*, v. 1, p. 1-274).

[29] Ver, neste volume, p. 120 e 124.

[30] Ver, neste volume, p. 124.

A forma do sujeito é, portanto, necessariamente antinômica: em sua abstração ela tenta encerrar pretensão e norma, propriedade e mercado, luta pelo direito e desenvolvimento capitalista. Sujeito e Estado se tornam, aqui, os termos extremos da total permutabilidade das componentes da sociedade capitalista, cuja unidade é por isso mesma contraditória e liminarmente antagonista. O processo de constituição das categorias jurídicas perde, então, sua "naturalidade" para se tornar forma da mistificação capitalista da circulação e da reprodução do capital, como extensão e aprofundamento da exploração.

Obviamente, nestas páginas também registramos, às vezes, uma espécie de achatamento das categorias jurídicas e da forma do direito no terreno da troca mercantil simples – como se a regulamentação jurídica da sociedade capitalista tratasse justamente disso. Para dizê-lo nos termos usados por Sweezy com outro propósito, às vezes parece que Pachukanis tem uma concepção da troca mais smithiana que marxiana, na medida em que parece ligar muito estreitamente o principal fenômeno técnico da vida econômica, a divisão do trabalho, isto é, a subordinação autoritária, à troca pura e simples, ao passo que em Marx a produção capitalista das mercadorias e sua base de exploração é que determinam essa qualidade da troca[32]. Além disso, não há dúvida de que, em algumas passagens, aqui também a centralidade da troca entre força de trabalho e capital, chave fundamental de toda articulação autoritária, é desvalorizada. Contudo, Karl Korsch não capta o sinal, mas deforma substancialmente o sentido das coisas quando denuncia "uma supervalorização extremamente estranha, em um marxista, da circulação, que Pachukanis não concebe[ria] somente como uma razão determinante da ideologia tradicional da propriedade, mas como o único fundamento econômico da atual propriedade"[33]. Deforma o pensamento de Pachukanis porque, aqui, além das ambiguidades, o que já se sobressai definitivamente é a qualificação marxiana do quadro global. Polemizando com Renner-Karner[34], Pachukanis exprime, explicitamente, a radicalidade da tese marxiana: a formação completa do mercado capitalista determina um salto de qualidade na forma jurídica e, aqui, não se dá mais continuidade conceitual ou de função das categorias jurídicas. Entre "apropriação privada" para o uso e "apropriação" para a troca capitalista há uma diferença absoluta. É o todo que qualifica as partes, o fenômeno da troca vive agora dentro da

[31] Paul Marlor Swwezy, *La teoria dello sviluppo capitalístico* (Turim, Einaudi, 1951), p. 45-8. [ed. bras.: *Teoria do desenvolvimento capitalista: princípios de economia política marxista*, trad. Waltensir Dutra, São Paulo, Abril Cultural, 1983].

[32] K. Korsch, "En guise d'introduction", cit., p. 21.

[33] Ver, neste volume, p. 73-4. Referimo-nos a *Die soziale Funktion des Rechts*, de K. Renner, que foi publicado pela primeira vez em 1904, sob o pseudônimo de Karner. Uma segunda edição, completamente modificada, data de 1929.

dinâmica da exploração e dela não pode ser separado, a mesma eventual gênese privatista do direito é completamente absorvida e transfigurada na totalidade do projeto capitalista da exploração.

Isso é justamente o que vale para responder às perguntas iniciais sobre a radicalidade da tese marxista de Pachukanis. Aqui, toda a estrutura do capital se torna central e é constituída sobre a exploração, na contemporaneidade e na copresença de organização e comando para a exploração, da sociedade civil e do Estado. Nesse ponto, a crítica mostra e revive a especificidade autoritária da relação jurídica. Não a vê como ilusão realista da sociedade contra o Estado, mas a compreende de modo materialista como forma da compenetração de sociedade e Estado. A luta de classes poderá percorrer esse caminho, não em nome da sociedade em direção ao Estado, mas diretamente como luta de classes dos explorados, contra o Estado para destruir a sociedade do capital. As contradições do institucionalismo se resolvem quando, como em Marx, ao direito, forma da mercadoria, é atribuída a qualidade geral do mundo das mercadorias, o fetichismo, e ao mesmo tempo esse enigma é revelado, e a realidade do antagonismo que esconde é oferecida à luta operária. Do institucionalismo jurídico, da gênese privatista do direito só resta a emblemática referência a uma série de relações identificáveis, mas insolúveis no plano do direito. E aqui, portanto, é dada ao marxismo revolucionário a primeira possibilidade de recuperar a leitura da obra de Pachukanis, desse "torso", às vezes ambíguo e incompleto, mas afinal prepotentemente construtivo do ponto de vista operário.

2. O DIREITO NO PROCESSO DO MAIS-VALOR

Portanto:

> [uma] crítica à jurisprudência burguesa, do ponto de vista do socialismo científico, deve tomar como modelo a crítica à economia política burguesa, como o fez Marx. Para isso, ela deve, antes de tudo, adentrar no território do inimigo, ou seja, não deve deixar de lado as generalizações e as abstrações que foram trabalhadas pelos juristas burgueses e que se originam de uma necessidade de sua própria época e de sua própria classe, mas, ao expor a análise dessas categorias abstratas, revelar seu verdadeiro significado, em outras palavras, demonstrar as condições históricas da forma jurídica.[35]

Mas, como vimos, isso não basta. Como a economia política, também a "teoria do direito opera com abstrações não menos 'artificiais'", embora "por trás dessas

---

[34] Ver, neste volume, p. 80.

abstrações se escondam forças sociais absolutamente reais", e o resultado é que "direito como forma é imperceptível fora de suas definições imediatas. Ele não existe senão em opostos"[36]. Mas isso também não basta. Se "só a sociedade burguesa capitalista cria todas as condições necessárias para que o momento jurídico alcance plena determinação nas relações sociais"[37], como se desenvolvem as contradições, reguladas pelo direito e produtoras de direito, no processo que vê o completar-se da forma jurídica e o realizar-se máximo de sua especificidade?

Ora, a superação das dificuldades iniciais encontradas no pensamento de Pachukanis e a possibilidade de usar o quadro teórico na análise do presente, depende da resposta a essa questão. É, aqui, com efeito, que, além das ambiguidades registradas, o conceito de direito não se liga simplesmente ao mundo das mercadorias, mas à lei do valor, a seu funcionamento, tendência e êxitos. Ao aprofundar a relação entre contradições e tendência, a ciência marxista se torna uma ciência prática explosiva.

Uma parte substancial do discurso de Pachukanis é metodológica. O primeiro capítulo de sua *Teoria geral* ("Métodos de construção do concreto nas ciências abstratas")[38] é uma ótima leitura e reelaboração da Introdução à crítica da economia política de Marx*. Os três conceitos fundamentais retomados são: a abstração determinada da totalidade, o princípio da determinação dialética e, finalmente, o princípio de tendência. Tais conceitos "são inteiramente aplicáveis à teoria geral do direito. Também nesse caso, a totalidade concreta – sociedade, população, Estado – deve ser o resultado e o estágio final de nossa pesquisa, mas não o seu ponto de partida"[38]. Isso é possível pelo fato de que nas ciências sociais, diferentemente das ciências naturais, como "*pendant* à história do conceito [de valor], [este] é parte constituinte da história das doutrinas econômicas, [consequentemente] teremos a história real do valor, ou seja, o desenvolvimento das relações humanas que, progressivamente, fizeram desse conceito uma realidade histórica"[39]. O "desenvolvimento dos conceitos corresponde ao processo histórico dialético real"[40].

---

[35] Ver, neste volume, p. 75.

[36] Ver, neste volume, p. 75.

[37] Ver, neste volume, p. 81 e seg. Ver Riccardo Guastini, "La 'teoria generale del diritto' in URSS', cit., p. 379-92.

* K. Marx, "Introdução", em *Grundrisse: manuscritos econômicos de 1857-1858 – Esboços da crítica da economia política* (trad. Mario Duayer et al., São Paulo, São Paulo/Rio de Janeiro, Boitempo/Editora da UFRJ, 2011), p. 37-64. (N. E.)

[38] Ver, neste volume, p. 82.

[39] Ver, neste volume, p. 82.

[40] Ver, neste volume, p. 83.

> Do mesmo modo, o direito, considerado em suas determinações gerais, o direito como uma forma, não existe somente na cabeça e nas teorias dos juristas especialistas. Ele tem, paralelamente, uma história real, que se desenvolve não como um sistema de ideias, mas como um sistema específico de relações, no qual as pessoas entram não porque o escolheram conscientemente, mas porque foram compelidas pelas condições de produção. O homem se transforma em sujeito de direito por força daquela mesma necessidade em virtude da qual o produto natural se transforma em uma mercadoria dotada da enigmática qualidade do valor.[41]

Se tudo isso é verdade,

> podemos alcançar uma determinação clara e acabada apenas se tomarmos como base a análise da forma do direito completamente desenvolvida, que oferece uma interpretação tanto das formas que lhe precederam quanto de sua forma embrionária. Apenas nesse caso conceberemos o direito não como um acessório de uma sociedade humana abstrata, mas como uma categoria histórica que corresponde a um ambiente social definido, construído pela contradição de interesses privados.[42]

A dialética do processo histórico conduz o direito àquele estado superior de desenvolvimento, a partir do qual pode ser visto o processo inteiro.

Ora, é nessa materialidade do desenvolvimento tendencial que é necessário nos determos. O direito, como forma autoritária da relação social de exploração, deve mostrar na tendência seu embrião, assim como no embrião podia ser distinguida a tendência. Em seu movimento, é "uma abstração *in actu*"[43], mas a ciência desvela sua materialidade. Qual é, então, o sentido do movimento?

> O desejo de conferir à ideia de regulamentação externa o momento lógico fundamental do direito nos leva a identificar o direito como uma ordem social autoritariamente estabelecida. Essa corrente do pensamento jurídico reflete com fidelidade o espírito de uma época em que a ideologia de Manchester e a livre concorrência foram substituídas pelos grandes monopólios capitalistas e pela política imperialista.[44]

Nessa situação, a contraposição entre privado e público, entre organização dos interesses e comando capitalista, que é também "a característica mais distintiva da forma jurídica como tal", aumenta "tanto do ponto de vista lógico quanto do pon-

---

[41] Ver, neste volume, p. 83.

[42] Ver, neste volume, p. 86.

[43] K. Marx, *O capital: crítica da economia política*, Livro II: *O processo de circulação do capital* (trad. Rubens Enderle, São Paulo, Boitempo, 2014), p. 184.

[44] Ver, neste volume, p. 110.

to de vista histórico"[45]. A tendência do desenvolvimento capitalista e de sua forma jurídica está na exacerbação da contradição que o direito, embrionariamente, controla e mistifica. Na tendência realizada, revela-se a gênese mistificada do direito.

Pachukanis, porém, não consegue manter esse nível da análise. A correção marxiana da proposta metodológica toca a abordagem do real nessa altura da previsão, mas muito de leve. O perfil da análise é decepcionante. Se a tendência é aquela definida, como conciliá-la com a recusa ao normativismo? Essa é uma pergunta que Pachukanis deve se colocar. E a resposta é um salto mortal no utopismo: "Não seria difícil demonstrar que a ideia de obediência incondicional a uma autoridade externa normativamente constituída não tem nada a ver com a forma jurídica"[46].

> O direito público pode existir apenas como representação da forma jurídica privada na esfera da organização política ou ele deixará de ser direito. Qualquer tentativa de representar a função social como aquilo que ela é, ou seja, simplesmente como função social, e a norma como sendo simplesmente uma regra organizacional significa a morte da forma jurídica. Contudo, a condição real para essa superação da forma jurídica e da ideologia jurídica é um estado social livre e a própria contradição entre os interesses individuais e sociais.[47]

Pode até ser! Na verdade, a abordagem da tendência havia mostrado – em termos de aproximação, porém reais, como sempre acontece quando se trata de leis tendenciais[48] – que o desenvolvimento capitalista tendia a dissociar, em seu mais alto estágio, organização e comando, poder e legitimação do poder. Decerto não será a mitologia privada desse formalismo de Pachukanis que mascarará a efetividade do processo. Sem dúvida o processo tendencial se determina por aproximações e por meio das mais diversas interferências, mas é também verdade que, no fim, ele se mostra em termos exatamente opostos àqueles usados por Pachukanis. "Dessa maneira, o próprio conceito de direito público pode ser compreendido apenas em seu movimento, de um contínuo afastamento do direito privado, precipitando-se como seu oposto e em seguida voltando-se novamente a ele, como a um centro de gravidade."[49] Não, é o direito público que, no desenvolvimento, dá uma autonomia somente dialética ao privado!

---

[45] Ver, neste volume, p. 114.

[46] Ver, neste volume, p. 110.

[47] Ver, neste volume, p. 112-3.

[48] K. Marx, *O capital: crítica da economia política*, Livro III: *O processo global da produção capitalista* (trad. Rubens Enderle, São Paulo, Boitempo, no prelo).

[49] Ver, neste volume, p. 114.

Mesmo com esses limites, é precisamente no interior dessa temática tendencial que a obra de Pachukanis mais se aproxima e desenvolve a análise marxiana, aproxima-se no método e inova no conteúdo. Pois, de fato, Pachukanis mostra, em primeiro lugar, que a determinação da forma jurídica somente pode se dar, positiva ou negativamente, no movimento da tendência; em segundo lugar, apreende a tendência como resultado de funções antagonistas essenciais. Isso do ponto de vista do método. Do ponto de vista da substância – qualquer que seja a sua opção, ligada por outro lado, como veremos, aos limites contemporâneos do programa comunista soviético –, portanto do ponto de vista do conteúdo, o olhar de Pachukanis é dirigido, sobretudo, dirigido à determinação do comando como momento fundamental do desenvolvimento (ou da destruição) do direito, de todo modo, da tendência jurídica capitalista no mais alto grau. Implicitamente, tal previsão comporta a compreensão, não mais metodológica, mas agora substancial, do nexo direito e mais-valor. Aquilo que havíamos encontrado no fim da análise do direito no mundo das mercadorias em forma estática, aqui se reapresenta em forma dinâmica, histórica. A análise do funcionamento da contradição se torna efetivamente uma tendência, isto é, história do processo de exploração e das forças de classe dentro desse processo. Somente desse ponto de vista, da tendência que se realiza, a totalidade de um fenômeno social, nesse caso o direito como especificidade, poderá ser efetivamente apreciada.

Esse também é o ponto de vista de Marx. Mas, para mostrá-lo, é necessário voltar ao ponto em que a definição do direito como forma de relação capitalista entre possuidores de mercadorias confronta-se com o tecido histórico da exploração.

> O capital pressupõe o trabalho assalariado, o trabalho assalariado pressupõe o capital. Eles se condicionam reciprocamente [...]. O capital só pode se multiplicar trocando-se pela força de trabalho, somente assim se dá vida ao trabalho assalariado. A força de trabalho do assalariado só pode se trocar por capital, multiplicando o capital, fortalecendo o poder do qual é escrava.[50]

A passagem histórica é decisiva. Aqui, o direito como forma da relação capitalista entre possuidores de mercadorias retorna inteiro à forma da relação entre mercadoria-trabalho e capital, a forma da relação de mais-valor. O direito é a forma da relação entre organização e comando para a exploração. E é somente quando o capital desenvolve essa relação até o fim ("A divisão do trabalho traz com ela, necessariamente, uma maior divisão do trabalho, a aplicação de máquinas uma maior

---

[50] K. Marx, *Lavoro salariato e capitale* (Roma, Riuniti, 1960), p. 52 [ed. bras.: *Trabalho assalariado e capital*, 2. ed., São Paulo, Expressão Popular, 2010].

aplicação de máquinas, o trabalho em grande escala um trabalho em escala ainda maior")[51], é só nesse momento que o papel do direito se torna central. Direito como forma autoritária da relação social para a produção de mais-valor? E, em especial, de mais-valor relativo, na forma do modo de produção que pretende a eminência da organização para a exploração? Essa é uma primeira hipótese que se atribui à análise de Marx. A segunda é que, em Marx, o desenvolvimento capitalista conduz tendencialmente à leitura da simbiose entre organização do trabalho e comando sobre ela. Sem uma resposta positiva à primeira questão não se intervém na segunda hipótese. Comecemos com ordem, portanto. É somente essa série de relações que, ao se constituir, pode configurar a base de uma consideração dinâmica do direito à *maneira de Pachukanis*.

Ora, em *O capital*, o horizonte em que começa a se determinar o direito dos modernos é o que supera imediatamente o nível da acumulação primitiva. O par acumulação primitiva-violência não é o par economia-direito; um "livre mercado natural" ou um "estado civil natural", atravessados pela violência da acumulação primitiva, não tem nada a ver com o direito: trata-se de embelezamentos utópicos da sociedade histórica.

> Somente depois de a humanidade ter superado pelo trabalho suas primitivas condições de animalidade, depois, portanto, de seu próprio trabalho já estar socializado num certo grau, é que surgem as condições para que o mais-trabalho de um transforme-se em condição de existência do outro. [...] A relação capitalista, de resto, nasce num terreno econômico que é o produto de um longo processo de desenvolvimento. A produtividade preexistente do trabalho, que lhe serve de fundamento, não é uma dádiva da natureza, mas o resultado de uma história que compreende milhares de séculos.[52]

Dito de outra forma, com esses pressupostos, estudando o entesouramento e a usura como passagens fundamentais da sociedade "natural" (da acumulação primitiva) à sociedade do capital, Marx observa:

> A diferença entre o capital portador de juros – na medida em que ele constitui um elemento essencial do modo de produção capitalista – e o capital usurário não está de modo nenhum na natureza ou no caráter desse capital em si, mas apenas nas condições modificadas sob as quais ele funciona e, portanto, também no caráter totalmente transformado do mutuário, que se confronta com o prestamista de dinheiro.[53]

---

[51] Ibidem, p. 68.

[52] Idem, *O capital*, Livro I, cit., p. 580-1.

[53] Idem, *O capital*, Livro III, cit., p. 662. Ver também *O capital*, Livro I, cit., p. 673.

As "condições modificadas" de quem contrata, as "condições modificadas" da relação de capital: esse é o ponto. Um capital como aquele usurário, que possui "o modo de exploração do capital, mas sem seu modo de produção"[54], não muda a relação social em termos essenciais. É preciso que a relação social se torne interna ao capital – e isso desde a primeira molécula, a fábrica – para que se possa falar de sociedade capitalista e, portanto, de direito como forma de troca capitalista entre possuidores de mercadorias na sociedade do capital. É preciso que o capital se apodere de todas as condições da produtividade, que – em termos marxianos – passe de uma fase de produção de mais-valor absoluta a uma de produção de mais-valor relativo – esta, de fato, "revoluciona inteiramente os processos técnicos do trabalho e os agrupamentos sociais"[55].

> Ela [a produção de mais-valor relativo] supõe, portanto, um modo de produção especificamente capitalista, que, com seus próprios métodos, meios e condições, só surge e se desenvolve naturalmente sobre a base da subsunção formal do trabalho sob o capital. O lugar da subsunção formal do trabalho sob o capital é ocupado por sua subsunção real.[56]

É nesse ponto que a violência do comando se torna interna ao trabalho, a sua organização; é aqui que o direito adquire sua especificidade de forma de troca, portanto, no caso da troca entre força de trabalho e capital, de forma de mais-valor.

Direito e processo do mais-valor. É, pois, sobretudo na dupla face do processo de desenvolvimento do mais-valor relativo, na articulação de organização e violência, de produção e comando, que se afirma a forma do direito burguês, em sua inteireza. "O capital [...] não é apenas o comando sobre o trabalho, como diz A. Smith. Ele é, em sua essência, o comando sobre o trabalho não pago"[57], portanto organização e comando; e, em segundo lugar, poder de dissolver, no arcano da própria autovalorização, qualquer traço da divisão da jornada de trabalho e da articulação entre organização do trabalho e comando para a exploração. E é nesse arcano que "repousam todas as noções jurídicas, tanto do trabalhador como do capitalista, todas as mistificações do modo de produção capitalista, todas as suas ilusões de liberdade, todas as tolices apologéticas da economia vulgar"[58]. O direito percorre sutilmente toda a vida do processo do mais-valor e funda sua forma na mistificação capitalista deste.

---

[54] Idem, *O capital*, Livro III, cit., p. 659.

[55] Idem, *O capital*, Livro I, cit., p. 578.

[56] Idem. Mas sobre o processo da subsunção formal na real, ver K. Marx, *Capítulo VI inédito de "O capital": resultados do processo de produção imediata* (São Paulo, Moraes, 1969).

[57] Idem, *O capital*, Livro I, cit., p. 602.

[58] Ibidem, p. 610.

Mas, como sublinha justamente Pachukanis, por ser forma mistificada, o direito não é menos real. É "diretamente" organização e violência: em Marx, todo o processo do mais-valor, o processo que conduz da cooperação simples às formas mais evoluídas do modo de produção capitalista, vê a função direta do direito e sua transmutação adequada. À primeira vista parece simples mistificação da cooperação produtiva, adoção capitalista do *contractum unionis*[59]. Mas, na realidade, sua função se interioriza rapidamente: o *contractum unionis* se confunde no *contractum subjectionis*. Até aqui, diz Marx, "o comando do capital sobre o trabalho parecia inicialmente ser apenas uma decorrência formal do fato de o trabalhador trabalhar não para si, mas para o capitalista e, portanto, sob o capitalista"[60]. Era um fato. Mas na cooperação a forma de fato se transmuta em sua necessidade, torna-se condição imprescindível.

> Com a cooperação de muitos trabalhadores assalariados, o comando do capital se converte num requisito para a consecução do próprio processo de trabalho, numa verdadeira condição da produção. O comando do capitalista no campo de produção torna-se agora tão imprescindível quanto o comando do general no campo de batalha. [...] Essa função de direção, supervisão e mediação torna-se função do capital assim que o trabalho a ele submetido se torna cooperativo.[61]

Mais uma vez, parece que o elemento decisivo na transformação é representado pelo novo tipo de organização do trabalho. Mas isso é falso. A sujeição operária se torna "possível" graças à organização do capital, "atual" graças a sua estrutura e natureza, que é estimulada à máxima autovalorização. "O comando do capitalista não é apenas uma função específica, proveniente da natureza do processo de trabalho social e, portanto, peculiar a esse processo, mas [é], ao mesmo tempo, uma função de exploração de um processo de trabalho social, sendo, por isso, determinada pelo antagonismo entre o explorador e a matéria-prima de sua exploração." A subordinação operária, nesse contexto, cresce "com o volume dos meios de produção que se apresentam ao trabalhador assalariado como propriedade alheia"; cresce com "a massa dos trabalhadores simultaneamente ocupados", até que "a conexão entre seus trabalhos aparece para os trabalhadores, idealmente, como plano preconcebido e, praticamente, como autoridade do capitalista, como o poder de uma vontade alheia que submete seu agir ao seu próprio objetivo"[62].

---

[59] Ver as anotações marxianas sobre a cooperação simples em ibidem, p. 409-10.

[60] Ibidem, p. 406.

[61] Idem.

[62] Ibidem, p. 406-7.

> Se a direção capitalista é dúplice em seu conteúdo, em razão da duplicidade do próprio processo de produção a ser dirigido – que é, por um lado, processo social de trabalho para a produção de um produto e, por outro, processo de valorização do capital –, ela é despótica em sua forma. Com o desenvolvimento da cooperação em maior escala, esse despotismo desenvolve suas formas próprias.[63]

Mas isso não é suficiente. A articulação entre organização e comando, depois de ter sido exercitada na totalidade do processo de fabricação, reflui e se reproduz em seu interior a ponto de "o corpo de trabalho em funcionamento [ser] uma forma de existência do capital".

> Por isso, a força produtiva que nasce da combinação dos trabalhos aparece como força produtiva do capital. A manufatura propriamente dita não só submete ao comando e à disciplina do capital o trabalhador antes independente como também cria uma estrutura hierárquica entre os próprios trabalhadores.[64]

O regime de fábrica com sua hierarquia, disciplina e códigos (no qual "o capital, como um legislador privado [...], exerce seu poder autocrático sobre seus trabalhadores"[65]) constitui a última e fundamental figura do direito em sua relação direta com a produção de mais-valor relativo.

E contudo, exatamente no momento em que a articulação entre direito e mais-valor parece ter atingido sua máxima intensidade, ou melhor, no momento em que a dialética de organização e comando parece ter obtido identidade, eis que volta o máximo do antagonismo. A mistificação começa a aparecer, seus elementos começam a ser explosivos. Se é verdade que o "que os trabalhadores parciais perdem concentra-se defronte a eles no capital"[66], é verdade que isso dá lugar ao antagonismo mais acirrado. O direito, chamado a ser o garante autoritário da relação de mais-valor, é envolvido na primeira linha da crise. Segundo Marx, "a maquinaria revoluciona radicalmente a mediação formal da relação capitalista, o contrato entre trabalhador e capitalista"[67]. O pressuposto dessa troca era que as pessoas que a praticavam eram livres; agora, a "revolução que a maquinaria provocou na relação jurídica entre comprador e vendedor de força de trabalho" fez com "que a transação inteira perde[sse] até mesmo a aparência de um contrato entre pessoas livres"[68]: o trabalhador "vende

63 Ibidem, p. 407.

64 Ibidem, p. 434.

65 Ibidem, p. 496.

66 Ibidem, p. 435.

67 Ibidem, p. 469.

68 Ibidem, p. 470.

mulher e filho. Torna-se um mercador de escravos"[69]. Mas essa crise do direito não é somente uma crise de conteúdo; ela é muito mais profunda e está diretamente ligada à forma. No interior da contradição que se libera, o comando deve isolar-se aos poucos, as razões da socialização e da concentração do comando capitalista devem valer por si sós. Assim como o mais-valor se transmuta em formas diferentes conforme seu processo interno, o mesmo acontece com o direito.

> Ainda que, no momento em que entrou no processo de produção, esse capital fosse propriedade adquirida mediante o trabalho pessoal daquele que o aplica, mais cedo ou mais tarde ele se converteria em valor apropriado sem equivalente, em materialização, seja em forma-dinheiro ou outra, de trabalho alheio não pago.[70]

Nesse desenvolvimento do capital, desenvolvem-se tanto sua massa de valor quanto as relações sociais que se encontram em sua base:

> o próprio trabalhador produz constantemente a riqueza objetiva como capital, como poder que lhe é estranho, que o domina e explora, e o capitalista produz de forma igualmente contínua a força de trabalho como fonte subjetiva de riqueza, separada de seus próprios meios de objetivação e efetivação, abstrata, existente na mera corporeidade do trabalhador; numa palavra, produz o trabalhador como assalariado. Essa constante reprodução ou perpetuação do trabalhador é a *sine qua non* da produção capitalista.[71]

Em suma, "o processo capitalista de produção, considerado em seu conjunto ou como processo de reprodução, produz não apenas mercadorias, não apenas mais-valor, mas produz e reproduz a própria relação capitalista: de um lado, o capitalista, do outro, o trabalhador assalariado"[72], de forma cada vez mais intensa e absoluta. O direito é inerente a esse processo econômico, uma vez que é uma face de sua forma, inerente tanto à socialização da organização capitalista quanto à concentração contemporânea da violência contra a sociedade e ao mecanismo de reprodução contínua da relação capitalista. "A acumulação é a conquista do mundo da riqueza social. Juntamente com a massa de material humano explorado, ela amplia o domínio direto e indireto do capitalista."[73]

As contradições que aparecem com o antagonismo e sua crise são imediatas. Em primeiro lugar, destaca-se a contradição, de um lado, entre fábrica e sociedade,

---

69 Ibidem, p. 469.

70 Ibidem, p. 645.

71 Ibidem, p. 646.

72 Ibidem, p. 653.

73 Ibidem, p. 667-8.

entre forma da acumulação e da reprodução da relação capitalista, e, de outro, as condições gerais da relação social de capital:

> a mesma consciência burguesa que festeja a divisão manufatureira do trabalho, a anexação vitalícia do trabalhador a uma operação detalhista e a subordinação incondicional dos trabalhadores parciais ao capital como uma organização do trabalho que aumenta a força produtiva denuncia com o mesmo alarde todo e qualquer controle e regulação social consciente do processo social de produção como um ataque aos invioláveis direitos de propriedade, liberdade e à "genialidade" autodeterminante do capitalista individual. É muito característico que os mais entusiasmados apologistas do sistema fabril não saibam dizer nada mais ofensivo contra toda organização geral do trabalho social além de que ela transformaria a sociedade inteira numa fábrica. [Na realidade,] a anarquia da divisão social do trabalho e o despotismo da divisão manufatureira do trabalho se condicionam mutuamente.[74]

Em segundo lugar – e bem mais fundamental, porém, na medida em que a contradição entre fábrica e sociedade pode tender a uma solução no prazo médio do desenvolvimento – é a contradição entre estranhamento e concentração do comando e condições sociais totais da produção.

> Vimos que a crescente acumulação do capital implica uma crescente concentração deste último. Assim cresce o poder do capital, a autonomização das condições sociais da produção, personificadas no capitalista em face dos produtores reais. O capital se mostra cada vez mais como um poder social, cujo funcionário é o capitalista, e que já não guarda nenhuma relação com o que o trabalho de um indivíduo isolado possa criar – mas se apresenta como um poder social estranhado, autonomizado, que se opõe à sociedade como uma coisa, e como poder do capitalista através dessa coisa. A contradição entre o poder social geral em que se converte o capital e o poder privado dos capitalistas individuais sobre essas condições sociais de produção desenvolve-se de maneira cada vez mais gritante e implica a dissolução dessa relação [...].[75]

Tenhamos em mente: o capital perdeu qualquer relação proporcional com o trabalho. Mas esse é o momento em que a forma do mais-valor perde qualquer referência legítima diante das funções que a regem. Organização e comando devem viger como tais, fora do funcionamento legitimador da lei do valor. O processo iniciado na simbiose, mistificada e, mesmo assim, eficaz, de organização e comando, explodiu na contradição. A tendência exacerba a separação dos termos – que na forma mistificada do direito seriam unificados ou legitimadores da unificação. O máximo do antagonismo entre produtor imediato e meios de produção (comando

---

[74] Ibidem, p. 430.

[75] Idem, *O capital*, Livro III, cit., p. 305.

sobre eles) é a conclusão tendencial do processo[76]. "A própria produção capitalista fez com que o trabalho de supervisão, apartado da propriedade do capital, se tornasse facilmente disponível"[77], identificando-se, como direito, com o mero comando – hegemonia do direito público, do Estado, como hegemonia de uma razão política de organização e perpetuação do comando que já deve, arbitrária e forçosamente, dominar toda razão de troca, toda ficção de legitimidade jurídica.

Eis-nos ao término deste raciocínio. Efetivamente, em Marx, verificam-se duas assunções: o direito vive até o fim o processo do mais-valor relativo e o desenvolvimento capitalista conduz à ruptura da simbiose entre organização e comando no trabalho, polarizando o comando como função absoluta. E é exatamente no limite dessa previsão tendencial que se põe à prova o marxismo de Pachukanis. Ele percebe a tendência, vê que nela a "massa fundamental do capital se torna, em grande medida, força de classe impessoal"[78], que a propriedade privada (e o direito privado) se torna simples cobertura de uma situação em que "o domínio efetivo ultrapassa os limites puramente jurídicos"[79]. "Essa transfiguração do tecido jurídico na prática não poderia passar despercebida pela teoria"[80], daí a tentativa da ciência burguesa do direito de confundir elementos do privado e do público, de inventar uma espécie de "socialismo jurídico" que corresponde tão somente aos interesses gerais de um poder capitalista assim constituído. Em Pachukanis, a desmistificação da "socialização" do capital, do Estado e do direito é plena, nesse ponto. Certamente não é uma marginalização do direito, como às vezes Pachukanis parece pensar: essa é a nova forma que assume o direito, enquanto decalque e garantia do processo do mais-valor. "O direito do mais forte também é um direito"[81], afirma Marx na citação de Pachukanis. Assim, a depreciação da figura jurídica que o processo do mais-valor determina não diminui em nada a correta definição que ele dá dos êxitos do processo jurídico do capital. "Quem quer representar um fenômeno qualquer vivo no seu desenvolvimento deve inevitavelmente enfrentar o dilema: ou antecipar os tempos ou ficar para trás."[82] Se assim for, Pachukanis paga um preço muito baixo em relação aos riscos da ciência marxista da revolução.

---

[76] Ibidem, p. 434 e seg.

[77] Ibidem, p. 438.

[78] Ver, neste volume, p. 134.

[79] Ver, neste volume, p. 134.

[80] Ver, neste volume, p. 134.

[81] Ver, neste volume, p. 139.

[82] V. I. Lenin, "Lo sviluppo del capitalismo in Russia", em *Opere complete* (Roma, Riuniti, 1956), p. 321 [ed. bras.: *O desenvolvimento do capitalismo na Russia*, trad. José Paulo Netto, São Paulo, Abril Cultural, 1982].

3. Direito e capital social

Mas, se o capital vive o processo do mais-valor e, a partir daí, acompanha o ritmo da tendência, a ideologia também tem sua força: se a lei só pode ser cientificamente interpretada como "produto das relações materiais de produção", do mesmo modo, sob "o ângulo da ilusão jurídica [...], as relações de produção [são] produto da lei"[83]. E o são efetivamente às vezes, a mistificação ideológica não anula a realidade. Aqui, a crítica deve aprofundar sua relação com a ilusão real, com o mundo das consciências mistificadas. Essa passagem é fundamental: não basta definir a norma jurídica como parte do mundo das mercadorias, analisar a forma da mercadoria, ligá-la à forma do mais-valor, seguir seu processo, identificar o antagonismo da tendência, apostar politicamente na solução revolucionária do antagonismo. É preciso também penetrar o mecanismo da ilusão e desmistificá-lo em sua determinação. O embate entre ciência trabalhadora e ciência jurídica não pode ser apenas geral; ele deve determinar-se também na particularidade, nos casos. Isso vale, sobretudo, para nós, quando o processo do capital, socializando-se, levou o direito a renovar sua trama, tendendo à compreensão máxima da lei do valor, abandonando-se à ilusão de uma eficácia não antinômica, escondendo – tão duramente quanto o processo da tendência se fazia real – as contradições explosivas que ele devia sofrer. O que Pachukanis pode dizer a esse propósito? Pode dizer algo marxianamente fundado?

"A tarefa da teoria marxista consiste em verificar essas conclusões gerais e levar adiante o estudo de um determinado material histórico."[84] Vale dizer que, se da totalidade da definição e das mistificações materiais que, em geral, ela opera é necessário passar à análise de sua forma, como função determinada no mundo das mercadorias, portanto no desenvolvimento do processo de mais-valor, é necessário em segundo lugar e fundamentalmente passar aos princípios do direito, a suas considerações críticas, como funções de um estágio determinado da circulação e reprodução de mais-valor. Só dessa forma o materialismo histórico se dialetiza e, saindo da rude contraposição de estrutura e superestrutura, torna-se um instrumento positivo de análise. É assim em Pachukanis. Ou seja, uma consideração marxista sobre o direito não pode ser simplesmente colocada nem do ponto de vista da história da economia política nem do ponto de vista da crítica materialista do direito, que no fundo é a mesma coisa. Na linguagem contemporânea, dir-se-á que é precisamente no ponto de encontro entre historicidade da experiência jurídica e determinação dos mecanismos de domínio capitalista, entre história da

---

[83] K. Marx, *O capital*, Livro I, cit., p. 692, nota 73.

[84] Ver, neste volume, p. 137.

exploração e regime das relações de produção, que é permitida uma análise mais aprofundada sobre a especificidade do direito e de seu movimento.

A clareza metódica dessa assunção de Pachukanis, no entanto, colide imediatamente com uma antítese material. Aqui, pela primeira vez, ele se coloca o problema do que seria o direito, não diante da economia política, mas diante dos casos jurídicos; coloca-se, portanto, o problema da realidade e da natureza da ciência jurídica, no quadro de uma consideração que assume uma perspectiva totalizante e sistemática como fundamento da análise. Tal é, com efeito, a consequência da abordagem tendencial. Logo, o direito é um esquema coerente, um momento global de reconstrução do real, de tal modo que validade das normas e efetividade do ordenamento se cobrem e se justificam reciprocamente? Ou é puro esquema técnico, de modo que "é impossível negar que uma parte significativa das construções jurídicas possui, na verdade, caráter frágil e condicional"[85]? Tal antítese que lemos em Pachukanis tem um caráter geral no "marxismo sobre o direito", isto é, apresenta uma antinomia fundamental entre uma consideração ligada ao processo da tendência e uma consideração ancorada na crítica materialista das normas. Mérito de Pachukanis de tê-la colocado de modo tão dramático.

Todavia, à primeira vista Pachukanis parece mover-se de forma confusa nessa antinomia. De um lado, há o forte ataque a Kelsen e, portanto, às posições neokantianas sobre o direito; um ataque que pressupõe e conclui uma concepção técnica da ciência jurídica, apesar da refutação explícita que (do ponto de vista da análise da forma) essa concepção não pode deixar de sofrer. Na realidade, a crítica a Kelsen, ao primeiro Kelsen[86], é duríssima: sua "corajosa coerência" é considerada somente um *reductio ad absurdum* do dualismo neokantiano, a teoria pura é "um jogo de xadrez"[87]:

> o extremo formalismo da escola normativista (Kelsen) expressa, sem dúvida, a decadência geral do pensamento científico burguês corrente, que, ansioso por esgotar-se em métodos estéreis e artifícios lógicos formais, flerta com sua completa ruptura diante da realidade da vida. Na teoria econômica, ocupam um lugar correspondente ao dos representantes da escola matemática.[88]

Segue-se o ataque a toda teoria da produção das normas jurídicas que se pretende genética – do ponto de vista do direito objetivo – e fundada no esquema

---

[85] Ver, neste volume, p. 77.

[86] Sobre a história do pensamento de Kelsen, ver o ótimo ensaio introdutório de Mario Giuseppe Losano em Hans Kelsen, *La dottrina pura del diritto* (Turim, Einaudi, 1966).

[87] Ver, neste volume, p. 71.

[88] Ver, neste volume, p. 85.

autojustificante da validade formal. Enfim, o ataque se volta contra a concepção kelseniana do Estado, que para ele existe como "objeto do pensamento encerrado na ordem das normas ou dos deveres"[89]. O ataque não poderia ser mais forte e completo, em particular quando Pachukanis é incitado pelo ortodoxo materialismo histórico de Stutchka. É a partir desses pressupostos críticos que o institucionalismo de Pachukanis e as tentações tecnicistas de seu marxismo jurídico encontram espaço: "O movimento mais ou menos livre da produção e da reprodução social, que na sociedade de produção mercantil acontece formalmente através de uma série de transações privadas, é o *objetivo prático profundo* da mediação jurídica"[90].

Por outro lado, porém, pesa sobre Pachukanis o esquema da tendência, da forma e da totalidade. Daí o ataque a todas as concepções técnicas ou psicológicas da ciência jurídica. Daí o ataque a qualquer posicionamento historicista ou positivista que encerre a consideração científica do direito na mera positividade objetal, caótica e empírica por excelência. Nessa perspectiva, o que havia sido enxotado pela porta, um certo formalismo, volta – inervado no discurso sobre a tendencialidade da forma-mercadoria – pela janela. Na visão de Pachukanis, o desenvolvimento social parece conquistar uma individualidade determinada que fixa unilateralmente e unilinearmente o desenvolvimento jurídico. A polêmica contra o mero positivismo abre espaço para uma concepção do direito como efetividade coerente – uma concepção que, pelo menos, é bastante otimista. A mesma polêmica contra Kelsen se embacia: "Até o mais coerente defensor do método puramente normativo, H. Kelsen, teve de aceitar que à ordem ideal normativa deve ser acrescentada um elemento de vida real, ou seja, do comportamento humano real"[91]. Mas reconhecer isso, reconhecer que – a partir da *Der soziologische und der juristische Staatsbegriff*[92], Kelsen tenta recompor o sistema de validade com o da efetividade, significa colocar-se em um plano em que as diferenças desaparecem, na medida em que a compacta realidade do direito mostra uma adequada abertura tanto à idealidade construtiva do sistema das normas quanto à positividade fundante do conjunto de fatos. Quando a polaridade entre norma e fato (ou relação) é recomposta, não é a insistência – própria de Pachukanis – num elemento que o libera do projeto inteiro e sistemático da ciência jurídica. Não por acaso, então, seus interlocutores polêmicos o acusarão de querer "construir a teoria da dogmática jurídica pura"[93]. E, nesse contexto, fortemente limita-

---

[89] Ver, neste volume, p. 149.

[90] Ver, neste volume, p. 65.

[91] Ver, neste volume, p. 98.

[92] Hans Kelsen, *Der soziologische und der juristische Staatsbegriff* [O conceito sociológico e o conceito jurídico de Estado] (Tubinga, Mohr, 1922).

[93] Ver, neste volume, p. 115.

do no que diz respeito à amplitude da análise de Pachukanis, ainda que real, a acusação parece acertar em cheio. O mundo de validade das normas será subordinado à efetividade do ordenamento, mas se a permutabilidade dos horizontes for total, não há diferença: somente haverá privilégio de certo ponto de vista, dentro de uma totalidade que, de todo modo, é coerente.

Na realidade, é só no capítulo "Direito e Estado"[94] que a antinomia, tolerada até aqui com êxito incerto, é dominada por Pachukanis. A relação entre os dois momentos essenciais da descrição da realidade jurídica consegue ser efetivamente dialetizada nessa conclusão: a alternativa se transforma em processo cientificamente concludente.

Pachukanis começa a argumentar a conclusão:

> se as relações jurídicas nos são apresentadas como relações organizadas e reguladas, identificando, dessa maneira, o direito com a ordem jurídica, perde-se de vista que, na verdade, a ordem é apenas uma tendência e um resultado (além do mais, longe da perfeição), mas nunca o ponto de partida e o pressuposto da relação jurídica.[95]

Direito e ordenamento jurídico devem dissolver sua identidade abstrata no movimento concreto da tendência. Dessa forma, todo o construto metodológico e substancial da análise geral feita até aqui é comparado aos problemas discutidos: se a tendência é unificante, mas na base de uma relação necessariamente antinômica, isso faz com que o nexo entre direito e ordenamento se apresente à crítica da ciência jurídica como, ao mesmo tempo, unitário e antagônico. O que significa que, se o Estado, como ordenamento jurídico, é o produto do processo jurídico, ele tem "o papel de fiador da paz indispensável para os contratos de troca"[96], e nisso seu papel é absolutamente atual, se em paralelo uma "interpretação jurídica, ou seja, racionalista, do fenômeno do poder se torna possível [...] com o desenvolvimento do comércio e da economia monetária"[97], embora essa constatação não deva nos conduzir a sobrepor as esferas do Estado e do direito. O Estado é produto do processo jurídico, mas não é a totalidade do processo jurídico.

> O Estado como organização do poder de classe e como organização destinada à realização de guerras externas não exige uma interpretação jurídica e, de fato, nem sequer a admite. Esse é um domínio em que reina a assim chamada *raison d'état*, ou seja, o

[94] Ver, neste volume, p. 139 e seg. Ver também a contribuição de Riccardo Guastini, "La 'teoria del diritto' in URSS", cit., p. 408-14.

[95] Ver, neste volume, p. 139-40.

[96] Ver, neste volume, p. 140.

[97] Ver, neste volume, p. 141.

> princípio da conveniência nua e crua. O poder como fiador da troca mercantil, pelo contrário, não apenas pode ser expresso em termos jurídicos, como, ainda, apresenta-se como direito, e apenas como direito, ou seja, mistura-se completamente à norma objetiva abstrata. Por isso, qualquer teoria jurídica do Estado que queira abarcar todas as suas funções se revelará necessariamente inadequada. Ela não pode ser o reflexo verdadeiro de todas as funções da vida do Estado, apenas oferece um reflexo ideológico, ou seja, deformado, da realidade.[98]

Estamos, assim, no centro da abordagem marxiana. A irredutibilidade do Estado ao direito e, ao mesmo tempo, o nexo dialético muito estreito que os liga estão sempre presentes na análise marxiana do capital inteiro. Escreve Marx:

> Separada do processo de produção, a determinidade social e contraditória da riqueza material – seu antagonismo com o trabalho como trabalho assalariado – já se encontra expressa na propriedade do capital como tal. Ora, esse momento, separado do próprio processo capitalista, do qual ele é sempre o resultado e, como tal, seu eterno pressuposto, se expressa no fato de que o dinheiro e, com ele, também a mercadoria, são por si mesmos, de maneira latente e em potência, capital, ou seja, se expressa no fato de que eles podem ser vendidos como capital e de que, nessa forma, constituem um comando sobre o trabalho alheio, conferem o direito à apropriação do trabalho alheio e são, portanto, um valor que valoriza a si mesmo. Aqui também se evidencia que essa relação constitui o título e o meio para a apropriação de trabalho alheio, e não um trabalho qualquer, como contrapartida da parte do capitalista.[99]

Latência e potencialidade do Estado como poder contraposto ao trabalho e, ao mesmo tempo, desvinculação do poder em título válido e meio eficaz de apropriação[100]. Ao discutir a formação do tipo médio de juros, Marx[101] aprofunda e explicita esse conceito: aqui, a irredutibilidade do lucro como norma do desenvolvimento articula-se aos juros como mediação necessária para que cada capitalista possa se mover no mercado. "Costume e tradição jurídica" possuem um papel fundamental na construção dessa mediação, que vê finalmente a onipotência do lucro curvar-se às necessidades das "pessoas jurídicas". Nesse sentido, a autonomia do Estado e do lucro se dialetiza em relação a todo o processo social, mas mantém o comando efetivo do processo. Aqui, todas as teorias românticas sobre o poder estatal – como Moloch – não dialetizável revelam a trivialidade do próprio conteúdo, não porque Estado e

---

98 Ver, neste volume, p. 141-2.

99 K. Marx, *O capital*, Livro III, cit., p. 405.

100 Sobre os conceitos de "latência" e "presença" desenvolvidos por Marx, ver *O capital*, Livro II, cit., p. 157-60.

101 Idem, *O capital*, Livro III, cit., p. 69 e seg.

lucro não tenham autonomia, mas porque eles têm autonomia na medida em que estão disponíveis ao processo de reprodução e circulação da mercadoria[102].

Voltemos ao raciocínio de Pachukanis. O Estado, como foi dito, é – como ordenamento jurídico – o produto e a garantia, a latência e a potencialidade do processo jurídico, mas não o processo jurídico em si. Nesse ponto, a análise se aprofunda, começam a ser dadas as condições para que a forma-mercadoria possa ser lida também na figura do Estado. Que o Estado seja "partido" da classe dominante (e aqui Pachukanis parece corrigir em sentido leninista algumas afirmações de Hegel), que o Estado, enquanto "Estado de classe", se manifeste ao mesmo tempo como domínio direto e domínio indireto, como violência e direito[103], isso não resolve o problema do Estado, simplesmente representa o âmbito fenomênico e as polaridades. O problema do Estado, "que oferece tanta dificuldade à análise quanto o problema da mercadoria"[104], nasce quando ao "lado do domínio de classe direto e imediato emerge [...] o domínio mediato e refletido na forma do poder estatal oficial como uma força particular, destacada da sociedade"[105]. Contudo, com isso é posta a base para a solução marxiana do problema, que somente pode ser dada, como se viu, pela duplicação de ordenamento e direito, de violência e autoridade legitimadora. Mas o "camarada I. P. Razumovski [...] faz objeções ao fato de eu, infundadamente, parecer levar a questão da dominação e da servidão à esfera indeterminada do 'desdobramento da realidade' e não lhes conferir o lugar devido na análise das categorias jurídicas"[106]. Não, é exatamente esse desdobramento dialético que pode explicar a especificidade jurídica da relação direito-Estado! Só a articulação, ritmada pelo funcionamento da lei do valor, permite ao direito e ao Estado a existência diversa e a função unitária que lhes atribui o capital. "A máquina do Estado se realiza de fato como 'vontade geral' impessoal, como 'poder de direito' etc., na medida em que a sociedade representa um mercado."[107] O que é o mesmo que dizer que somente o máximo de organização permite o máximo de subordinação, somente o direito exalta como sua oposição dialética efetiva o domínio geral do homem sobre o homem. Paradoxalmente, o único "caráter jurídico" que pode ser reconhecido numa teoria do Estado consiste no fato de que ela "deve necessariamente partir do Estado como

---

[102] Sobre tudo isso, ver K. Marx, *O capital*, Livro III, cit., p. 443-52.

[103] Ver, neste volume, p. 148 e 172.

[104] Ver, neste volume, p. 142.

[105] Ver, neste volume, p. 142.

[106] Ver, neste volume, p. 144.

[107] Ver, neste volume, p. 146.

força independente, separada da sociedade"[108]. A burguesia entendeu isso ao longo de sua história, firmando com a doutrina jusnaturalista tal conceito no centro do próprio desenvolvimento jurídico[109].

Mas a solução burguesa das antinomias da ciência jurídica também é historicamente determinada e limitada. A tendência mostra como a ilusão de uma articulação das funções do Estado e do direito acaba por explodir. Desse ponto de vista, a análise conduzida até aqui deixa de ser verdadeira, abre-se um novo horizonte de consideração científica e política.

> O Estado como fator de força tanto na política interna quanto na externa foi a correção que a burguesia foi obrigada a fazer em sua teoria e prática do "Estado de direito". Quanto mais a dominação burguesa for ameaçada, mais comprometedoras se mostrarão essas correções e mais rapidamente o "Estado de direito" se converterá em sombra incorpórea, até que, finalmente, o agravamento excepcional da luta de classes force a burguesia a deixar completamente de lado a máscara do Estado de direito e revelar a essência do poder como a violência organizada de uma classe sobre as outras.[110]

O que significa que a relação entre Estado e ordenamento jurídico, entre validade e eficácia, em que repousa toda a concepção do Estado de direito e do direito em seus desenvolvimentos modernos, é superada e liquidada pelo surgimento de uma vontade de classe capitalista que, diante do ataque operário, não pode justificar-se senão em termos de resposta adequada, de violência necessária. A mistificação ideológica do Estado de direito – vivida realmente como força organizadora e legitimadora nos séculos de ascensão da burguesia – entra em conflito com a alternativa implacável do comunismo.

O radicalismo marxiano do discurso de Pachukanis se verifica mais positivamente se, respondendo às questões iniciais deste prefácio, assumimos seu esquema de análise do fato do direito no tempo presente. Porque, aqui, chega-se ao limite da tendência, e o máximo desdobramento do esquema ideológico do Estado e do direito é dado na práxis burguesa.

Mas é preciso nos entendermos. A explosão antinômica da dimensão jurídica do nosso tempo, o romper-se da continuidade contraditória do esquema formal (jurídico) do processo de mais-valor não são dados pela mera reformulação do

---

[108] Ver, neste volume, p. 147.

[109] A análise de Pachukanis do jusnaturalismo é de grande importância. Ela deveria ser aprofundada, aproveitando-se a oportunidade para compará-la com as páginas análogas de G. Lukács, *Geschichte und Klassenbewusstsein* [ed. bras.: *História e consciência de classe*, trad. Rodnei Nascimento, 2. ed., São Paulo, WMF Martins Fontes, 2016 – N. E.].

[110] Ver, neste volume, p. 151.

Estado de direito. Eles são dados inicialmente, talvez, na tentativa de uma interpretação mais rigorosa das categorias do Estado de direito, das quais se tenta uma leitura em termos democráticos e planificadores, mais do que liberais e liberalistas. Mas com que resultados? Bem poucos. Aliás, é justamente da falência da tentativa de fazer a estrutura do Estado de direito refletir ao ritmo de um desdobramento total da lei do valor que se tira um esclarecimento antecipado, mas já definitivo, de sua impossibilidade de configurar a natureza antinômica do direito – tanto mais antinômica quanto mais explicitados são os antagonismos de classe. O Estado de direito, nem sendo tão fortemente sacudido como no segundo Kelsen[111], consegue suportar as urgências da época: de todo modo, é Estado de garantias privadas, é Estado que recebe e garante, na forma do direito, o que o mundo econômico espontaneamente produz. Certamente, quando Kelsen opera aquela formidável inversão que leva o Estado de "mero ponto de imputação", mera "expressão personificadora da ordem normativa", "ponto final de referência de todos os atos estatais, qualificados como especificamente normativos, o ponto de encontro comum de referência de todos os fatos, qualificados como atos estatais"[112], a se representar como momento dinâmico da produção da lei, em referência ao conjunto das condições do ordenamento, articulando assim, de forma muito estreita, o momento constitutivo e o momento da execução (inversão que ele retoma e requalifica nas obras seguintes, confirmando-o com o aporte das ciências sociais) – talvez esse novo modelo seja aproximado: validade e eficácia, mecanismo de produção das normas e garantia da efetividade, processo dedutivo e indutivo, parecem identificar-se e condicionar-se. O ritmo da lei do valor que quer processo de trabalho e processo de valorização, organização e comando, cooperação e subordinação como elementos de uma continuidade unilinear, de uma síntese não corrompível, parece interpretado. Na realidade, tal processo não podia ser efetivamente compreendido e mistificado em termos jurídicos até que o "pomposo catálogo dos 'direitos humanos inalienáveis'"[113], até que "reino exclusivo da liberdade, da igualdade, da propriedade e de Bentham"[114] fossem postos de lado. De fato, fora dado um salto qualitativo na estrutura do capital, a ponto de tornar obsoletas aquelas fórmulas: nem o nível da luta de classes permitia que essa obsolescência fosse desconhecida.

---

[111] Referimo-nos essencialmente a *Teoria geral do direito e do Estado* (1945) [ed. bras.: trad. Luís Carlos Borges, 4. ed., São Paulo, Martins Fontes, 2005 – N. E.] e à edição definitiva de *Teoria pura do direito* (1960) [ed. bras.: trad. João Baptista Machado, 8. ed., São Paulo, WMF Martins Fontes, 2011 – N. E.].

[112] H. Kelsen, *Lineamenti di una teoria generale dello stato ed altri scritti* (Roma, s/n, 1932), p. 8-11.

[113] K. Marx, *O capital*, Livro I, cit., p. 374.

[114] Ibidem, p. 250.

> O capital que, como tal, tem como base um modo social de produção e pressupõe uma concentração social de meios de produção e forças de trabalho, adquire, assim, diretamente a forma de capital social (capital de indivíduos diretamente associados) em oposição ao capital privado, e suas empresas se apresentam como empresas sociais em oposição a empresas privadas. É a suprassunção [*Aufhebung*] do capital como propriedade privada dentro dos limites do próprio modo de produção capitalista.[115]

Ora, é nessa forma do capital que a nova ciência jurídica deve se exercitar. E é essa nova forma do capital que é inatingível para Kelsen e para todos os apologistas do Estado de direito.

Entretanto, o exercício é mais difícil do que se pode imaginar também para os novos juristas – antes de mais nada, críticos de Kelsen: o "Estado social", o "Estado planificado" vivem, na realidade, como a ciência jurídica que a eles se aplica, uma vida efêmera[116]. E não é que para dar solidez jurídica a essas imagens, a esse funcionamento da lei do valor, não se tenham feito esforços. A história da ciência jurídica depois de 1929 (em algum momento será preciso debater esse tema de forma abrangente, do ponto de vista do trabalhador)[117] parece, na verdade, uma única tentativa coerente de dar fundamento laborista e social ao direito e ao Estado. Tentou-se de tudo: da assunção do trabalho (da lei do valor) como critério exclusivo de valorização social à fundação "laborista" da constituição material, da crítica do sistema das fontes à crítica do dogma da soberania da lei, da reconfiguração de um modo específico de produção da lei no Estado social, conflitivo e planejado, à definição de funções jurisdicionais imediatamente criadoras de direito e imediatamente confirmadas pela prática. Paradoxalmente, a ciência do direito procurou – sobretudo nos territórios de fronteira (direito do trabalho e direito administrativo enquanto direito de planificação) – uma espécie de concretude capitalista do "definhamento do Estado" – às vezes, imitando metodologicamente uma espécie de "revolução permanente". Em vão: mesmo com tanto iluminismo capitalista, tais tentativas de apologia do trabalho concreto na redução do direito a processos, esses projetos de "Estado social", como programação democrática e éden do trabalho livre, mostraram só o verdadeiro e inelutável funcionamento da lei do valor, que é a lei da exploração. A aventura dialética do novo direito se tornou um trabalho de

---

[115] Idem, *O capital*, Livro III, cit., p. 496.

[116] Ver os verbetes "Riformismo", "Stato pianificato", "Politica di piano", "Stato di diritto", com a respectiva bibliografia, em *Enciclopedia Feltrinelli-Fischer: Scienze politiche 1. Stato e politica*, n. 27 (org. Antonio Negri, Milão, Feltrinelli, 1970).

[117] Alguns elementos iniciais de uma história semelhante em Sergio Bologna et al., *Operai e Stato, lotte operaie e riforma dello Stato capitalistico fra Rivoluzione d'Ottobre* e *New Deal* (Milão, Feltrinelli, 1972).

Sísifo. O processo demonstrou mais uma vez aos trabalhadores que "todos os revolvimentos políticos só aperfeiçoam essa máquina, ao invés de quebrá-la"[118].

Coisa muito diferente exige o capital do direito – uma vez que a luta dos trabalhadores tenha induzido tais níveis de crise em sua ciência. "O economista político aplica a esse mundo já pronto do capital as concepções de direito e propriedade vigentes no mundo pré-capitalista, e o faz com um zelo tanto mais ansioso e com unção tanto maior quanto mais fatos desmascaram suas ideologias"[119], mas isso é inútil. Não é mais possível nenhum tipo de idílio, porque ao capital social se opôs uma classe trabalhadora socializada e unificada. Do ponto de vista do capital, a relação entre direito e Estado deverá ser construída com atenção máxima a esse antagonismo, e o movimento tendencial na direção da explosão numa polaridade oposta, que o desenvolvimento da lei do valor imprime à forma jurídica, permanecerá presente. Se o antagonismo da tendência não é mais dominável mediante a simples mistificação – como no Estado de direito –, se não é regulável de dentro – como no Estado social de planificação –, então ele será efetivamente reconhecido e dominado. O desdobramento de Estado e de direito, que Pachukanis havia marxianamente lido como fruto da luta de classes, reformula-se como tendência fundamental no Estado de planificação[120]. Quanto à ciência do direito, em seu interior caótico, ela repete, ao mesmo tempo, a consciência da crise real e a da própria atual incapacidade de dominá-la.

4. Luta de classe e extinção do direito

Pachukanis, portanto, pode ser lido de forma não revisionista. É claro que há muitas contradições em seu pensamento, mas sempre é possível encontrar, no emaranhado em que se cruzam, o fio vermelho da análise marxista e o do projeto revolucionário. Nestas páginas, procuraremos compreender as contradições de seu pensamento em termos menos superficiais do que aqueles em que foi compreendido até aqui, encontrar nele uma origem histórica que mergulha na própria temática da transição e nos limites políticos em que a Revolução Russa e o bolchevismo tiveram de enfrentar essa temática. Porque – e esse é um elemento de formidável importância para a compreensão do pensamento de Pachukanis – ele foi e quis ser, antes de tudo, um revolucionário, partícipe das necessidades e das vicissitudes das massas.

---

[118] K. Marx, *Il 1948 in Germania e in Francia* (Roma, s/n, 1948), p. 173.

[119] Idem, *O capital*, Livro I, cit., p. 835.

[120] Encontra-se um aprofundamento útil do tema em Antonio Negri, *Crisi dello Stato-piano, comunismo e organizzazione rivoluzionaria* (Milão, Feltrinelli, 1974).

Portanto, são essencialmente dois os argumentos que a própria natureza da questão nos leva a discutir: de um lado, direito e transição; de outro, luta de classes e direito. Só a partir do encontro da realidade efetiva do desenvolvimento capitalista e da força motriz da luta de classes é que o problema da extinção do direito começará a se colocar corretamente.

Marxianamente, Pachukanis não tinha nenhuma dúvida de que o direito era não só uma forma da sociedade do capital, mas, *exclusivamente*, uma forma da sociedade do capital. Não há direito proletário. Com "a passagem para o socialismo desenvolvido [...] [a] extinção das categorias do direito burguês [...] significará a extinção do direito em geral, ou seja, o desaparecimento gradual [постепенное] do momento jurídico nas relações humanas"[121]. Já, por outro lado, "a forma do direito como tal não traz consigo, em nossa época de transição, as infinitas possibilidades que se abriram para a sociedade burguesa-capitalista na aurora de seus dias. Contudo, ela nos encerra temporariamente em seu restrito horizonte. Ela existirá apenas até que se esgote de uma vez por todas"[122]. Aos objetores, aos primeiros teóricos do direito proletário, ele responde rapidamente à maneira da *Crítica do Programa de Gotha** e *Estado e revolução***.

Por outro lado, há poucas ilusões em Pachukanis a respeito da real situação soviética. Ele define todo o sistema econômico como um "capitalismo de Estado proletário" e a solidez de sua convicção não é tolhida pela autocrítica posterior. E mais: a Nova Política Econômica (NEP) lhe parece, e assim era de fato, um estágio muito mais atrasado que aquele entrevisto pela análise de Marx sobre as condições iniciais do processo de extinção do direito. Isso não impede que a sociedade soviética apresente algumas características importantes no que diz respeito ao processo de extinção do direito, mas são essencialmente características emblemáticas, cuja definição deve ser submetida aos limites complexos do processo em ação – que é precisamente o de reforçar a estrutura capitalista do Estado. No capitalismo de Estado proletário parece haver duas realidades de troca: a primeira é uma vida econômica que se desenvolve segundo modalidades racionais e não mercantis ("A isso correspondem métodos imediatos, ou seja, tecnicamente substanciais, indicados na forma de programas, planos de produção, de distribuição etc.")[123]; por outro lado, "temos a circulação de mercadorias sob a forma de valor e, consequentemen-

[121] Ver, neste volume, p. 77-8.

[122] Ver, neste volume, p. 137.

* Trad. Rubens Enderle, São Paulo, Boitempo, 2012. (N. E.)

** São Paulo, Boitempo, no prelo. (N. E.)

[123] Ver, neste volume, p. 136.

te, a conexão entre unidades econômicas expressa na forma do contrato"[124]. Ora, é "evidente que a primeira tendência não encerra nenhuma perspectiva para o florescimento da prática jurídica. Sua vitória gradual significará a morte gradual da forma jurídica em geral"[125]. Quanto à segunda tendência, a permanência nela e a reprodução da forma jurídica aparecem como necessidades evidentes: mas em Pachukanis parece que, "na ditadura do proletariado [...], a real contradição de interesses no interior da indústria nacionalizada será eliminada e o isolamento ou a autonomia dos diferentes organismos (assim como da economia privada) serão conservados *apenas como método*"[126].

Pode-se até sorrir das "poucas" ilusões de Pachukanis a esse respeito. Todavia, ao lado do entusiasmo excessivo com as formas jurídicas do comunismo de guerra – pois nada mais que isso é o método das prescrições diretas –, a estruturação do discurso é mais ampla e correta. Os limites verdadeiros serão identificados na raiz, não aqui. Porque aqui, por de trás das fracas indicações, na realidade Pachukanis percebe o momento fundamental da temática da transição, isto é, o constituir-se não tanto das pequenas e irrisórias formas de extinção do direito (que só a miséria e as condições pré-capitalistas de atraso, além da urgência desesperada da intervenção, propõem), mas do Estado em imputação total da sociedade, segundo um processo tendencial que acentua ao máximo os antagonismos e, somente com isso, abre caminho para uma transição constituída nas lutas proletárias. A função motriz, modernizante e, portanto, revolucionária do movimento russo é aqui reconhecida no momento em que ela determina o mais alto nível de antagonismo. O direito, na realidade, começa a encontrar-se nas condições do extinguir-se, quando, na nova figura capitalista, a forma contemporânea do Estado mostra a necessidade de exaltar o comando diante do direito. A análise de Pachukanis sobre o capitalismo do Estado proletário compreende assim, como em filigrana (mas não menos explicitamente), a análise da forma contemporânea do Estado do capital. Em ambos os casos, o problema da transição se coloca por meio da definição da contradição entre o direito como forma do valor de troca e o comando do Estado capitalista. A vontade subjetiva atribuída ao Estado capitalista pelo proletariado não muda nem resolve a realidade do problema. Na verdade, levado pela força da análise tendencial que fez sobre o direito e o Estado da burguesia, Pachukanis entrevê e propõe, em termos corretos, o problema da transição e das condições de extinção do direito. Elas residem na contradição, irreversível, entre capitalismo de Estado e valor de troca como lei do mundo da

---

[124] Ver, neste volume, p. 136.

[125] Ver, neste volume, p. 136.

[126] Ver, neste volume, p. 136-7; grifos nossos.

produção e da circulação das mercadorias. Esse é um outro modo de dizer que o Estado de direito está definitivamente morto, que a queda da forma de Estado que a burguesia retalhou para existir e se desenvolver dá condições reais e fundamentais para se colocar o problema da transição como o terreno que as lutas políticas operárias terão de percorrer, como possibilidade de se realizar[127].

Mas, depois de colocado corretamente, o problema continua longe de ser resolvido. O problema fica mais difícil porque é apresentado em um quadro tendencial dado fortemente em termos objetivos (quando se prescinde da consideração das irrelevantes condições de transição que a situação russa apresenta). Mas era possível uma abordagem mais plausível da solução do problema? Era possível chegar mais perto de uma condição teórica que conseguisse dialetizar o quadro tendencial da temática da transição e de uma análise das forças subjetivas agindo nela? É precisamente nessa relação – tão intimamente dialética – que residem as condições mínimas de uma abordagem efetiva da solução do problema, se devemos – pelas páginas formidáveis de Marx e Lenin – propô-la novamente com base na experiência revolucionária mais recente, e é mais uma vez a partir desses pontos altos da análise que dialeticamente todo o sistema da ciência marxista da revolução recebe uma nova luz[128]. Voltando a Pachukanis: as condições em que sua problemática revolucionária se desenvolve são tais que lhe permitem, além da correta abordagem do problema, uma tentativa realista de solução?

Aqui, por assim dizer, todos os problemas vêm à tona. O nível bolchevique da análise da transição cai pesadamente sobre Pachukanis (e Lenin), apesar da vontade de forçar a realidade. Todo o discurso se sustenta num equívoco e num limite, e é o equívoco do limite sobre o qual o capital pode efetivamente ser colocado na parede. O bolchevismo coloca o problema do socialismo e das condições da extinção

---

[127] Riccardo Guastini, "La 'teoria del diritto' in URSS", cit., p. 414-20 e 500-6, sustenta que o Pachukanis "formalista" e analista do direito seria substituído por um Pachukanis voluntarista no que tange ao problema da transição. Essa definição não parece exata, sejam quais forem os limites do nosso autor: não se trata de voluntarismo nem de limites subjetivos, mas de uma nova problemática que a luta de classes põe em ação. É típico das atuais posições revisionistas considerar a luta de classes um fator meramente "subjetivo", voluntário, e a equivocada sorte do althusserismo se explica justamente por essa luz: o ataque ao subjetivismo se torna ataque à luta de classes. Para uma abordagem crítica, ver Pier Aldo Rovatti, "Introduzione", em Jacques Rancière, *Critica e critica dell'economia politica* (Milão, Feltrinelli, 1973), p. 5-23.

[128] Em termos corretos e modernos, a nova problemática da transição é exigida, sobretudo, pela experiência da Revolução Cultural, melhor do que "revolução ininterrupta", chinesa. Ver sobretudo Charles Bettelheim, desde *Cálculo econômico e formas de propriedade* [ed. port.: Lisboa, Dom Quixote, 1970 – N. E.] até o mais recente *Revolução Cultural e organização industrial* [ed. bras.: Rio de Janeiro, Graal, 1979 – N. E.]. Mas, em relação às sociedades ocidentais e aos mais altos níveis da luta de classes, todo o trabalho ainda resta ser feito.

do Estado e do direito em termos de socialização da propriedade, de mera reapropriação da propriedade; quer substituir a relação de mercado por uma relação de organização da propriedade social, do trabalho social. Mas isso é insuficiente: não é contra a propriedade, simplesmente, mas contra a base da propriedade, contra a lei do valor de trabalho como base da propriedade e regra da exploração que os operários lutam. A propriedade é a concretização determinada de um nível de comando capitalista, de vigência da lei do valor:

> O *trabalho* é o fundamento vivo da propriedade privada, a propriedade privada como fonte criativa de si mesma. A propriedade privada não é nada mais que trabalho *objetivado*. Se o que se quer é dar um golpe mortal à propriedade privada, não é preciso atacá-la somente como *condição objetiva*, mas como *atividade*, como *trabalho*. Um dos maiores equívocos é falar de trabalho livre, humano, social, de trabalho sem propriedade privada. O trabalho é, por essência, atividade não livre, inumana, associal, determinada pela propriedade privada e criadora de propriedade privada. A superação da propriedade privada chega à realidade somente quando é concebida como supressão do trabalho, uma supressão que, naturalmente, somente se torna possível pelo trabalho, isto é, pela atividade material da sociedade, e não deve ser entendida como troca de uma categoria por outra. Uma "organização do trabalho" é, portanto, uma contradição. A melhor organização que o trabalho pode ter é a organização atual, a livre concorrência, a dissolução de todas as organizações aparentemente "sociais do trabalho".[129]

A propriedade social não é por si só a condição da extinção do direito, aliás, é perfeitamente compatível com o progresso do capital: como lembra Marx, é a supressão do capital como propriedade privada no âmbito do próprio modo de produção capitalista. E quando o pensamento dos marxistas sobre o direito se fecha num nível mais atrasado de análise, ele só pode cair numa série de contradições inextricáveis.

É o que acontece com Pachukanis. Seu pensamento é sempre um registro da contradição que o movimento operário traz em si: de um lado, contradição entre desmistificação e luta contra a propriedade; de outro, determinação e luta contra a lei do valor. Seja quando se confronta com a definição do direito como mercadoria, seja quando se confronta com o problema da ciência jurídica, seja quando analisa a tendência evolutiva do direito na sociedade do capital, seja quando estuda a transição, Pachukanis tem de fazer as contas e, muitas vezes, acaba numa imagem parcial e determinada do funcionamento da lei do valor, uma imagem unilateral do

---

[129] K. Marx, "Über F. Lists Buch 'Das nationale System der politischen Oekonomie'", *Archiv-Drucke 1*, Berlim, VSA, 1972, p. 25.

processo de exploração, que vê somente o atraso da vigência dessa lei. O direito, nessa situação, salva-se, agarrando-se à mitologia de um processo trabalhista, social, que poderia se desenvolver fora – e de certo modo autonomamente – do processo de valorização.

Em Pachukanis, porém, há sempre, concomitantemente, força para superar essa unilateralidade da análise. O processo de trabalho e o processo de valorização só podem ser distintos do ponto de vista da análise. Do ponto de vista da prática social revolucionária, ao contrário, eles são sempre um único bloco, o sujeito que explora e o objeto da ação revolucionária. O direito não é uma função que, embora ligada ao processo de trabalho, possa ser separada do processo de valorização. Caso isso aconteça, quando o processo revolucionário se estabelecer a partir de um novo modelo de organização do trabalho, isso pode ser necessário – mas não tem nada a ver com a temática da transição, e sim com a do desenvolvimento capitalista. Portanto, dentro da temática da transição comunista, o direito não pode ser desligado da exploração. Nem a revolução quer isso: porque a transição que os operários pedem não pode ser definida no ritmo teórico das categorias de análise (trabalho e valor), ela é uma ação que ataca a totalidade da relação de capital e o destrói como tal. A essa altura, qualquer ilusão sobre o trabalho e seu valor deve desaparecer. A luta comunista se torna coerentemente luta contra o trabalho, contra o Estado, contra o direito que constitui a forma autoritária especifica da relação entre Estado e organização do trabalho.

A solução do problema da transição e da extinção do direito e do Estado deve ser reproposta dentro dessa radicalidade de pressupostos, vislumbrados por Pachukanis no interior de sua análise. Mas na época de Pachukanis, e dentro de limites análogos, esse caminho é em parte percorrido por Lenin, em *Estado e revolução*. E é a Lenin, assim como à teoria maoista da revolução interrompida como forma de transição, e ao Marx dos *Grundrisse* e a suas formidáveis antecipações teóricas, que deveremos voltar – em outro lugar – para aprofundar o problema[130].

O ponto de vista da totalidade do projeto de destruição está sempre presente na luta de classe operária. Assim como nela está sempre presente a instância da luta contra o trabalho. Na fábrica, a luta é contínua. No capítulo marxiano sobre a jornada de trabalho, a descrição chega ao fundo do processo. Na fábrica, a propósito da jornada de trabalho, tem-se, "portanto, uma antinomia, um direito contra outro direito, ambos igualmente apoiados na lei da troca de mercadorias". E Marx continua:

---

[130] Uma introdução metodológica positiva a esses temas pode ser encontrada em Pier Aldo Rovatti, *Critica e scientificità in Marx* (Milão, Feltrinelli, 1973).

Entre direitos iguais, quem decide é a força. E assim a regulamentação da jornada de trabalho se apresenta, na história da produção capitalista, como uma luta em torno dos limites da jornada de trabalho – uma luta entre o conjunto dos capitalistas, *i.e.*, a classe capitalista, e o conjunto dos trabalhadores, *i.e.*, a classe trabalhadora.[131]

Do ponto de vista operário, a regulamentação é fruto da luta, as concretizações jurídicas são resultados da luta contra o trabalho. No entanto, nem a validade dessas conquistas do ponto de vista operário tira do direito o fato de ele ser uma forma de exploração. "Se o *Règlement organique* dos Principados do Danúbio foi uma expressão positiva da avidez por mais-trabalho, legalizada a cada parágrafo, as Factory Acts inglesas são uma expressão negativa dessa mesma avidez."[132] "A legislação fabril, essa primeira reação consciente e planejada da sociedade à configuração natural-espontânea de seu processo de produção, é, como vimos, um produto tão necessário da grande indústria quanto o algodão, as *self-actors* e o telégrafo elétrico.[133] Seguindo Pachukanis, a total alienação do direito em relação à luta de classes, mesmo no período de transição, já havia ficado clara, para além dos limites de seu discurso sobre as condições da transição na União Soviética da NEP. Ora, é importante compreender as implicações dessa nova determinação da alienação marxiana do operário em relação ao capital. E, em Pachukanis, tais implicações começam a se mostrar quando ele, nos dois últimos capítulos de sua obra[134], recusa-se a submeter a luta de classes às novas regras do direito, mesmo que "socialista". Recusa utopista, dadas as condições da transição russa? Talvez. Mesmo assim, a tensão polêmica que a teoria compreende não pode ser encerrada por meio desse reconhecimento. Porque ela vai no cerne do problema e define o estágio de transição fora de qualquer possibilidade de recuperação revisionista do pensamento de Pachukanis: a transição só pode ser um espaço de luta, um processo de alheamento proletário interpretado pela luta entre as classes em luta. Não há uso alternativo do direito que possa substituir esse processo de luta. Não há dualismo de poder que possa ser institucionalmente gerenciado. A transição se distingue de qualquer outra fase anterior de domínio do direito somente se é um período de lutas contra a alienação jurídica, lutas que não se deixam abarcar em nenhum equilíbrio reconstituído. A luta contra o trabalho e contra o direito como forma especifica da organização do trabalho não pode se deter em limite algum.

---

[131] K. Marx, *O capital*, Livro I, cit., p. 309.

[132] Ibidem, p. 313.

[133] Ibidem, p. 551.

[134] A crítica de K. Korsh ("En guise d'introduction", cit.) a esses dois capítulos é absolutamente desfocada.

É claro que, se, como acreditamos, podemos ler realmente em Pachukanis essa convicção teórica, se todas as contradições de seu pensamento podem ser anuladas nessa tensão que ele colhe do movimento revolucionário vivo, ainda assim haverá quem reconheça nele uma margem de utopia. Mas isso também desaparece quando nos colocamos no terreno da tendência, intuída por Pachukanis e descrita por Marx. Assim como quando Marx escreve:

> O grande papel histórico do capital é o de *criar* esse *trabalho excedente*, trabalho supérfluo do ponto de vista do simples valor de uso, da mera subsistência, e seu destino histórico está consumado tão logo, por um lado, as necessidade são desenvolvidas a tal ponto que o próprio trabalho excedente acima do necessário é necessidade universal derivada das próprias necessidades individuais; por outro, a laboriosidade universal mediante a estrita disciplina do capital, pela qual passaram sucessivas gerações, é desenvolvida como propriedade universal da nova geração; tão logo, finalmente, o desenvolvimento das forças produtivas do trabalho, que o capital incita continuamente em sua ilimitada mania de enriquecimento e nas condições em que exclusivamente ele pode realizá-lo, avançou a tal ponto que a posse e a conservação da riqueza universal, por um lado, só requerem um tempo de trabalho mínimo de toda a sociedade e, por outro lado, a sociedade que trabalha se comporta cientificamente com o processo de sua reprodução progressiva, com sua reprodução em uma abundância constantemente maior; que deixou de existir, por conseguinte, o trabalho no qual o ser humano faz o que pode deixar as coisas fazerem por ele. Consequentemente, capital e trabalho comportam-se aqui como dinheiro e mercadoria; o primeiro é a forma universal da riqueza, a segunda é só a substância que visa o consumo imediato. Todavia, como aspiração incansável pela forma universal da riqueza, o capital impele o trabalho para além dos limites de sua necessidade natural e cria assim os elementos materiais para o desenvolvimento da rica individualidade, que é tão universal em sua produção quanto em seu consumo, e cujo trabalho, em virtude disso, também não aparece mais como trabalho, mas como desenvolvimento pleno da própria atividade, na qual desapareceu a necessidade natural em sua forma imediata; porque uma necessidade historicamente produzida tomou o lugar da necessidade natural.[135]

Eis, portanto, o terreno da transição. Pachukanis paga o terrível preço de seu distanciamento das condições russas, embora já dentro de uma grande consciência da formidável força do processo revolucionário. O olhar de quem analisa a transição só pode ser dirigido para o crescimento do novo indivíduo proletário. E só a luta interpreta esse crescimento, a luta contra o trabalho e sua organização, a luta contra o direito. Qualquer caso jurídico, qualquer instituto, qualquer Estatuto, pode constituir uma vitória operária, mas na medida em que seja considerado um

[135] K. Marx, *Grundrisse*, cit., p. 255-6.

registro dos efeitos da luta e de apropriação de muitas possibilidades de crescimento do indivíduo coletivo proletário que não quer o trabalho. Do ponto de vista da aplicação estatal, da efetividade jurídica, qualquer instituto é, na verdade, apenas reestruturação do domínio capitalista.

> Assim que a revolta crescente da classe operária obrigou o estado a reduzir à força o tempo de trabalho e a impor à fábrica propriamente dita uma jornada normal de trabalho, ou seja, a partir do momento em que a produção crescente de mais-valor mediante *o prolongamento da jornada de trabalho* estava de uma vez por todas excluída, o capital lançou-se com todo seu poder e plena consciência à produção de *mais-valor relativo* por meio do desenvolvimento acelerado do sistema da maquinaria.[136]

Do ponto de vista da efetividade, todo momento de vitória operária deve ser reestruturação técnica e jurídica da produção de capital, todo momento de reorganização do trabalho é, ao mesmo tempo, ampliação e intensificação de sua valorização, da exploração. Somente o olhar dirigido para a luta e para a sua continuidade representa o ponto de vista operário. Utópica não é a distância entre a luta e o objetivo comunista; utópico é crer na possibilidade de passar pelos institutos do capital para destruir a exploração. Somente a separação do capital que a classe operária encontra na luta é terreno de transição, somente a totalidade do projeto de destruição destrói a utopia.

"A outra reprimenda que me faz o camarada Stutchka, justamente a de que eu reconheço a existência do direito apenas na sociedade burguesa, eu aceito [...]."[137]

1973

---

[136] Idem, *O capital*, Livro I, cit., p. 482; grifos nossos.

[137] Ver, neste volume, p. 65.

Manifestação de operários de fábrica armamentista de Petrogrado, em julho de 1917.

Pachukanis, 44 anos depois*

Antonio Negri

Não é fácil voltar a um texto publicado há mais de quarenta anos[1]. As condições históricas daquela minha intervenção devem ser situadas nos anos 1970, em um clima político quase insurrecional na Itália. Do ponto de vista teórico, eram anos agitados pela polêmica em torno da teoria do direito, na qual eu opunha a Norberto Bobbio, ao seu formalismo e positivismo jurídicos, uma concepção aberta de crítica do Estado capitalista tardio. Foram anos únicos. Hoje, contudo, observando a bibliografia sobre Pachukanis, dou-me conta de que essa distância de quarenta anos não toca simplesmente à minha atenção política sobre o trabalho desse grande teórico do direito que foi Evguiéni Pachukanis, mas diz respeito também à periodização do interesse ocidental por sua obra. No segundo pós-guerra, na época da Guerra Fria, existia no Ocidente um duro bloco impeditivo ao interesse que havia pela Revolução de Outubro entre os anos 1930 e 1950. Foi uma tentativa de submeter a crítica ou até mesmo de banir a recepção da formidável potência de pensamento crítico e inovação teórica que a acompanharam. Esse bloco se rompeu com Maio de 68. Uma revolução leva a outra – dizia-se na época –, e essa ruptura determinou o despertar e a recuperação do pensamento revolucionário russo. Por um tempo muito curto. Pachukanis, entre outros, voltou a campo no debate sobre a teoria materialista do direito. Mas logo depois, no início dos anos 1980, uma década antes da queda do Muro de Berlim e concomitantemente com a afirmação dos governos neoliberais, um novo banimento foi rigorosamente praticado: quis-se varrer para sempre a memória da revolução.

---

* Traduzido por Patricia Peterle do original em italiano a ser publicado em 2017 pelo periódico do coletivo *Chto Delat* [Que fazer?], de São Petersburgo. (N. E.)

[1] Antonio Negri, "Rileggendo Pachukanis: note di discussione", *Critica del Diritto*, n. 1, 1974, p. 90-119 [ver, neste volume, "Relendo Pachukanis: notas de discussão", p. 9-47 – N. E.].

Mas a maquinação reacionária do esquecimento não funcionou bem e, hoje, a recuperação do debate crítico sobre o evento revolucionário russo e a cultura que o acompanhou aparece como um momento de verdade, provavelmente como sinal efetivo e profundo da conclusão da história moderna do capitalismo, como se tivesse sido determinado por uma lacuna ontológica – a Revolução de Outubro – que não pudesse ser removida. Talvez só passando por essa lacuna será possível um mundo novo.

Em relação à obra de Pachukanis no Ocidente, o chamariz para aquele primeiro ciclo de interesse, renovado ou reprimido, é facilmente verificável. Depois de uma primeira leitura de sua obra datada dos anos 1930-1950[2], tivemos de esperar os anos 1970 para ver uma nova proposição de seu pensamento pela militância subversiva[3]. É nessa conjuntura que também se enquadra meu ensaio. Mas por que o interesse por Pachukanis voltou ao debate e à pesquisa atual? No meu entender, diferentemente da primeira onda, não estão mais em jogo uma curiosidade ou um programa de informação (o que era o direito na revolução bolchevique, qual era seu papel na destruição dos ordenamentos burgueses da propriedade e do Estado e na construção do comunismo?) ou um embate polêmico (a denúncia de um direito bárbaro, antes de ser definido como a quinta-essência do totalitarismo?). Diferentemente dos anos 1970, a atenção não se volta somente para as dimensões ideológicas da teoria soviética do direito. Hoje, a atenção se concentra no mérito, enfrenta os núcleos teóricos próprios da disciplina jurídica construída por Pachukanis e pergunta como essa disciplina, em seu arcabouço materialista, permite uma melhor compreensão do direito internacional ou penal ou de outros campos jurídicos, além de responder à pergunta sobre a natureza do direito[4]. Podemos compreender

---

2 Hans Kelsen, *The Communist Theory of Law* (Londres, Stevens, 1955); John Hazard, *Soviet Legal Philosophy* (Cambridge, Harvard University Press, 1951); Lon Fuller, "Pashukanis and Vyshinskii: A Study of the Development of Marxist Legal Theory", *Michigan Law Review*, n. 47, 1949, p. 1.159; Rudolf Schlesinger, *Soviet Legal Theory* (Londres, Routledge, 1951); K. Korsch, "Per una critica materialistica del diritto", em *Dialettica e scienza del marxismo* (Roma, Bari, 1974), p. 130.

3 Oskar Negt, "Thesen zur marxistischen Rechtstheorie", em Hubert Rottleuthner (org.), *Probleme der marxistischen Rechtstheorie* (Frankfurt, Suhrkamp, 1975); W. Paul, "Marxistische Rechtstheorie in bürgerlichen Staaten", em Norbert Reich (org.), *Marxistische und sozialistische Rechtstheorie* (Frankfurt, Fisher, 1972); Norbert Reich, "Hans Kelsen und Evgenij Paschukanis", em Hans Kelsen-Institut (org.), *Reine Rechtslehre und marxistische Rechtstheorie* (Wien, 1978); Nicos Poulantzas, "À propos de la théorie marxiste de droit", *Archive de Philosophie du Droit*, n. 12, 1967; Marco Cossutta, *Formalismo sovietico: delle teorie giuridiche di Vyŝinskij*, Stuĉka e Pachukanis (Nápolis, Edizioni Scientifiche Italiane, 1992).

4 Assinalo aqui algumas obras apenas sobre essas novas leituras do pensamento de Pachukanis, após a década de 1990: China Miéville, *Between equal Rights: A Marxist Theory of International Law* (Chicago, Haymarket, 2006; Raymond Anthony Koen, "In Defence of Pashukanis", *Potchefstroom Electronic Law Journal*, v. 14, n. 4, 2011, p. 104 e seg.; Michael Head, *Evgeny*

agora o porquê desse novo interesse. A atenção dada ao mérito da teoria. Vemos que aquela teoria sugere um esclarecimento da solução dos impasses que atualmente desestabilizam o funcionamento dos ordenamentos jurídicos no mundo globalizado.

No mundo globalizado do poder financeiro, ideologicamente impregnado pelo liberalismo individualista e proprietário, a ênfase marxiana, recuperada e desenvolvida por Pachukanis, na relação mercantil como fundamento do direito destaca-se com uma grande evidência. Oferece uma chave imediata para a leitura deste mundo. Sabe-se quão forte foi a insistência de Pachukanis nesse ponto: "O fetichismo da mercadoria completa-se no fetichismo jurídico". Se é assim, a gênese privatista do direito revela-se de imediato como um processo, que vai da apropriação individual à construção do sujeito jurídico e à estipulação de um contrato em que a lei do mais forte sujeita o mais fraco. "A propriedade vem antes da mercadoria", proclama Pachukanis, o direito é um ordenamento que só a burguesia e o capitalismo possuem e implantaram no centro da sociedade (e Max Weber não tem opinião muito diferente).

Depois desse primeiro ponto, segue-se em Pachukanis um segundo ponto de grande interesse para a opinião (ou ciência) jurídica atual: a construção da "forma" do direito como "forma" cambiante do investimento jurídico social. O que é a "forma" do direito para Pachukanis? Ele observa que se trata do conceito de "forma" quando se coloca o problema não simplesmente da base (econômica) da qual emana o poder jurídico e se desenvolve seu funcionamento sistêmico, mas também quando se trata de definir a potência estendida do ordenamento legal e a convergência de legitimidade e efetividade que dá a sua força. A força do inimigo, para quem vê no capitalismo um poder destrutivo da liberdade e da riqueza comum. Ora, insiste Pachukanis, a "forma" do direito se impõe na complexidade das condições sociais que ela encarna e exprime. Não se trata de simples forma técnica ou mera projeção de conteúdos normativos, mas da instituição do valor social do trabalho e dos equilíbrios/desequilíbrios que se desenvolvem nos processos de determinação institucional. A regra constitutiva da "forma" é a mesma que a desmistifica,

---

Pashukanis: A Critical Reappraisal (Nova York, Routledge, 2008); Michael Head, "The Rise and Fall of a Soviet Jurist: Evgeny Pashukanis and Stalinism", *Canadian Journal of Law and Jurisprudence*, v. 17, n. 2, jul. 2004, p. 269-94; Eugene Kamenka e Alice Erh-soon Tay, "The Life and Afterlife of a Bolshevik Jurist", *Problems of Communism*, jan.-fev. 1970, p. 72-8; Chris Arthur, "Towards a Materialist Theory of Law", *Critique*, v. 7, 1976-1977, p. 31-46; Steve Redhead, "The Discrete Charm of Bourgeois Law: A Note on Pashukanis", *Critique*, v. 9, 1978, p. 113-20; Ronnie Warrington, "Pashukanis and the Commodity Form Theory", *International Journal of the Sociology of Law*, v. 9, n. 1, 1981, p. 419-37; reimpresso em Csaba Varga, *Marxian Legal Theory* (Londres, Dartmouth, 1993), p. 179; Ivo Lapenna, *State and Law: Soviet and Yugoslav Theory* (Londres, Athlone Press, 1964).

como acontece nos textos que Marx dedica ao fetichismo, porque mostra as relações de força que a constituem.

Ora, alguns críticos insistem na inadequação dessa desmistificação da forma jurídica por parte de Pachukanis. Dizem que, se a forma é simplesmente configurada pela relação social que constitui o capital, então não pode abrir espaço para uma superestrutura tão complexa como a da lei (da norma) no domínio capitalista. Todavia, para compreendermos a "forma" jurídica como Pachukanis a propõe, devemos assumir que essas objeções não são pertinentes. Os conceitos de "base" e superestrutura tinham um valor puramente pedagógico para Pachukanis: a realidade social (e, mais ainda, o direito) é antes um conjunto que encarna o dado econômico e exprime seu valor. A questão do direito, enquanto questão de fetichismo, abre para o tema da "forma do valor" em sua inteira complexidade. Então o que é "forma"? Naquele mesmo período, Isaak Rubin[5], estudando *O capital*, redefiniu a lei do valor: para além de sua substância (trabalho) e grandeza (medida), insistia justamente em sua "forma", isto é, a "forma de trabalho social", invólucro geral da produção – historicamente modificável, tecnicamente componível, politicamente articulado. Ora, o conceito de "forma jurídica" em Pachukanis corresponde ao de "forma do valor" em Rubin. Ambos os conceitos compreendem os de "base" e "superestrutura", mas desenvolvem trama e figura no horizonte da socialização da produção, isto é, na totalidade social. Além da teoria do valor de Rubin, há ecos aqui da "totalidade" lukacsiana.

A forma jurídica de Pachukanis é, portanto, norma da organização social e do sistema produtivo. A lei é instituição contraditória, seu movimento pode ser descrito como o movimento configurado pela variabilidade da relação mercantil[6]. Se desejamos uma prova definitiva de tudo isso, podemos observar a definição complexa de "norma" em Pachukanis e compará-la com a de Foucault. Se, para Pachukanis, a norma é um fato objetivo que se determina e determina suas funções como "relação social" dentro de uma história determinada pela troca mercantil, para Foucault a noção de norma nasce quando, exaurindo-se o comando soberano, a disciplina começa a organizar a sociedade produtiva. A norma se exprime e se define dentro dessa passagem como fato, historicamente dado, que transforma objetivamente a realidade do comando (precisamente a passagem da soberania para a disciplina)[7]. As definições coincidem. E é evidente que "norma", nos dois autores, possui um significado muito diferente daquele normalmente atribuído à "norma jurídica" – tanto em Pachukanis como em Foucault, "norma" é uma pista para

---

[5] Isaak Rubin, *Saggi sulla teoria del valore di Marx* (Milão, Feltrinelli, 1976).

[6] Michael Head, *The Rise and Fall*, cit., p. 284-6.

[7] Judith Revel, *Dictionnaire Foucault* (Paris, Ellipses, 2008), p. 97-9.

atravessar, exprimindo-a, a "forma do valor", que é o conjunto das relações sociais em sua determinação objetiva e histórica.

O terceiro ponto sobre o qual recai o interesse por Pachukanis surge quando a forma jurídica, entendida como acima, historiciza-se e apresenta-se em devir. Em seu trabalho, Pachukanis compara sistematicamente a forma jurídica não só ao direito burguês, mas também ao devir da sociedade soviética. Quando Nova Política Econômica se impõe, ele sublinha a permanência de elementos do ordenamento burguês (por exemplo, o direito de propriedade) no direito soviético e, desse modo, registra a copresença de ordenamentos antagonistas entre eles. Nessa base, no entanto, uma forte dinâmica constituinte se inscreve na normatividade e Pachukanis põe em jogo, como elemento dinâmico na construção do novo mundo socialista, um modelo político fundamental na teoria marxiana: "a supressão do Estado". Essa é uma proposta dinâmica, afirmativa, constituinte – e, sobretudo, uma posição que nega e exclui radicalmente qualquer possibilidade de definir um "direito" ou uma "lei" proletária. Romper com a ilusão de uma lei proletária era, para Pachukanis, manter aberto o caminho para a realização da revolução comunista. Todavia, Vichinski, sob o comando de Stalin, vai recuperar a normatividade do direito típica das sociedades burguesas. Pachukanis será condenado à morte no mesmo momento em que Stalin proclamará pomposamente a perfeição da "lei" na realização do socialismo na Rússia.

Não parecerá contraditório (e/ou oportunista) que, nesse clima de batalha, Pachukanis tenha tomado taticamente, ao longo de sua experiência militante e em toda a sua obra, uma posição de relativa desvalorização do uso da força e dos mecanismos de consolidação normativa do agir jurídico. Contrastar aquelas tendências – que emergiam violentamente na sociedade soviética – significava manter aberto – para a democracia operária e para o movimento das massas – o desenvolvimento da revolução. Contrastar a tendência à fixação de um Código Soviético significava manter aberta a luta de classes. De todo modo, Pachukanis não ficou e não acompanhou de perto o desenvolvimento do direito soviético no período stalinista? Ao lado de seu "oportunismo", contudo, não podemos esquecer que ele fixou rigidamente um princípio insuperável: o direito na sociedade revolucionária deveria extinguir-se e, se devesse ser usado na transição, deveria ser trabalhado para ser mantido aberto às novas matrizes de liberdade que seriam determinadas pela luta de classes. Para salvar a revolução.

Enfim, muito se disse sobre Pachukanis – como que para desvalorizar a alma política de sua luta teórica – que a fórmula "o direito como relação mercantil" se baseava não nos textos marxianos sobre a produção, mas sim nas páginas de *O capital* sobre a distribuição. Uma bela hipocrisia que espelha os tempos antigos, quando produção e reprodução (circulação) do capital eram esquemas que não se sobrepunham! Em todo caso, a insistência de Pachukanis na necessidade de se manter aberto o horizonte jurídico socialista e relacioná-lo ao problema da destruição do Estado e da supressão do direito significa, ao contrário, abrir e percorrer em profundidade os capítulos marxianos sobre a produção e entender como eles são permeados pela luta de classes, e como é alto o objetivo proposto.

Com isso, penso ter justificado minha reproposta deste ensaio, quarenta anos depois de sua publicação. Os motivos marxistas que reivindicamos nele, para enaltecer a obra de Pachukanis, já haviam sido esclarecidos.

setembro de 2016

Antonio Negri (1933), mais conhecido como Toni Negri, é um sociólogo marxista italiano. Graduado na Universidade de Pádua, onde iniciou sua carreira de professor universitário, fundou o Potere Operaio em 1969 e foi um dos mais ativos membros do Autonomia Operaia. Por sua atividade militante, foi acusado, no fim dos anos 1970, de ser uma das lideranças do grupo de guerrilha urbana Brigate Rosse. Por conta disso, exilou-se em Paris, onde lecionou nas universidades de Paris VIII e VII, na École Normale Supérieure e no Collège International de Philosophie, ao lado de parceiros intelectuais como Jacques Derrida, Michel Foucault e Gilles Deleuze. Em 1997, após uma longa negociação e ter sua pena reduzida de trinta para treze anos, concordou em retornar à Itália, onde foi preso. É coautor, ao lado do filósofo estadunidense Michael Hardt, da obra *Império* (2000).

TEORIA GERAL DO DIREITO
E MARXISMO

Cartaz de Serguei Tchekhonine para o II Congresso da Internacional Comunista, em Moscou, 1920.

Prefácio à terceira edição

Esta terceira edição do livro não contém nenhuma alteração essencial em relação à segunda. Isso se explica, evidentemente, não pelo fato de eu não ter nada a acrescentar ao que foi dito antes nem por considerar que uma posterior elaboração e reelaboração de partes são desnecessárias e impossíveis. Pelo contrário, agora que já passou algum tempo, as ideias, apenas superficialmente planejadas para este livro, podem e devem ser expostas de modo mais sistemático, mais concreto e mais minucioso. O último ano não foi em vão para a teoria marxista do direito; agora já existe material suficiente para uma disciplina jurídica, tendo-se submetido ao debate a maior parte das questões e construído, ainda que na forma de rascunho, os fundamentos por meio dos quais se pode tentar elaborar um manual marxista para a teoria geral do direito.

E é justamente por ter adiante a tarefa de elaboração, no futuro próximo, de um manual detalhado que eu recusei contribuir com a incorporação de posteriores alterações ao presente trabalho. O mais correto será fazê-lo se este esboço permanecer, tal qual é, a experiência inicial de uma crítica marxista dos principais conceitos jurídicos.

Notas específicas, feitas para a presente edição, servem de ressalva ao texto.

Julho de 1927

Desenho de Steinlen, reproduzido de capa da coleção "Critique du droit" (Presses Universitaires de Grenoble/Maspero).

Prefácio à segunda edição

Quando meu livrinho conheceu a luz do dia, o que eu menos esperava é que se fizesse necessária uma segunda edição, ainda mais em tão curto prazo. No entanto, agora já estou convencido de que, se isso aconteceu, foi apenas porque o trabalho, que, na melhor das hipóteses, deveria servir de impulso e material para discussões futuras, encontrou aplicações que este autor jamais imaginou, a saber, na qualidade de material didático. Isso, por sua vez, explica-se pelo fato de a literatura marxista sobre a teoria geral do direito ser extremamente pobre (e como ela poderia não ser pobre se, nos últimos tempos, nos círculos marxistas, a própria existência de uma teoria geral do direito tem sido colocada em dúvida?).

De qualquer forma, o presente trabalho está longe de pretender um lugar de honra na orientação marxista da teoria geral do direito. Inicialmente, escrevi o primeiro volume, em larga medida, para autoesclarecimento; daí sua abstração e sua concisão, por vezes quase em forma de exposição sumária; daí também a unilateralidade, inevitável ao se concentrar a atenção em apenas partes do problema, que são representadas como centrais. Todas essas particularidades fazem deste um livro de pouca utilidade na qualidade de manual didático.

Entretanto, perfeitamente consciente dessas limitações, ainda assim descartei a ideia de corrigi-las para a segunda edição. A isso me levou o motivo que exponho a seguir. A crítica marxista da teoria geral do direito está apenas começando. Nesse campo, as conclusões mais acabadas não serão alcançadas de repente; elas devem basear-se em uma análise minuciosa de cada ramo do direito em particular. E, no entanto, ainda resta muito a fazer nesse sentido. Basta dizer que, por exemplo, a crítica marxista nem chegou a tocar em certos campos, como o direito internacional. A situação é a mesma no que se refere ao direito processual e, é verdade que em menor medida, ao direito penal. Em se tratando da história do direito, temos somente aquilo que foi oferecido pela literatura marxista sobre história geral. E apenas o direito público e o direito civil constituem, a esse respeito, felizes exceções. O marxismo, portanto, está apenas começando a ganhar um novo campo. Por enquanto, é natural que isso aconteça na forma de discussões e disputas entre diferentes pontos de vista.

Meu livro, ao trazer para o debate algumas questões da teoria geral do direito, serve sobretudo a essa tarefa preliminar. Foi por isso que resolvi conservar, na essência, seu antigo caráter, evitando acatar aquelas demandas segundo as quais era preciso convertê-lo em material didático; acrescentei apenas alguns complementos essenciais, despertados em parte pelas recomendações da crítica.

Penso que será útil fazer algumas considerações prévias sobre as principais ideias do meu trabalho aqui mesmo no prefácio.

O camarada P. I. Stutchka* definiu com bastante propriedade minha abordagem da teoria geral do direito como "uma tentativa de aproximação da forma do direito e da forma da mercadoria". Na medida em que posso julgar pelos comentários, essa ideia, não obstante ressalvas pontuais, foi reconhecida em seus fundamentos como acertada e frutífera. O que certamente se explica pelo fato de, nesse caso, eu não ter tido de descobrir a América. Na literatura marxista – e, em primeiro lugar, no próprio Marx –, é possível encontrar elementos suficientes para tal aproximação. Além daquelas citações de Marx que faço no livro, é adequado indicar o capítulo "Moral e direito: igualdade", de *Anti-Dühring*. Nele, Engels oferece uma fórmula bastante clara da ligação existente entre o princípio da igualdade e a lei do valor, advertindo que "o primeiro a abordar essa derivação das modernas concepções de igualdade a partir das condições econômicas da sociedade foi Marx, em *O capital*"[1]. Faltava, portanto, compilar esses pensamentos isolados, abandonados por Marx e Engels, e esforçar-se para examinar alguns dos resultados que deles decorrem. Era apenas nisso que consistia a tarefa. A tese fundamental, a saber, de que o sujeito de direito das teorias jurídicas possui uma relação extremamente próxima com os proprietários de mercadoria, não precisa ser provada uma segunda vez depois de Marx.

Ademais, não acrescentou nada de novo a conclusão seguinte, qual seja: aquela filosofia do direito cuja base é a categoria do sujeito com sua capacidade de autodeterminação (e nenhum outro sistema coerente da filosofia do direito foi apresentado pela ciência burguesa) é, com efeito, a filosofia da economia mercantil a estabelecer as condições mais gerais, mais abstratas, de acordo com as quais a troca pode se realizar em função da lei do valor, e a exploração se passa sob a forma de

* Transliteração a partir da forma russificada consagrada de Pēteris Stučka, em letão. (N. T.)

[1] F. Engels, *Anti-Dühring: a revolução da ciência segundo o senhor Eugen Dühring* (trad. Nélio Schneider, São Paulo, Boitempo, 2015), p. 136.

"contrato livre". Essa opinião constitui a base daquela crítica que o comunismo dirigiu e dirige à ideologia burguesa da liberdade e da igualdade e à democracia burguesa formal, na qual "a república do mercado" mascara seu "despotismo da fábrica". Tal opinião nos leva à convicção de que a defesa dos assim chamados fundamentos abstratos da ordem jurídica é o modo mais geral de defesa dos interesses de classe da burguesia etc. etc. Mas, se a análise de Marx da forma-mercadoria também em sua relação com a forma do sujeito encontrou ampla aplicação como meio de crítica à ideologia jurídica burguesa, ela não foi de modo nenhum utilizada para o estudo da superestrutura jurídica como fenômeno objetivo. O que o impede é, antes de tudo, o fato de que, para os poucos marxistas que estudam as questões do direito, o traço característico central, essencial e único dos fenômenos jurídicos é o momento da regulamentação social (estatal) coercitiva. Parece que apenas esse ponto de vista assegura uma abordagem científica, ou seja, sociológica e histórica, do problema do direito em oposição ao sistema idealista, puramente especulativo, da filosofia do direito, que se fundamenta na concepção do sujeito com sua capacidade de autodeterminação. Por isso, era natural pensar que a crítica de Marx do sujeito de direito, que deriva imediatamente da análise da forma-mercadoria, não tinha relação nenhuma com a teoria geral do direito, uma vez que a regulamentação coercitiva externa às relações entre os possuidores de mercadorias representa apenas uma parte insignificante da regulamentação social *em geral*.

Em outras palavras, tudo o que se pode extrair da concepção de Marx de *Warenhüter* [guardião de mercadorias], "pessoas cuja vontade reside nas coisas"*, parece útil, a partir desse ponto de vista, apenas para o campo relativamente restrito do assim chamado direito *comercial* da sociedade burguesa e completamente inútil para os demais campos do direito (público, penal etc.) e para outras formações históricas, como o escravismo, o feudalismo etc.; ou seja, por um lado, o significado da análise de Marx restringia-se a um único campo especial do direito e, por outro lado, seus resultados eram utilizados *apenas* para denunciar a ideologia burguesa da liberdade e da igualdade, *apenas* para a crítica da democracia formal, não para esclarecer os traços fundamentais do princípio da superestrutura jurídica como fenômeno objetivo. Por isso, perderam-se de vista duas coisas: primeiro, que o princípio da personalidade/subjetividade jurídica (que entendemos como o princípio formal da igualdade e da liberdade, o princípio da autonomia da personalidade etc.) é não apenas um instrumento do engodo burguês e um produto da hipocrisia burguesa, na medida em que esta se opõe à luta proletária pelo aniquilamento

* Trata-se do segundo capítulo, "O processo de troca", de K. Marx, em *O capital: crítica da economia política*, Livro I: *O processo de produção do capital* (trad. Rubens Enderle, São Paulo, Boitempo, 2013), p. 159. (N. T.)

das classes, mas, ao mesmo tempo, é realmente um princípio atuante incorporado à sociedade burguesa no momento em que esta nasce do sistema feudal-patriarcal e o destrói; segundo, que a vitória desse princípio não é única e tão somente um processo ideológico (ou seja, refere-se inteiramente à história das ideias, das concepções etc.), porquanto é um processo real em que as relações humanas tornam-se jurídicas, que caminha par a par com o desenvolvimento da economia mercantil-monetária (e capitalista, na história europeia) e que acarreta profundas e múltiplas transformações de caráter objetivo. Aqui se coloca: o surgimento e a consolidação da propriedade privada, sua universalização nas relações tanto dos sujeitos quanto de todos os objetos possíveis, a libertação da terra das relações de domínio e servidão, a conversão de qualquer propriedade em propriedade mobiliária, o desenvolvimento e a supremacia das relações obrigacionais e, finalmente, dos poderes políticos distintos como forças especiais, ao lado do que aparece o dinheiro como poder puramente econômico e resulta mais ou menos nitidamente a separação entre as esferas das relações públicas e privadas, o direito público e o privado.

Desse modo, se a análise da forma-mercadoria revela o sentido histórico concreto da categoria do sujeito e expõe as bases abstratas do esquema da ideologia jurídica, então o processo histórico de desenvolvimento da economia mercantil-monetária e mercantil-capitalista acompanha a realização desses esquemas na forma da superestrutura jurídica concreta. Na medida em que as relações entre as pessoas se constroem como relação de sujeitos, temos todas as condições para o desenvolvimento da superestrutura jurídica com suas leis formais, seus tribunais, seus processos, seus advogados, e assim por diante.

Disso resulta que os traços fundamentais do direito privado burguês são ao mesmo tempo os traços determinantes mais característicos da superestrutura jurídica em geral. Se nos primeiros estágios do desenvolvimento a troca de equivalentes na forma de retaliação e reparação do dano causado engendrou a forma jurídica mais primitiva que encontramos nas assim chamadas "leis" bárbaras, do mesmo modo, no futuro, os vestígios da troca de equivalentes na esfera da distribuição, que se conserva também na organização socialista da produção (da passagem até a implantação do comunismo), obriga a sociedade socialista, como previu Marx, a temporariamente se encerrar no "estreito horizonte jurídico burguês"*. Entre esses dois pontos extremos transcorre o desenvolvimento das formas jurídicas, que atinge seu ápice na sociedade capitalista burguesa. Esse processo pode também ser caracterizado como uma dissolução das relações orgânicas patriarcais e sua substituição por relações jurídicas, ou seja, por relações entre sujeitos formalmente iguais

* "Glosas marginais ao programa do Partido Operário Alemão", em K. Marx, *Crítica do Programa de Gotha* (trad. Rubens Enderle, São Paulo, Boitempo, 2012). (N. T.)

perante a lei. A dissolução da família patriarcal, em que o *pater familias* era o proprietário da força de trabalho da esposa e dos filhos, e a conversão em uma família contratual, em que os cônjuges celebram entre si um contrato de bens, e os filhos (por exemplo, nas fazendas americanas) recebem do pai uma remuneração pelo trabalho, é um dos exemplos típicos dessa evolução. O desenvolvimento das relações mercantis-monetárias acelera essa evolução. A esfera da circulação, abarcada pela fórmula M-D, D-M*, desempenha um papel dominante. O direito comercial em sua relação com o direito civil desempenha a mesma função que o direito civil em sua relação com os demais domínios do direito, ou seja, indica-lhe o caminho do desenvolvimento. Dessa maneira, por um lado, o direito comercial é um campo específico, que tem significado apenas para as pessoas que fizeram de sua profissão a conversão da mercadoria na forma monetária, e vice-versa; por outro lado, ele é o próprio direito civil em sua dinâmica, em seu movimento em direção aos mais puros esquemas, dos quais são apagados quaisquer traços orgânicos, em que o sujeito de direito aparece em sua forma acabada, como um complemento indispensável e inevitável da mercadoria.

Assim, o princípio da subjetividade jurídica e os alicerces de sua esquemática, que para a jurisprudência burguesa representa o esquema da vontade humana *a priori*, decorre com absoluta inevitabilidade das condições da economia mercantil-monetária. A compreensão estritamente empírica e técnica da ligação entre esses dois momentos é expressa na reflexão de que o desenvolvimento da mercadoria demanda a garantia de propriedade, de bons tribunais, de boa polícia etc. Contudo, quanto mais profundamente se examina a coisa, mais fica claro que não apenas este ou aquele dispositivo técnico do aparato estatal cresce no terreno do mercado, mas que entre as próprias categorias da economia mercantil-monetária e a forma jurídica existe uma ligação interna indissociável. Em uma sociedade em que existe o dinheiro, em que, portanto, o trabalho privado isolado torna-se social apenas por intermédio de um equivalente universal, já se colocam todas as condições para a forma jurídica e suas contradições: entre o subjetivo e o objetivo, o privado e o público.

Apenas em tal sociedade o poder político tem a possibilidade de se opor ao poder puramente econômico, que aparece do modo mais distinto sob a forma do poder do dinheiro. Ao lado disso, torna-se possível também a forma da lei. Consequentemente, para a análise das definições fundamentais do direito, não há necessidade de se partir do conceito de lei e a ele recorrer como um fio condutor, pois o próprio conceito de lei (como uma imposição do poder político) é pertinente a um estágio de desenvolvimento em que a divisão entre sociedade civil e socie-

---

* "M" significa "mercadoria", e "D", "dinheiro". (N. T.)

dade política já teve lugar e está consolidada e em que, portanto, os momentos fundamentais da forma jurídica já se realizaram. "A *constituição do Estado político* e a dissolução da sociedade burguesa nos *indivíduos* independentes – cuja relação é baseada no direito, assim como a relação do homem que vivia no estamento e na guilda era baseada no *privilégio* – se efetiva *em um só e mesmo ato.*"*

É importante dizer, com base no que já foi exposto, que de nenhum modo eu considero a forma jurídica "um simples reflexo de uma ideologia pura"[2]. Penso que, sobre essa relação, exprimi-me de modo suficientemente claro: "o direito, considerado em suas determinações gerais, como forma, não existe somente na cabeça e nas teorias dos juristas especialistas. Ele tem, paralelamente, uma história real, que se desenvolve não como um sistema de ideias, mas como um sistema específico de relações"**. Em outra parte, falo sobre os conceitos jurídicos que representam teoricamente "o sistema jurídico como um todo acabado"***. Dito de outro modo, a forma do direito, expressa por meio de abstrações lógicas, é um produto da forma jurídica real ou concreta (para usar a expressão do camarada Stutchka), uma mediação real das relações de produção. Eu não apenas apontei que a gênese da forma jurídica deve ser procurada nas relações de troca, mas também destaquei o momento que, segundo meu ponto de vista, representa a mais completa realização da forma jurídica, a saber, o tribunal e o processo judicial.

Vale dizer que o desenvolvimento de cada relação jurídica está presente na cabeça de seus participantes como distintas representações ideológicas, mais ou menos formalizadas, sobre si como sujeito, sobre seus direitos e deveres, a "liberdade" de seus atos, dos limites da lei etc. Entretanto, o significado prático das relações jurídicas não está, claro, nessas relações subjetivas dos estados de consciência. Enquanto o possuidor de mercadorias não *tomar consciência* de si mesmo como possuidor de mercadorias, ele não terá mediado a relação econômica de troca com todas as consequências, as quais escapam a sua consciência e vontade. A mediação jurídica acontece no momento da transação. Mas uma transação mercantil já não é um acontecimento de ordem psicológica, não é uma "ideia" nem uma "forma de consciência", é um fato econômico objetivo – uma relação econômica, com a qual está indissociavelmente ligada em sua forma jurídica objetiva.

---

* K. Marx, *Sobre a questão judaica* (trad. Nélio Schneider, São Paulo, Boitempo, 2010), p. 53. É importante notar que por "sociedade burguesa", na tradução brasileira, lê-se "sociedade civil", na tradução russa. Cf. K. Marx e F. Engels, Сочинения [Obras] (Editora Estatal de Literatura Política da URSS), v. 1, p. 405. (N. T.)

[2] P. Stutchka, Революционная роль права и государства [*O papel revolucionário do direito e do Estado*] (3. ed., Moscou, [Academia Comunista da URSS], 1924), p. 5.

** Ver, neste volume, p. 83. (N. E.)

*** Ver, neste volume, p. 86. (N. E.)

O movimento mais ou menos livre da produção e da reprodução social, que na sociedade de produção mercantil acontece formalmente por meio de uma série de transações privadas, é o *objetivo prático profundo* da mediação jurídica. E é impossível atingi-lo apenas com a ajuda de algumas formas de consciência, ou seja, de momentos puramente subjetivos: são necessários critérios precisos, leis e a interpretação destas, uma casuística, tribunais e o cumprimento coercitivo das decisões. É por isso que, ao olhar para a forma do direito, não se pode ficar restrito à "pura ideologia" sem levar em conta todo esse aparato objetivo existente. Qualquer efeito jurídico, por exemplo o resultado de uma decisão judicial, é um fato objetivo, situado fora da consciência dos participantes tanto quanto um acontecimento econômico que, neste caso, é mediado pelo direito.

A outra reprimenda que me faz o camarada Stutchka, justamente a de que eu reconheço a existência do direito apenas na sociedade burguesa, eu aceito, mas com algumas ressalvas. De fato, sustentei e continuo a sustentar que a mais desenvolvida, universal e acabada mediação jurídica engendra-se a partir das relações entre os produtores de mercadoria; que, portanto, toda teoria geral do direito e toda "jurisprudência pura" é uma descrição unilateral, que abstrai de todas as outras condições, da relação entre as pessoas que surgem no mercado no papel de produtores de mercadorias. Mas, com efeito, uma forma desenvolvida e acabada não exclui formas atrasadas e rudimentares; pelo contrário, as pressupõe. Assim se dá, por exemplo, a questão da propriedade privada: apenas um momento de livre alienação revela em plena medida a essência dessa instituição, ainda que, sem dúvida, a propriedade como apropriação tenha existido antes não apenas das formas de troca desenvolvidas, mas até mesmo das mais rudimentares. A propriedade como apropriação é uma consequência natural de qualquer modo de produção; mas apenas no interior de uma determinada formação social a propriedade adquire sua forma lógica mais simples e universal de propriedade privada, na qual é determinada como condição básica de circulação contínua de valores pela fórmula M-D, D-M.

E se dá exatamente do mesmo modo a questão da relação de exploração. Essa não é, claro, de modo nenhum ligada às relações de troca e imaginada pela forma natural da economia. Mas, apenas na sociedade capitalista burguesa, em que o proletário aparece na qualidade de sujeito que dispõe de sua força de trabalho como mercadoria, as relações econômicas de exploração são mediadas juridicamente na forma do contrato.

E a isso está ligado justamente o fato de que, na sociedade burguesa, em contraposição à escravagista e àquela baseada na servidão, a forma jurídica adquire significado universal, a ideologia jurídica torna-se a ideologia por excelência e a defesa dos interesses da classe dos exploradores surge, com cada vez mais sucesso, como defesa abstrata do princípio da subjetividade jurídica.

Em resumo, o sentido de minha pesquisa não se reduz de modo nenhum a fechar o acesso para a teoria marxista do direito àqueles períodos históricos que não conheceram a economia mercantil-capitalista desenvolvida. Pelo contrário, esforcei-me e tenho me esforçado para simplificar a compreensão daquelas formas rudimentares, que encontramos naquelas épocas, e relacioná-las, por meio de uma linha geral de desenvolvimento, com formas mais desenvolvidas. O quanto meu ponto de vista se mostrará proveitoso o tempo dirá.

Vale dizer que em meu breve ensaio pude apenas esboçar os traços fundamentais do desenvolvimento histórico e dialético das formas jurídicas, recorrendo aos principais conceitos que encontrei em Marx. Entre minhas tarefas não estava resolver todos os problemas da teoria do direito – nem mesmo alguns deles. Eu queria apenas demonstrar sob qual ângulo é possível abordá-los e como é possível organizá-los. Já estou satisfeito que entre os camaradas marxistas encontrem-se pessoas que consideram minha abordagem das questões do direito interessantes e, de algum modo, promissoras. É isso que, em grande medida, fortalece o desejo de conduzir o trabalho segundo a direção escolhida.

E. P.

Introdução
Tarefas da teoria geral do direito

A teoria geral do direito pode ser definida como o desenvolvimento dos conceitos jurídicos fundamentais, ou seja, os mais abstratos. Estes incluem definições como "norma jurídica", "relação jurídica", "sujeito de direito" etc. Graças a sua natureza abstrata, tais conceitos são igualmente aplicados a outros ramos do direito, seus significados lógico e sistemático permanecem inalterados, independentemente do conteúdo a que se aplicam. Ninguém irá negar, por exemplo, que o conceito de sujeito no direito civil e no direito internacional subordina-se a um conceito mais geral de sujeito de direito como tal e que, consequentemente, essa categoria pode ser definida e desenvolvida independentemente de um ou outro conteúdo concreto. Por outro lado, se permanecermos nos limites de dado ramo do direito, poderemos constatar que essas categorias jurídicas fundamentais citadas não dependem do conteúdo concreto das normas jurídicas, no sentido de que conservam seu significado qualquer que seja a alteração nesse conteúdo material concreto.

É preciso entender que esses conceitos jurídicos mais gerais e simples são resultado de uma elaboração lógica das normas de direito positivo e representam um produto superior e mais recente de uma criação consciente, quando comparados com as relações jurídicas que se formam espontaneamente e as normas que as expressam.

Contudo, isso não impede que os filósofos neokantianos encarem as categorias jurídicas fundamentais como algo que se destaca da experiência e torna a própria experiência possível. Assim, lemos, por exemplo, em Savalski: "Sujeito, objeto, relações e regras das relações constituem o *a priori* da experiência jurídica, aquelas necessidades lógicas imprescindíveis que a tornam possível"[1]. E adiante:

[1] V. A. Savalski, Основы философии права в научном идеализме [*Princípios da filosofia do direito na ciência idealista*] (Moscou, Universidade Imperial de Moscou, 1908), p. 216.

> A relação jurídica é a condição necessária e única de todas as instituições jurídicas e, por consequência, da jurisprudência, pois, se não há relação jurídica, não há uma ciência sobre ela, ou seja, a jurisprudência, da mesma forma que, sem o princípio da causalidade, não há natureza nem, por consequência, uma ciência da natureza.[2]

Savalski, em suas reflexões, apenas repete as conclusões de um dos mais eminentes neokantianos, Cohen[3]. Esse mesmo ponto de vista encontramos em Stammler, tanto em seu primeiro e mais fundamental trabalho[4] quanto em seu último livro. Neste, lemos:

> Entre os conceitos jurídicos deve-se *diferenciar* os conceitos puros dos condicionados. Os primeiros representam as formas gerais de se pensar os conceitos fundamentais do direito. Para sua intervenção, eles não pressupõem nada além da própria ideia de direito. Eles podem, portanto, ser aplicados a absolutamente todas as questões jurídicas que possam surgir, pois não são senão distintas operacionalizações do conceito formal do direito. Por conseguinte, devem ser extraídos das definições permanentes (*bleibende*) deste último.[5]

Não importa quanto os neokantianos afirmem que a "ideia de direito", segundo sua concepção, não precede a experiência geneticamente, ou seja, temporalmente, mas lógica e epistemologicamente, nós, de todo modo, devemos reconhecer que a assim chamada filosofia crítica, nesse ponto como em tantos outros, nos faz retornar à escolástica medieval.

Dessa maneira, pode-se julgar estabelecido que o pensamento jurídico desenvolvido, qualquer que seja a matéria à qual se volta, não pode se realizar sem dado número de definições mais abstratas e gerais.

Tampouco pode-se realizar sem elas nossa jurisprudência soviética enquanto permanecer como está, ou seja, respondendo a suas tarefas práticas imediatas. Os conceitos jurídicos fundamentais, ou seja, formais, continuam existindo em nossos códigos e nos comentários a eles correspondentes. Permanece em vigor também o método do pensamento jurídico com suas práticas específicas.

Isso demonstraria que a teoria científica do direito deve dedicar-se à análise das abstrações ora citadas? Um ponto de vista amplamente difundido atribui a esses conceitos jurídicos fundamentais e mais gerais um significado puramente condicio-

---

[2] Ibidem, p. 218.

[3] H. Cohen, *Ethik des reinen Willens* [Ética da vontade pura] (2. ed., Berlim, Cassirer, 1907), p. 227.

[4] R. Stammler, *Wirtschaft und Recht nach der materialistischen Geschichtsauffassung* [Economia e direito segundo a concepção materialista da história] (Berlim, G. Stilke, 1896).

[5] Idem, *Lehrbuch der Rechtsphilosophie* [Compêndio de filosofia do direito] (Berlim, Rothschild, 1923), p. 245.

nal e técnico. A dogmática jurídica, dizem-nos, recorre a essas designações visando à comodidade e a nada mais. Elas não teriam nenhum outro significado teórico-cognitivo. Contudo, o fato de a dogmática jurídica ser uma disciplina prática e, em certo sentido, técnica não oferece bases para concluir se seus conceitos podem compor uma disciplina teórica correspondente. É possível concordar com Karner[6] sobre a ciência do direito começar onde termina a jurisprudência, mas disso não resulta que a ciência do direito deva pura e simplesmente descartar as abstrações fundamentais, que exprimem a essência da forma jurídica. Afinal, também a economia política começou seu desenvolvimento com questões práticas, principalmente sobre a circulação do dinheiro; afinal, também ela, originariamente, colocou-se a tarefa de demonstrar "os meios de enriquecimento dos governos e dos povos". Não obstante, já nesses conselhos técnicos encontramos aqueles conceitos cujas formas generalizantes e aprofundadas se tornaram parte das disciplinas teóricas da economia política.

Será que a jurisprudência estaria apta a se desenvolver como teoria geral do direito sem que se convertesse em psicologia ou sociologia? Seria possível uma análise das definições fundamentais da forma jurídica do mesmo modo que em economia política nós temos a análise das definições fundamentais e mais gerais da forma da mercadoria e da forma do valor? São essas as questões de cuja solução depende a possibilidade ou a impossibilidade de se encarar uma doutrina geral do direito como uma disciplina teórica autônoma.

Para a filosofia burguesa do direito, cuja maioria dos representantes coloca-se a partir de um ponto de vista neokantiano, o problema ora citado se resolve por meio da simples contraposição de dois princípios: o princípio do ser e o princípio do dever-ser. De acordo com isso, reconhece-se a existência de duas categorias científicas: a causal e a normativa. Lemos, por exemplo, em Wundt:

> Enquanto as ciências causais ou as disciplinas explicativas saem em busca de *leis da natureza* segundo as quais de fato acontecem e devem acontecer sem exceção, em virtude de uma necessidade natural, os processos da vida real, o objetivo e o objeto das disciplinas normativas, que de modo algum querem *explicar* algum acontecimento factual, são meramente *normas*, com base nas quais algo deveria, mas não precisa acontecer e talvez até nem venha a acontecer.[7]

Para Simmel, a categoria do dever determina um tipo especial de pensamento, separado por uma barreira intransponível daquela ordem lógica por meio da qual

---

[6] Cf. J. Karner, Социальные функции права [*A função social do direito*] (Moscou/Petrogrado, Gosizdat, 1923) [ed. alemã: *Die soziale Funktion der Rechtsinstitute: besonders des Eigentums*, Viena, Volksbuchhandlung Brand, 1904, p. 109].

[7] W. M. Wundt, *Ethik* (Stuttgart, 1886) [3. ed. Stuttgart, 1903, v. 2, p. 1].

pensamos o cotidiano, que se realiza como uma necessidade natural. O "tu deves" concreto pode servir de argumento apenas com referência a outro dever-ser. Permanecendo nos limites da lógica, não podemos tirar conclusões sobre o dever-ser a partir da necessidade, e vice-versa[8]. Esse pensamento de que um princípio pode ser estabelecido por meio de dois métodos distintos – o causal e o teleológico – Stammler apresenta de diferentes maneiras em seu trabalho mais fundamental, *Economia e direito**. Desse modo, a jurisprudência receberia bases metodológicas sólidas, assim como qualquer uma das disciplinas normativas. Além disso, as tentativas de aprofundar essa metodologia – por exemplo, em Kelsen – levam à convicção de que justamente a jurisprudência é a ciência normativa por excelência, pois ela, mais que quaisquer outras disciplinas atribuíveis a essa classe, pode se manter dentro dos limites do sentido lógico-formal da categoria do dever-ser. Na realidade, tanto em moral quanto em estética, a normatividade está impregnada de elementos psicológicos e pode ser considerada um desejo qualificado, ou seja, um fato, como o ser: o ponto de vista da conexão causal impõe-se de modo contínuo, quebrando a pureza da compreensão normativa. No direito, ao contrário, cuja expressão mais alta é, para Kelsen, a lei do Estado, o princípio do dever-ser aparece de forma indubitavelmente heterônoma, definitivamente rompido com o factual, com aquilo que existe. Basta transpor a própria função legislativa para o domínio metajurídico – e é isso que Kelsen faz – para que a jurisprudência se reduza à pura esfera da normatividade, consistindo sua tarefa exclusivamente em ordenar logicamente os diferentes conteúdos normativos.

Sem dúvida, há que se reconhecer um grande mérito de Kelsen. Com sua corajosa coerência, ele levou ao absurdo a metodologia do neokantismo com seus dois princípios. De fato, verifica-se que o "puro" princípio do dever-ser, livre de todas as impurezas do ser, do factual, de todas as "escórias" psicológicas e sociológicas, em geral não tem nem pode ter definições racionais. Pois, para o dever-ser puramente jurídico, ou seja, incondicionalmente heterônomo, até mesmo o fim é algo estranho e indiferente. O "tu deves a fim de que", de acordo com Kelsen, já não é o "tu deves" jurídico.

No plano do dever-ser jurídico, existe apenas a passagem de uma norma a outra, de acordo com uma escala hierárquica em cujo topo se encontra a autoridade suprema que elabora as normas – um conceito-limite do qual a jurisprudência parte como dado. Tal aproximação das tarefas da ciência do direito foi representada por um dos críticos de Kelsen na forma da seguinte apelação caricatural de um jurista a um legislador:

---

[8] Cf. G. Simmel, *Einleitung in die Moralwissenschaft* (2. ed., Stuttgart/Berlim, 1924).

* O título é citado em russo e Pachukanis não indica a fonte. (N. T.)

> Quais leis vocês devem promulgar nós não sabemos nem é algo que nos preocupa. Isso diz respeito à arte de legislar, que nos é estranha. Promulguem as leis como bem entenderem. E só quando vocês tiverem promulgado alguma lei nós lhes explicaremos em latim que tipo de lei vocês promulgaram.[9]

Uma teoria geral do direito que não pretende explicar nada, que, de antemão, recusa a realidade factual, ou seja, a vida social, e lida com as normas, não se interessando nem por sua origem (uma questão metajurídica!) nem pela ligação que estabelecem com certos materiais de interesse, só pode, evidentemente, pretender o título de teoria no mesmo sentido usado, por exemplo, para se referir à teoria do jogo de xadrez. Tal teoria não tem nada a ver com ciência. Ela não se ocupa de examinar o direito, a forma jurídica como uma forma histórica, pois, em geral, não tem a intenção de pesquisar o que está acontecendo. Por isso, podemos dizer, usando uma expressão vulgar, que "desse mato não sai coelho".

Já no que se refere às assim chamadas teorias sociológicas e psicológicas, a questão é outra. Delas podemos exigir mais, uma vez que, ao aplicar seus métodos, pretendem explicar o direito como um fenômeno tanto em sua origem quanto em seu desenvolvimento. Mas podemos também esperar outras decepções. As teorias psicológicas e sociológicas do direito em geral deixam de lado em suas considerações a forma do direito como tal, ou seja, pura e simplesmente ignoram a proposição desse problema. Desde o princípio, operam com conceitos de características extrajurídicas e, se suas considerações apontam para definições puramente jurídicas, é só para denunciar seu aspecto "fictício", "de fantasmas ideológicos", "projeções" etc. Esse enfoque naturalista ou niilista pode, sem dúvida, despertar verdadeira simpatia à primeira vista, sobretudo se contraposto às teorias idealistas do direito, impregnadas de teologismo e "moralismo". Depois de frases grandiloquentes como "a ideia eterna do direito" ou sobre "o significado absoluto da personalidade", o leitor que busca uma explicação materialista dos fenômenos sociais se voltará com especial prazer para as teorias que tratam o direito como o resultado de lutas de interesses, como uma manifestação da coerção estatal ou até como um processo cuja representação se dá na psique humana real. Aos diversos camaradas marxistas, pareceu suficiente introduzir o momento da luta de classes nas teorias citadas para que se obtivesse uma teoria do direito genuinamente marxista e materialista. Entretanto, o resultado que obtemos é uma história das formas econômicas com um colorido jurídico mais ou menos acentuado ou uma história das instituições, mas de modo nenhum uma teoria geral do direito[10]. Se, de

[9] J. Ofner, *Das soziale Rechtsdenken* [O pensamento social do direito] (Stuttgart, F. A. Perthes, 1923), p. 54.

[10] Mesmo o livro de P. I. Stutchka, *O papel revolucionário do direito e do Estado*, cit., que trata de uma série de questões da teoria geral do direito, não as liga em unidade sistemática. O desenvolvimento

um lado, os juristas burgueses que trataram de lançar um olhar mais ou menos materialista, como Gumplowicz, consideraram-se obrigados, por assim dizer como um dever a ser cumprido, a olhar para o arsenal dos principais conceitos jurídicos, ainda que para declarar sua construção artificial e relativa, os autores marxistas, de outro, por não terem responsabilidades perante a jurisprudência, na maioria das vezes simplesmente se omitiram sobre as definições formais da teoria geral do direito, dedicando toda sua atenção ao conteúdo concreto das normas jurídicas e ao desenvolvimento histórico das instituições jurídicas. É preciso notar que, em geral, os autores marxistas, ao falar dos conceitos jurídicos, têm em vista, essencialmente, o conteúdo concreto da regulamentação jurídica inerente a uma ou outra época, ou seja, aquilo que as pessoas consideram o direito em dado estágio de desenvolvimento. Isso pode ser visto na seguinte formulação:

> Na base de dado estado de forças produtivas formam-se determinadas relações de produção, que encontram sua expressão ideal nos conceitos jurídicos dos seres humanos e nas regras mais ou menos "abstratas", nos costumes não escritos e nas leis escritas.[11]

Aqui, o conceito de direito é visto exclusivamente a partir do ponto de vista do conteúdo; a questão sobre a forma do direito como tal não é sequer colocada. Entretanto, não resta dúvida de que a teoria marxista deve não apenas examinar o conteúdo material da regulamentação jurídica nas diferentes épocas, mas também oferecer uma interpretação materialista da própria regulamentação jurídica como uma forma histórica determinada.

No entanto, ao declinar da análise dos conceitos jurídicos fundamentais, temos somente uma teoria que explica a origem da regulamentação jurídica a partir das necessidades materiais da sociedade e, consequentemente, a correspondência das normas jurídicas com os interesses de uma ou outra classe social. Mas

---

histórico da regulamentação jurídica do ponto de vista de seu conteúdo de classe está, como apresentado, em primeiro plano em comparação com o desenvolvimento lógico e dialético da própria forma. É preciso salientar, contudo, que, ao comparar a terceira edição do livro com a primeira, nota-se que, naturalmente, nosso estimado autor deu alguns passos adiante no sentido de direcionar sua atenção para questões acerca da forma jurídica. Isso resulta, no entanto, do ponto de vista inicial do qual parte o camarada P. I. Stutchka, na medida em que ele entende o direito, em primeiro lugar, como um sistema de relações de produção e troca. Se o direito, desde o princípio, trata como forma toda e qualquer relação social, então seria possível afirmar que suas características específicas não serão levadas em conta. Pelo contrário, o direito como forma das relações de produção e troca, em uma análise mais ou menos cuidadosa, revelará facilmente seus traços específicos.

[11] Beltov, К вопросу о развитии монистического взгляда на историю [*Sobre a questão da evolução da concepção monista da história*] (São Petersburgo, s/n, 1894). [Beltov é pseudônimo de G. V. Plekhánov. – N. T.]

a própria regulamentação jurídica, não obstante a riqueza de conteúdo histórico que inserirmos nesse conceito, continua não sendo analisada enquanto forma. Em vez da totalidade de conexões e desmembramentos internos, somos compelidos a lançar mão de esboços jurídicos pobres e aproximativos, tão aproximativos que as fronteiras que separam a esfera jurídica das esferas adjacentes são totalmente obliteradas[12].

Até certo ponto, tal método deve ser considerado justificado. A história econômica pode ser abordada deixando completamente de lado detalhes e pormenores – por exemplo, as teorias de renda ou salário. Mas o que dizer de uma história das formas econômicas em que as categorias fundamentais da teoria da economia – valor, capital, lucro, renda etc. – se desvanecem no conceito vago e indistinto de economia? Nem mencionaremos que recepção teria a tentativa de tomar essa história por uma teoria da economia política. No entanto, no campo da teoria marxista do direito, é justamente assim que as coisas se apresentam. É sempre possível consolar-se dizendo que os juristas estiveram até agora em busca, sem conseguir encontrar, de definições para seus próprios conceitos de direito. De fato, comumente, a maioria dos cursos de teoria geral do direito introduz uma ou outra fórmula, mas, na verdade, essas fórmulas nos dão apenas uma representação confusa, aproximativa e inarticulada do direito em geral. Pode-se afirmar, de modo axiomático, que conhecemos muito pouco do direito a partir das definições que lhe são dadas, e, inversamente, o especialista correspondente que nos oferece conhecimento mais sólido sobre o direito como forma é aquele que menos atenção reserva à própria definição.

A razão disso está bastante clara: um conceito tão complexo como o do direito não pode ser exaustivamente compreendido por uma definição que segue as regras da lógica escolástica *per genus et differentia specifica*.

Infelizmente, aqueles poucos marxistas que estudaram a teoria do direito não conseguiram evitar a tentação da sabedoria escolástica. Assim, por exemplo, Renner[13] coloca como base de sua definição de direito o conceito de imperativo, que se dirige da sociedade para o indivíduo. Essa construção despretensiosa parece-lhe suficiente para traçar o passado, o presente e o futuro das instituições jurídicas[14].

---

[12] Um exemplo de como uma exposição histórica rica é capaz de acomodar o mais imperfeito esboço da forma jurídica pode ser encontrado no livro de M. Pokrovski, *Ensaio sobre a história da cultura russa*, no qual a definição de direito esgota o sentido de imobilidade e estagnação em contraposição à fluidez dos fenômenos econômicos. M. Pokrovski, Очерк истории русской культуры [*Ensaio sobre a história da cultura russa*] (2. ed., Moscou, 1915), v. 1, p. 16.

[13] *Marx-Studien* (Viena, 1905), v. 1.

[14] Cf. também Ziber, Собр. Соч [*Obras completas*] (São Petersburgo, 1900), v. 2, p. 134: "O direito não é outra coisa senão a totalidade das normas coercitivas, que servem de expressão a um caso

O principal defeito desse tipo de formulação está em sua incapacidade de abarcar o conceito de direito em seu movimento real, revelando todas as inter-relações e ligações internas. Em vez de colocar o conceito de direito em sua forma mais acabada e precisa e, daí, mostrar a importância desse conceito para determinada época histórica, nos apresenta de modo puramente verbal um lugar-comum sobre a "regulamentação autoritária externa", que, todavia, serve bem para qualquer época e estágio do desenvolvimento da sociedade humana. Uma analogia perfeita disso em economia política é representada pelas tentativas de dar uma definição ao conceito de economia que abarcasse todas as épocas históricas. Se a teoria da economia consistisse toda ela em tais generalizações escolásticas improdutivas, dificilmente ela mereceria ser chamada de ciência.

Marx, como se sabe, inicia suas pesquisas não pela reflexão sobre a economia em geral, mas por uma análise da mercadoria e do valor. Isso porque a economia, como uma esfera específica das relações, diferencia-se quando a troca entra em cena. Enquanto estiverem ausentes as relações de valor, a atividade econômica dificilmente poderá se separar das demais funções vitais com as quais forma um todo sintético. Uma economia puramente natural não pode constituir objeto da economia política enquanto ciência independente[15]. Apenas as relações da economia mercantil-capitalistas constituem, pela primeira vez, o objeto da economia política

---

típico da realização do fenômeno econômico, totalidade que se destina a advertir e suprimir os desvios do curso normal das coisas". Uma definição análoga de direito como normas coercitivas promulgadas pelo poder estatal pode ser encontrada em Bukhárin, Исторический материализм [*Materialismo histórico*] (2. ed.), p. 175. A diferença entre Bukhárin, Ziber e, sobretudo, Renner reside no fato de o primeiro destacar com tenacidade o caráter de classe do poder estatal e, consequentemente, do direito. Uma definição mais detalhada é dada por Podvolótski, um dos discípulos de Bukhárin: "O direito apresenta-se como um sistema de normas sociais coercitivas, que refletem as relações econômicas e outras relações sociais de dada sociedade; normas que são introduzidas e mantidas pelo poder estatal da classe dominante para sancionar, regular e consolidar tais relações e, consequentemente, consolidar a supremacia de uma dada classe". I. Podvolótski, Марксистская теория права [*Teoria marxista do direito*] (Moscou/Petrogrado, s/n, 1923), p. 156. Todas essas definições destacam a ligação entre o conteúdo concreto da regulamentação jurídica e o da econômica. Ao mesmo tempo, eles pretendem esgotar o significado externo do direito como forma, do caráter coercitivo do Estado organizado, ou seja, no fundo não vão além do método empírico grosseiro daquela mesma jurisprudência prática e dogmática cuja superação deve ser considerada tarefa do marxismo.

[15] É preciso dizer, contudo, que entre os marxistas não existe consenso no que se refere ao objeto da teoria da economia. Prova disso é a discussão a propósito da intervenção do camarada I. I. Stepanov-Skvortsov no tema "O que é a economia política" (Вестник Коммунически Академия [*Revista da Academia Comunista*], n. 12, 1925). Contudo, a grande maioria de nossos economistas que tomaram parte nessa discussão rejeitou enfaticamente o ponto de vista do camarada Stepanov, de acordo com quem as categorias de economia mercantil e economia mercantil-capitalista ora citadas não constituem de modo nenhum objeto específico da teoria da economia.

como disciplina teórica particular que se vale de seus próprios conceitos específicos. "A economia política começa com a *mercadoria*, com o momento em que produtos são trocados por outros, quer por indivíduos, quer por comunidades naturais."[16]

Considerações análogas podem ser integralmente aplicadas à teoria geral do direito. Tais abstrações jurídicas fundamentais que engendram o desenvolvimento do pensamento jurídico e representam as definições mais próximas da forma jurídica em geral refletem relações sociais específicas e, ademais, extremamente complexas. A tentativa de encontrar uma definição de direito que explique não apenas essas complexas relações, mas "a natureza humana" ou "a comunidade humana" em geral, deverá conduzir, inevitavelmente, a fórmulas verbais puramente escolásticas.

Quando se faz necessário passar dessa fórmula inerte para a análise da forma jurídica, como de fato a encontramos, inevitavelmente nos deparamos com uma série de empecilhos. Estes só são superados por meio de obviedades e artifícios. Assim, por exemplo, é comum, depois de nos ser dada uma definição geral de direito, aprendermos que, a rigor, existem dois tipos de direito: o subjetivo e o objetivo, *jus agendi* e *norma agendi*. Além disso, a possibilidade de tal dicotomia não está de modo nenhum prevista na própria definição, por isso somos levados a negar um dos dois tipos, tomando-o por ficção, fantasma etc., ou a estabelecer uma ligação puramente exterior entre o conceito geral de direito e seus dois tipos. Entretanto, essa dupla natureza do direito, essa decomposição em norma e faculdade jurídica, tem um significado não menos importante que, por exemplo, a decomposição da mercadoria em valor de troca e valor de uso.

O direito como forma é imperceptível fora de suas definições imediatas. Ele não existe senão em opostos: direito objetivo e direito subjetivo, direito público e direito privado etc. Contudo, essas diferenciações encontram-se atadas mecanicamente à fórmula principal, se esta estiver organizada de modo a abarcar todas as épocas e todos os estágios do desenvolvimento social, incluindo aqueles que não conheceram em absoluto as oposições supracitadas.

Só a sociedade burguesa capitalista cria todas as condições necessárias para que o momento jurídico alcance plena determinação nas relações sociais.

Se deixarmos de lado a cultura dos povos primitivos, em que apenas com muito esforço é possível isolar o direito da massa geral dos fenômenos sociais de ordem normativa, até a Europa feudal medieval, as formas jurídicas distinguem-se pela extrema falta de desenvolvimento. Todas as oposições mencionadas estão fundidas

---

[16] F. Engels, "Karl Marx, 'Para a Crítica da Economia Política', Primeiro Fascículo, Berlim, Franz Duncker, 1859", *Das Volk*, n. 14 e 16, 6 e 20 de agosto de 1859, em *Obras escolhidas em três tomos* (trad. José Barata-Moura, Lisboa/Moscou, Avante!, 1982).

em um todo indissociável. Não há fronteira entre o direito como norma objetiva e o direito como justificação social. A norma de caráter geral não se distingue de sua aplicação concreta; consequentemente, isso acaba por confundir as ações do juiz e do legislador. A oposição entre direito público e privado encontra-se totalmente obscura tanto na organização da Marka* quanto na organização do poder feudal. Não há, em geral, a oposição tão característica da época burguesa entre o indivíduo como pessoa natural e o indivíduo como membro da comunidade política. Para que todas essas fronteiras da forma jurídica se cristalizassem com perfeita precisão, foi necessário um longo processo de desenvolvimento na principal arena, que eram as cidades.

Dessa maneira, o desenvolvimento dialético dos conceitos jurídicos fundamentais não apenas nos oferece a forma do direito em seu aspecto mais exposto e dissecado, mas, ainda, reflete o processo de desenvolvimento histórico real, que não é outra coisa senão o processo de desenvolvimento da sociedade burguesa.

Diante da teoria geral do direito como a conhecemos, não se podem invocar objeções de que essa disciplina seja composta apenas de definições formais e convencionais e de construções artificiais. Ninguém há de duvidar que a economia política estuda algo que realmente existe, embora Marx tenha prevenido que itens como valor, capital, lucro, renda etc. não podem ser desvendados com a ajuda de um microscópio nem por análise química. A teoria do direito opera com abstrações não menos "artificiais": a "relação jurídica" ou o "sujeito de direito" não podem igualmente ser desvendados pelo método de pesquisa das ciências naturais, muito embora por trás dessas abstrações se escondam forças sociais absolutamente reais.

A partir do ponto de vista do indivíduo que vive num ambiente de economia natural, a economia das relações de valor vai representar uma espécie de falseamento artificial de coisas simples e naturais, tanto quanto o modo do pensamento jurídico em relação ao senso comum do "homem médio".

É preciso notar que o ponto de vista jurídico é incomparavelmente mais alheio à consciência do homem "médio" do que o econômico. Isso porque, nesse caso, quando a relação econômica se realiza no mesmo momento que a jurídica, para o participante dessa relação, que é atual, na esmagadora maioria das vezes, isso se dá justamente pelo aspecto econômico; o jurídico nesse momento permanece em segundo plano e aparece com todas as suas definições apenas em casos especiais, excepcionais (processos, litígios jurídicos). Por outro lado, o detentor do "momento jurídico" no estágio de sua atividade em geral é membro de uma casta especial (juristas, juízes). Por isso, para o homem "médio", pensar as categorias econômicas parece mais cotidiano e habitual que pensar as categorias jurídicas.

---

* Ver, neste volume, p. 150, nota 18. (N. T.)

Pensar que os conceitos fundamentais que exprimem um sentido de forma jurídica são produto de alguma elucubração arbitrária significa incorrer no mesmo erro que Marx identifica nos iluministas do século XVIII. Pelo fato de, segundo Marx, não saberem elucidar as origens e o desenvolvimento das enigmáticas formas das relações sociais, eles tentaram despojá-las de seu caráter incompreensível declarando serem invenção humana, não terem caído do céu[17].

Todavia, é impossível negar que uma parte significativa das construções jurídicas possui, na verdade, caráter frágil e condicional. É o caso, por exemplo, da maioria das formulações do direito público. Adiante, tentaremos esclarecer as causas desse fenômeno. Por enquanto, nos limitemos a notar que, nas condições de uma economia mercantil desenvolvida, a forma do valor torna-se universal e reúne uma série primária de expressões derivadas e ilusórias, emergindo como preço de venda de objetos que não são produto do trabalho (terra) e nem mesmo se relacionam ao processo de produção (por exemplo, segredos de guerra comprados por espiões). Isso não impede que o valor como categoria econômica possa ser entendido apenas sob o ponto de vista do dispêndio de trabalho socialmente necessário para a produção de um ou outro produto. Do mesmo modo, a universalização da forma jurídica não deve interromper nossas buscas por relações que componham seu real fundamento. A seguir, buscaremos demonstrar que esses fundamentos *não são* as tais relações que se denominam direito público.

Outra objeção contrária à nossa concepção sobre quais são as tarefas da teoria geral do direito é a de que as abstrações como fundamento de análise são consideradas adequadas apenas ao direito burguês. O direito proletário, dizem-nos, deve encontrar outros conceitos gerais, e sua procura deve ser a tarefa da teoria marxista do direito.

Em um primeiro momento, essa objeção parece extremamente séria; porém, baseia-se em um equívoco. Exigir do direito proletário seus próprios, novos, conceitos gerais é uma tendência que parece revolucionária *par excellence*. Contudo, na realidade, proclama a imortalidade da forma do direito, pois aspira a extrair tal forma daquelas condições históricas fundamentais que asseguraram seu completo florescimento, e declara sua capacidade de se renovar permanentemente. A extinção das categorias (precisamente das categorias, não de uma ou outra prescrição) do direito burguês de modo nenhum significa a substituição por novas categorias do direito proletário, assim como a extinção das categorias de valor, capital, lucro etc., na passagem para o socialismo desenvolvido, não vai significar o surgimento de novas categorias proletárias de valor, capital, renda etc.

---

[17] K. Marx, *O capital*, Livro I, cit., p. 166.

A extinção das categorias do direito burguês nessas condições significará a extinção do direito em geral, ou seja, o desaparecimento gradual [постепенное] do momento jurídico nas relações humanas.

Uma característica do período de transição é, como foi mencionado por Marx em *Crítica do programa de Gotha*, o fato de as relações entre as pessoas em dado período estarem forçosamente restritas ao "estreito horizonte do direito burguês". É interessante analisar em que se encerra, de acordo com o pensamento de Marx, esse estreito horizonte do direito burguês. Marx toma como pressuposto a construção social na qual os meios de produção pertencem a todos na sociedade e os produtores não trocam seus produtos. Consequentemente, ele pressupõe um estágio superior ao qual se encontra atualmente nossa NEP*. O mercado já teria sido completamente substituído por uma economia planificada e, como consequência,

> o trabalho transformado em produtos não aparece aqui como *valor* desses produtos, como uma qualidade material que eles possuem, pois agora, em oposição à sociedade capitalista, os trabalhos individuais existem não mais como um desvio, mas imediatamente como parte integrante do trabalho total.[18]

Mas, mesmo depois que o mercado e as trocas mercantis estiverem totalmente eliminados, a nova sociedade comunista, nas palavras de Marx, deverá carregar por algum tempo "as marcas econômicas, morais e espirituais herdadas da velha sociedade de cujo ventre ela saiu"[19]. Isso se manifesta no princípio da distribuição, de acordo com a qual "o produtor individual – feitas as devidas deduções – recebe de volta da sociedade exatamente aquilo que lhe deu"[20]. Marx enfatiza que, apesar da radical mudança na forma e no conteúdo,

> no que diz respeito à distribuição desses meios entre os produtores individuais, vale o mesmo princípio que rege a troca entre mercadorias equivalentes, segundo o qual uma quantidade igual de trabalho em uma forma é trocada por uma quantidade igual de trabalho em outra forma.[21]

Na medida em que as relações entre o produtor individual e a sociedade seguirem conservando a forma da troca entre equivalentes, também a forma do direito

* Sigla para Nova Política Econômica (em russo, Новая экономическая политика – НЭП). (N. T.)

18 K. Marx, *Crítica do Programa de Gotha*, cit., p. 29.

19 Idem.

20 Idem.

21 Ibidem, p. 30.

será conservada, pois "o direito, por sua natureza, só pode consistir na aplicação de um padrão igual de medida"[22]. Mas, uma vez que não se leva em conta o desenvolvimento natural das aptidões do indivíduo, o direito, em virtude do seu conteúdo, "é, como todo direito, um direito da desigualdade"[23]. Marx nada diz sobre a necessidade de um poder estatal que assegure, por meio da coerção, o cumprimento dessas normas do direito "desigual", que conserva suas "limitações burguesas", mas isso fica claro por si mesmo. A esta conclusão chega Lenin:

> O direito burguês, no que concerne à repartição dos bens de *consumo*, pressupõe, evidentemente, um *Estado burguês*, pois o direito não é nada sem um aparelho capaz de *impor* a observação de suas normas.
> Acontece que não só o direito burguês subsiste no comunismo durante certo tempo, mas até o Estado burguês – sem a burguesia![24]

Uma vez dada a forma da troca de equivalentes, está dada a forma do direito e, assim, a forma do poder público, ou seja, estatal, que graças a isso permanece por algum tempo nessas condições, mesmo quando já não existem mais divisões de classes. A extinção do direito, e com ela a do Estado, acontece apenas, de acordo com Marx, "quando o trabalho tiver deixado de ser mero meio de vida e tiver se tornado a primeira necessidade vital"[25]; quando cada um trabalhar livremente nessas condições ou, como diz Lenin, quando estiver ultrapassado "'o estreito horizonte jurídico burguês', que me obriga a calcular, com a crueldade de um Shylock*, se eu não teria trabalhado meia hora a mais que o outro, se eu não teria recebido um salário menor que o do outro"[26] – em resumo, quando *finalmente estiver eliminada a forma da relação de equivalência.*

Marx, portanto, concebia a transição para o comunismo desenvolvido não como uma transição para novas formas de direito, mas como a extinção da forma jurídica em geral, como uma extinção dessa herança da época burguesa que se destina a sobreviver à própria burguesia.

Além disso, Marx revela a condição fundamental, enraizada na própria economia, da existência da forma jurídica, que é justamente a igualação dos dispêndios do

---

[22] Ibidem, p. 31.

[23] Idem. [Grifo do original. – N. T.]

[24] V. I. Lenin, "O Estado e a Revolução", em Ivana Jinkings e Emir Sader (orgs.), *As armas da crítica* (São Paulo, Boitempo, 2012), p. 187-8.

[25] K.Marx, *Crítica do Programa de Gotha*, cit., p. 31. (N. T.)

* Referência à personagem de *O mercador de Veneza*, de William Shakespeare, um agiota que exige a libra de carne de seu devedor falido. (N. T.)

[26] V. I. Lenin, "O Estado e a Revolução", cit., p. 186.

trabalho segundo o princípio da troca de equivalentes, ou seja, ele descobre o profundo vínculo interno entre a forma do direito e a forma da mercadoria. Uma sociedade que, devido às condições de suas forças produtivas, *é forçada* a conservar a relação de equivalência entre o trabalho gasto e a remuneração, que ainda remotamente lembra a troca entre valores e mercadorias, *será forçada* a conservar também a forma do direito. Apenas partindo desse momento fundamental é possível entender por que toda uma série de outras relações sociais recebe a forma jurídica. Contudo, argumentar no sentido de que os juízes e as leis devem existir para sempre, pois mesmo num estado de máxima prosperidade econômica não desaparecerão alguns crimes contra a pessoa humana etc., significa tomar momentos secundários e derivados por principais e fundamentais. Pois até a criminologia burguesa progressista chegou, teoricamente, à conclusão de que o combate à criminalidade, por si só, pode ser visto como uma tarefa médico-pedagógica que os juristas, com seus "corpos de delito", seus códigos, seus conceitos de "culpabilidade", de "responsabilidade ampla ou reduzida", suas sutis diferenciações entre cumplicidade, participação, incitação etc., são absolutamente incapazes de resolver. E, se essa convicção teórica até agora não levou ao extermínio do Código Penal, é apenas porque é evidente que a superação da forma do direito está ligada não somente ao ir além da sociedade burguesa, mas, ainda, à libertação diante de todos os seus últimos vestígios.

A crítica à jurisprudência burguesa, do ponto de vista do socialismo científico, deve tomar como modelo a crítica à economia política burguesa, como fez Marx. Para isso, ela deve, antes de tudo, adentrar no território do inimigo, ou seja, não deve deixar de lado as generalizações e as abstrações que foram trabalhadas pelos juristas burgueses e que se originam de uma necessidade de sua própria época e de sua própria classe, mas, ao expor a análise dessas categorias abstratas, revelar seu verdadeiro significado – em outras palavras, demonstrar as condições históricas da forma jurídica.

Toda ideologia morre junto com as relações sociais que a engendraram. Contudo, esse desaparecimento definitivo é precedido por um momento em que a ideologia, sob o ataque a ela dirigido por sua crítica, perde a capacidade de encobrir e ocultar as relações sociais a partir das quais se desenvolve. O desnudamento das raízes de uma ideologia é o sinal cabal de que seu fim se aproxima. Pois, como afirma Lassalle, "*das Anbrechen einer neuen Zeit besteht immer nur in dem erlangten Bewußtsein über das, was die bisher vorhandene Wirklichkeit an sich gewesen ist*"[27].

---

[27] "O irromper de um novo tempo consiste sempre só na consciência alcançada sobre o que foi em si a realidade existente até aquele momento", F. Lassale, *Das System der erworbenen Rechte: Eine Versöhnung des positiven Rechts und der Rechtsphilosophie* (2. ed., Leipzig, F. A. Brockhaus, 1880), livro 1, p. viii-ix.

1
Métodos de construção do concreto nas ciências abstratas

Qualquer ciência que procede a generalizações ao estudar seu objeto trata de uma única e mesma realidade total e concreta. Um único e mesmo acontecimento – por exemplo, a passagem de um corpo celeste pelo meridiano – pode servir para conclusões tanto astronômicas quanto psicológicas. Um único e mesmo fato – por exemplo, o arrendamento de terras – pode ser objeto de investigação tanto político-econômica quanto jurídica. Por isso, a diferença entre as ciências se baseia, em larga medida, nos diferentes métodos de aproximação da realidade. Cada ciência tem sua própria concepção principal e, com esse plano, pretende reproduzir a realidade. Assim, cada ciência constrói a realidade concreta de acordo com sua riqueza de formas, relações e dependências como resultado da combinação de elementos mais simples e de abstrações mais simples. A psicologia pretende decompor a consciência em elementos mais simples. A química pretende realizar essa mesma tarefa com relação à matéria. Quando não podemos, na prática, decompor a realidade em seus mais simples elementos, contamos com a ajuda das abstrações. Para as ciências sociais, o papel das abstrações é especialmente importante. A maior ou menor perfeição das abstrações determina a maturidade de dada ciência social. Isso Marx expõe magnificamente a propósito da ciência econômica.

Poderia parecer, diz ele, perfeitamente natural começar a pesquisa pelo conjunto concreto da população, que vive e produz em condições geográficas determinadas; mas a população é uma abstração vazia fora das classes que a compõem, as quais, por sua vez, nada são se excluídas das condições que a fazem existir, como o salário, o lucro, a renda; e a análise dessas últimas pressupõe categorias mais simples, como preço, lucro e, finalmente, mercadoria. Partindo dessas definições mais simples, o economista político reconstitui a mesma totalidade concreta, mas já não como um todo caótico e difuso, e sim como uma unidade rica de determinações e relações de dependências internas. Marx acrescenta que o desenvolvimento histórico da ciência vai justamente no caminho oposto: os economistas do século XVII começaram pelo todo vivente – pela nação, pelo Estado, pela população – para depois chegarem à renda, ao lucro, ao salário, ao preço e ao valor. Contudo, aquilo que é historicamente inevitável não é de modo nenhum metodologicamente correto[1].

Tais observações são inteiramente aplicáveis à teoria geral do direito. Também nesse caso, a totalidade concreta – sociedade, população, Estado – deve ser o resultado e o estágio final de nossa pesquisa, mas não seu ponto de partida. Partindo do simples para o complexo, do processo em sua forma pura para as formas concretas, seguimos uma via metodológica mais precisa e, por isso, mais correta do que quando apenas tateamos o assunto por termos diante de nós uma imagem vaga e indivisível do concreto como um todo.

A segunda observação metodológica que se faz necessária aqui está relacionada a uma particularidade das ciências sociais, ou melhor, aos conceitos de que se valem.

Se pegarmos qualquer conceito das ciências naturais, por exemplo o de energia, poderemos estabelecer, sem dúvida nenhuma, o momento cronológico preciso em que ele apareceu. Contudo, essa data tem significado apenas para a história das ciências e da cultura. Na pesquisa das ciências naturais como tal, a aplicação desse conceito não está ligada a nenhum marco cronológico. A lei da transformação de energia já atuava antes do aparecimento do homem e continuará atuando depois do desaparecimento de toda vida na Terra. Ela está fora do tempo; é uma lei eterna. Pode-se colocar a questão de quando a lei da transformação de energia foi descoberta, mas não teria sentido propor a questão sobre de qual época datam aquelas relações que ela expressa.

Se nos voltarmos agora para as ciências sociais, como é o caso da economia política, e tomarmos um de seus conceitos fundamentais, por exemplo, o de valor, de repente nos saltará aos olhos que, historicamente, não só é um conceito enquanto elemento de nosso pensamento, mas, em *pendant* à história do conceito, é parte constituinte da história das doutrinas econômicas, e teremos a história real do valor, ou seja, o desenvolvimento das relações humanas que, progressivamente, fizeram desse conceito uma realidade histórica[2].

---

[1] Cf. K. Marx, *Grundrisse: manuscritos econômicos de 1857-1858 – Esboços da crítica da economia política* (trad. Mario Duayer et al., São Paulo/Rio de Janeiro, Boitempo/Editora da UFRJ, 2011), p. 54.

[2] Não se deve, claro, pensar que o desenvolvimento da forma do valor e o desenvolvimento dos estudos sobre o valor aconteceram simultaneamente. Pelo contrário, esses dois processos distantes não coincidem cronologicamente. As formas de troca mais ou menos desenvolvidas e as formas de valor correspondentes encontram-se na Alta Antiguidade; já a economia política é, como se sabe, uma das ciências mais recentes.

Sabemos precisamente quais condições materiais são necessárias para que essa característica "ideal", "imaginária", das coisas adquira um significado real e, além disso, mais decisivo em comparação às características naturais, convertendo o produto do trabalho de fenômeno natural em fenômeno social. Conhecemos, dessa maneira, o substrato histórico real daquelas abstrações cognitivas que utilizamos e, com isso, verifica-se que os limites dentro dos quais a aplicação dessa abstração ganha sentido coincidem com o marco histórico real de desenvolvimento e são por ele determinados. Outro exemplo citado por Marx mostra isso de modo particularmente claro. O trabalho como a mais simples relação do homem com a natureza encontra-se em todos os estágios do desenvolvimento, sem exceção; mas, como abstração, apresenta-se mais tardiamente (cf. a sucessão de escolas: mercantilistas, fisiocratas, clássicas). A esse desenvolvimento do conceito corresponde o desenvolvimento real das relações econômicas, que coloca em segundo plano distintos tipos de desenvolvimento do trabalho humano e reclama para eles o lugar de trabalho em geral. Dessa maneira, o desenvolvimento dos conceitos corresponde ao processo histórico dialético real. Tomemos ainda mais um exemplo, já não do domínio da economia política. Tomemos o Estado. Aqui, por um lado, podemos observar como o conceito de Estado adquire gradualmente precisão e plenitude, envolvendo a totalidade de suas definições; por outro lado, como, na realidade, o Estado se desenvolve, "se abstrai", a partir das sociedades gentílicas e feudais e se converte em uma força "autossuficiente", "que entope os poros da sociedade".

Do mesmo modo, o direito, considerado em suas determinações gerais, como forma, não existe somente na cabeça e nas teorias dos juristas especialistas. Ele tem, paralelamente, uma história real, que se desenvolve não como um sistema de ideias, mas como um sistema específico de relações, no qual as pessoas entram não porque o escolheram conscientemente, mas porque foram compelidas pelas condições de produção. O homem se transforma em sujeito de direito por força daquela mesma necessidade em virtude da qual o produto natural se transforma em mercadoria dotada da enigmática qualidade do valor.

Para o pensamento que não extrapola os limites das condições de existência burguesa, essa é uma necessidade que não pode ser percebida de outro modo que não o da necessidade natural; é por isso que a doutrina do direito natural, consciente ou inconscientemente, está na base das teorias burguesas do direito. A escola do direito natural é não apenas a mais viva expressão da ideologia burguesa, em uma época em que a burguesia surgia como classe revolucionária, formulando de maneira aberta e clara suas demandas, mas também é a escola que oferece a mais profunda e nítida compreensão da forma jurídica. Não é por acaso que o florescer das doutrinas do direito natural quase coincide com o advento dos grandes clássicos da economia política burguesa. Ambas as escolas se colocaram a tarefa de formular do modo mais geral – por isso, mais abstrato – as condições de existência fundamentais da sociedade burguesa, que representavam para eles as condições naturais de existência de qualquer sociedade.

Os méritos das doutrinas do direito natural de criar as bases da ordem jurídica burguesa moderna são reconhecidos até mesmo por um legítimo defensor do positivismo jurídico, como Bergbohm.

> O direito natural sacudiu as bases do direito camponês e das relações feudais de dependência, abriu caminho para a emancipação da propriedade fundiária, quebrou os grilhões das oficinas e das restrições mercantis, efetivou a liberdade de pensamento..., assegurou a proteção do direito privado para as pessoas independentemente de sua religião ou nacionalidade, eliminou a tortura e regulamentou o processo penal.[3]

Embora não seja o objetivo aqui pôr em destaque a sucessão das diferentes escolas da teoria do direito, podem-se destacar alguns paralelos entre o desenvolvimento dos pensamentos jurídico e econômico. Assim, a Escola Histórica em ambos os casos pode ser encarada como manifestação da reação da aristocracia feudal e, em parte, pequeno-burguesa. Além disso, à medida que o ardor revolucionário da burguesia, na segunda metade do século XIX, finalmente arrefecia, a pureza e a precisão das doutrinas clássicas deixavam de exercer atração. A sociedade burguesa tem sede de estabilidade e de poder forte. No centro da teoria jurídica, portanto, já não está a análise da forma jurídica, mas o problema da fundamentação da força coercitiva dos preceitos jurídicos. Cria-se uma peculiar mistura de historicismo e positivismo jurídico que se reduz à negação de qualquer direito além do oficial.

O assim chamado "renascimento do direito natural" não significa um retorno da filosofia do direito burguês às posições revolucionárias do século XVIII. Na época de Voltaire e Beccaria, todo juiz esclarecido considerava seu ofício pôr em prática, sob o pretexto de aplicar a lei, a visão dos filósofos, que não era outra senão a negação revolucionária do regime feudal. Em nossa época, o profeta do retorno do "direito natural", R. Stammler, promove a tese de que o direito "legítimo" (*richtiges Recht*) requer, antes de tudo, a submissão ao direito positivo estabelecido, ainda que este seja "injusto".

A escola psicológica do direito pode ser comparada à escola psicológica da economia política. E tanto uma quanto outra buscam transpor o objeto de análise para a esfera dos estados subjetivos de consciência ("avaliação", "emoção imperativo-atributiva"), sem ver que as categorias correspondentes expressam, com regulari-

---

[3] K. M. Bergbohm, *Jurisprudenz und Rechtsphilosophie* [Jurisprudência e filosofia do direito] (Berlim, Duncker & Humblot, 1892), p. 215.

dade, a estrutura lógica das relações sociais, que se esconde atrás dos indivíduos e transgride a consciência individual.

Finalmente, o extremo formalismo da escola normativista (Kelsen) expressa, sem dúvida, a decadência geral do pensamento científico burguês corrente, que, ansioso por esgotar-se em métodos estéreis e artifícios lógicos formais, flerta com sua completa ruptura diante da realidade da vida. Na teoria econômica, ocupam um lugar correspondente os representantes da escola matemática.

A relação jurídica é, para usar um termo de Marx, uma relação abstrata, unilateral; nessa unilateralidade, ela se revela não como resultado do trabalho racional da mente de um sujeito, mas como produto do desenvolvimento da sociedade.

> Como em geral em toda ciência histórica e social, no curso das categorias econômicas é preciso ter presente que o sujeito, aqui a moderna sociedade burguesa, é dado tanto na realidade como na cabeça e que, por conseguinte, as categorias expressam formas de ser, determinações de existência, com frequência somente aspectos singulares, dessa sociedade determinada, desse sujeito.[4]

O que Marx diz aqui das categorias econômicas é totalmente aplicável às categorias jurídicas. Elas, em sua aparente universalidade, exprimem, na realidade, um aspecto isolado da existência de um sujeito histórico determinado: a sociedade burguesa produtora de mercadorias.

Finalmente, nessa "Introdução", aqui citada outras vezes, encontramos em Marx ainda mais uma observação metodológica profunda. Ela se refere à possibilidade de compreender o sentido das formações anteriores por meio da análise das configurações mais tardias e, consequentemente, mais desenvolvidas. Ao entender a renda, diz ele, entendemos o tributo, o dízimo e o imposto feudal. A forma mais desenvolvida elucida os estágios anteriores, nos quais ela figura apenas de modo embrionário. É como se a evolução subsequente expusesse aqueles indícios que já se encontravam no passado longínquo.

> A sociedade burguesa é a mais desenvolvida e diversificada organização histórica da produção. Por isso, as categorias que expressam suas relações e a compreensão de sua estrutura permitem simultaneamente compreender a organização e as relações de produção de todas as formas de sociedade desaparecidas, com cujos escombros e elementos edificou-se, parte dos quais ainda carrega como resíduos não superados, parte [que] nela se desenvolvem de meros indícios em significações plenas etc.[5]

---

[4] K. Marx, "Introdução", em *Grundrisse*, cit., p. 59.

[5] Ibidem, p. 58.

Ao aplicar as considerações metodológicas supracitadas à teoria do direito, devemos começar pela análise da forma jurídica em seu aspecto mais abstrato e puro e passar, depois, pelo caminho de uma gradual complexidade até a concretização histórica. Por isso, não devemos perder de vista que o desenvolvimento dialético dos conceitos corresponde ao desenvolvimento dialético do próprio processo histórico. A evolução histórica traz em si não apenas uma modificação no conteúdo das normas jurídicas e uma modificação das instituições do direito, mas também o desenvolvimento da forma jurídica como tal. Esta surge em certo estágio da cultura e permanece por muito tempo em estado embrionário, internamente pouco se diferenciando e não se separando das esferas adjacentes (costumes, religião). Em seguida, ao se desenvolver progressivamente, ela atinge seu máximo florescimento, sua máxima diferenciação e determinação. Esse estágio superior de desenvolvimento corresponde a relações econômicas e sociais determinadas. Ao mesmo tempo, caracteriza-se pelo surgimento de um sistema de conceitos gerais, que reflete teoricamente o sistema jurídico como um todo acabado.

Correspondentes a esses dois ciclos do desenvolvimento cultural, temos duas épocas de ápice do desenvolvimento dos conceitos jurídicos gerais: Roma, com seu sistema de direito privado, e os séculos XVII-XVIII na Europa, quando o pensamento filosófico descobriu o significado universal da forma jurídica como uma oportunidade de realizar a vocação da democracia burguesa.

Consequentemente, podemos alcançar uma determinação clara e conclusiva apenas se tomarmos como base a análise da forma do direito completamente desenvolvida, que oferece uma interpretação tanto das formas que lhe precederam quanto de sua forma embrionária.

Apenas nesse caso conceberemos o direito não como acessório de uma sociedade humana abstrata, mas como categoria histórica que corresponde a um ambiente social definido, construído pela contradição de interesses privados.

2
Ideologia e direito

Na polêmica entre o camarada P. I. Stutchka e o professor Reisner[1], a questão da natureza ideológica do direito desempenhou papel essencial. Com base em uma série de citações, o professor Reisner busca demonstrar que os próprios Marx e Engels consideravam o direito com uma das "formas ideológicas" e que esse ponto de vista era também compartilhado por muito teóricos marxistas. Contra essas indicações e citações, está claro, não se pode argumentar. É impossível, igualmente, refutar o fato de que o direito é psicologicamente experimentado pelas pessoas, sobretudo na forma de princípios, regras e normas gerais. Contudo, a tarefa não consiste em aceitar nem recusar a existência de uma ideologia jurídica (ou da psicologia), mas em demonstrar que as categorias jurídicas não têm nenhum outro significado além do ideológico. Apenas nesse último caso poderemos considerar "inatacável" a conclusão tirada pelo professor Reisner, a saber: "um marxista só pode estudar o direito como um dos subtipos dos tipos gerais de ideologia". Nesta palavrinha, "*só*", está o cerne da questão. Ilustremos com um exemplo da economia política. As categorias da mercadoria, do valor e do valor de troca são, sem dúvida, formulações ideológicas, formas de representação distorcidas e mistificadas (para usar uma expressão de Marx), por meio das quais a sociedade de troca concebe as relações de trabalho entre os distintos produtores. O caráter ideológico dessas formas comprova o fato de que basta passar a outra estrutura econômica para que as categorias de mercadoria, valor etc. percam todo o sentido. Por isso, podemos falar com toda razão em uma ideologia da mercadoria ou, como nomeia Marx, em um "fetichismo da mercadoria" e colocar esse acontecimento no rol dos aconteci-

1 Cf. M. A. Reisner, "Общая теория права тов. П. И. Стучки" ["A teoria geral do direito do camarada P. I. Stutchka"], *Revista da Academia Comunista*, n. 1, 1923, p. 173-81.

mentos psicológicos. Isso não significa de modo nenhum que as categorias da economia política tenham *exclusivamente* um significado psicológico, que elas indiquem *apenas* a experiência vivida, as representações e outros processos subjetivos. Sabemos muito bem que, por exemplo, a categoria de mercadoria, não obstante seu evidente idealismo, reflete uma relação social objetiva. Sabemos que um ou outro estágio de desenvolvimento dessa relação, sua maior ou menor universalidade, é um fato material essencial e deve ser tomado como tal, não apenas enquanto processo ideológico e psicológico. Dessa maneira, os conceitos gerais da economia política são não apenas elementos da ideologia, mas um gênero de abstrações a partir do qual podemos cientificamente, ou seja, teoricamente, reconstruir a realidade econômica objetiva. Usando as palavras de Marx: "Trata-se de formas de pensamento socialmente válidas e, portanto, dotadas de objetividade para as relações de produção desse modo social de produção historicamente determinado, a produção de mercadorias"[2].

É necessário demonstrar, portanto, que os conceitos jurídicos gerais podem entrar, e de fato entram, como parte de processos ideológicos e de sistemas ideológicos – e isso não é alvo de nenhuma controvérsia –, mas, para eles, para esses conceitos, é de certo modo impossível revelar a realidade social mistificada. Em outras palavras, seria preciso compreender se as categorias jurídicas representariam aquelas formas objetivas do pensamento (objetivas para uma sociedade historicamente dada) que correspondem a uma relação social objetiva. Colocamos, portanto, a questão da seguinte maneira: *seria possível entender o direito como uma relação social naquele mesmo sentido que Marx usou ao chamar o capital de relação social?*

Tal como é colocada, a questão elimina de antemão qualquer menção à ideologia do direito, e todas as nossas considerações são levadas a um patamar completamente diferente.

O reconhecimento do caráter ideológico deste ou daquele conceito, de modo geral, não nos livra do trabalho de detectar a realidade objetiva, ou seja, aquela que existe no mundo exterior, não apenas na consciência. Caso contrário, deveríamos eliminar quaisquer fronteiras com o mundo além-túmulo, o qual também existe na percepção de algumas pessoas e – por que não dizer? – do Estado. O professor Reisner, todavia, faz exatamente isso. Valendo-se da famosa citação de Engels sobre o Estado como "a primeira força ideológica" que domina as pessoas, ele, sem lançar dúvida sobre nada, identifica o Estado e a ideologia do Estado.

---

2 K. Marx, *O capital*, Livro I, cit., p. 151.

O caráter psicológico da manifestação do poder é de tal modo evidente, e o próprio poder estatal, que existe *apenas na psique das pessoas* (grifos nossos – E. P.), é de tal modo desprovido de significação material, que ninguém, ao que parece, pode mensurar o poder do Estado de outro modo que não como sendo apenas uma ideia que se manifesta realmente apenas na medida em que as pessoas fazem dela um princípio para sua própria conduta.[3]

Isso significa que as finanças, o Exército, a administração, enfim, que tudo isso, completamente "desprovido de significação material", existe "apenas na psique humana". E, então, o que se passa, para usar as palavras do professor Reisner, com essa "enorme" massa da população que vive "excluída da consciência de Estado"? Ela, obviamente, tem de ser excluída. Para a existência "real" do Estado, essas massas não têm nenhum significado.

E, então, o que se passa com o Estado do ponto de vista de sua unidade econômica? Ou as fronteiras alfandegárias serão também um processo psicológico e ideológico? Essas questões podem ser formuladas de diversas maneiras, mas o sentido delas será apenas um. O Estado não é apenas uma forma ideológica, ele é, ao mesmo tempo, uma forma de ser social. O caráter ideológico de um conceito não elimina aquelas relações reais e materiais que este exprime.

Podemos entender o último neokantiano Kelsen, que sustenta a objetividade normativa, ou seja, puramente ideal, do Estado, descartando não apenas os elementos substanciais materiais, mas, ainda, a psique humana real. Mas nós nos recusamos a conceber uma teoria marxista, ou seja, materialista, que opere exclusivamente com experiências subjetivas. No entanto, como um seguidor da teoria psicológica de Petrajítski*, que "decompõe", sem deixar resíduos, o Estado em emoções imperativo-atributivas, o professor Reisner, segundo demonstram seus últimos trabalhos, não se importaria de combinar seu ponto de vista com o conceito lógico-formal neokantiano de Kelsen[4]. Tal tentativa, sem dúvida, faz jus à versatilidade de nosso autor, embora se efetive com prejuízo para a coerência e a clareza metodológicas. Das duas, uma: ou o Estado é (segundo Petrajítski) um processo ideológico ou é (segundo Kelsen) uma ideia reguladora que, de modo geral, nada tem a ver com qualquer processo que se desenvolva no tempo e esteja sujeito às leis da causalidade. Com o intuito de combinar esses pontos de vista, M. A. Reisner cai em uma contradição que não é de modo nenhum dialética.

---

[3] M. Reisner, Государство [*O Estado*] (2. ed., Moscou, Academia Socialista de Ciências Sociais, 1918), parte 1, p. xxxv.

* Transliteração a partir da forma russificada consagrada de Leon Petrażycki, em polonês. (N. T.)

[4] Cf. M. Reisner, "Социальная психология и учение Фрейда" ["Psicologia social e a doutrina de Freud"], Печать и революция [*Imprensa e Revolução*], 1925, livro 3.

O acabamento formal dos conceitos de território nacional, de população e de poder reflete não apenas uma ideologia, mas, ainda, um fato objetivo da formação de uma esfera real de dominação concentrada e, consequentemente, a criação, antes de tudo, de uma organização administrativa, financeira e militar real, com um aparato material e de pessoal correspondente. O Estado não é nada sem os meios de comunicação, sem a possibilidade de transmitir ordens e decretos, de movimentar as Forças Armadas etc. Será que o professor Reisner estaria pensando que as estradas militares romanas ou os modernos meios de comunicação pertencem aos fenômenos da psique humana? Ou estaria ele supondo que os elementos materiais podem ser completamente excluídos dos fatores que compõem a formação do Estado? Sem dúvida, não nos resta mais nada senão colocar no mesmo patamar a realidade do Estado e a realidade "da literatura, da filosofia e de todas as outras manifestações do espírito humano"[5]. É uma pena apenas que a prática da luta política pelo poder contradiga fundamentalmente esse conceito psicológico do Estado, pois a cada passo nos colocamos cara a cara com fatores objetivos e materiais.

A propósito, é fundamental notar que a consequência inevitável do ponto de vista psicológico, a partir do qual se coloca o professor Reisner, revela um subjetivismo sem saída.

> Como são criadas tantas psicologias quantos forem os indivíduos, e ao se apresentar em tantos tipos diferentes quantos forem os diferentes tipos de meio, o poder do Estado, de modo perfeitamente natural, será outro na consciência e no comportamento de um ministro ou, ainda, de um camponês que não alcançou a ideia de Estado, na psique de um homem de Estado e do anarquista por princípio, em resumo, de pessoas das mais diferentes posições, situações profissionais, níveis de educação etc.[6]

Está bem claro que, se permanecermos no plano psicológico, simplesmente perderemos qualquer base para falar do Estado como unidade objetiva. Apenas se encararmos o Estado como organização real da dominação de classe, ou seja, levando em conta todos os momentos – não só psicológicos, mas também materiais – e colocando esses últimos na linha de frente, pisaremos em terra firme, ou seja, estudaremos o Estado como ele é na verdade, não somente as inúmeras e diferentes formas subjetivas pelas quais ele se reflete e persiste[7].

---

[5] Idem, p. xlviii.

[6] Idem, p. xxxv.

[7] O professor M. A. Reisner, no trabalho "Psicologia social e a doutrina de Freud", busca justificar seu ponto de vista com uma das cartas de Engels a Conrad Schmidt, em que Engels encara

Mas, se as definições abstratas da forma jurídica não indicam apenas processos ideológicos ou psicológicos conhecidos, e sim a essência do conceito que exprime uma relação social objetiva, então em que sentido falamos que o direito regulamenta as relações sociais? Não estaríamos, portanto, dizendo com isso que as relações sociais se regulamentam por si mesmas? Ou, quando falamos que esta ou aquela relação social assume a forma jurídica, não deveríamos denotar uma simples tautologia, o direito assume a forma do direito[8]?

Essa objeção pode, à primeira vista, parecer extremamente convincente, como se não restasse outra saída a não ser admitir que o direito é uma ideologia e somente uma ideologia. Nos esforçaremos, contudo, para examinar tais complicações. A fim de simplificar essas tarefas, recorreremos novamente a uma comparação. A economia política marxista ensina, como se sabe, que o capital é uma relação social. É impossível, como diz Marx, examiná-lo no microscópio; entretanto, de modo nenhum ele se esgota completamente nas experiências de vida e nas ideologias, entre outros processos subjetivos decorrentes da psique humana. Trata-se de uma relação social objetiva. Além disso, ao observarmos, digamos, na esfera da pequena produção, a passagem gradual do trabalho destinado ao consumidor para o trabalho destinado ao comerciante, constataremos que as relações aí existentes assumiram a forma capitalista. Isso quer dizer que incorremos em uma tautologia? Nem um pouco; estamos apenas dizendo que uma relação social, expressa no conceito de capital, passou a pintar com suas cores ou transmitir sua forma a outra relação social. Assim, podemos analisar tudo o que se relaciona a isso de um ponto de vista

---

o problema da relação entre a ideia e o fenômeno. Tomando na qualidade de exemplo o sistema feudal, Engels demonstra que a unidade da ideia e do fenômeno representa um tipo de processo essencialmente infinito. "Será que o feudalismo", pergunta Engels, "alguma vez correspondeu ao seu conceito? Essa ordem teria sido uma ficção por ter alcançado uma efêmera existência clássica plena, pois apenas na Palestina alcançou, em um curto período, uma expressão clássica completa, e ainda assim em grande medida só no papel?" (K. Marx e F. Engels, *Obras*, v. 39, p. 356 [carta de Engels a Conrad Schimidt em Zurique, de 12 de março de 1895, em Marx Engels Werke, Berlim, Dietz, 1968, v. 39, p. 433]). Contudo, dessas observações de Engels é absolutamente impossível extrair a validade do ponto de vista da identificação de ideia e fenômeno feita pelo professor Reisner. Para Engels, a ideia de feudalismo e o sistema feudal não são de modo nenhum a mesma e única coisa. Ao contrário, Engels demonstra que o feudalismo nunca correspondeu a sua ideia e jamais deixou de ser feudalismo. A própria ideia de feudalismo é uma abstração baseada na tendência real desse sistema social que chamamos feudalismo. Na realidade histórica, essas tendências se misturam e se confundem com um sem-número de outras tendências e, consequentemente, não podem ser observadas em seu aspecto lógico puro, mas apenas em diferentes graus de aproximação. É isso que demonstra Engels ao falar que a unidade entre a ideia e o fenômeno é um processo essencialmente infinito.

[8] Cf. a resenha do professor Reisner sobre o livro de P. I. Stutchka ("Psicologia social e a doutrina de Freud", cit., p. 176).

exclusivamente objetivo, como um processo material, eliminando-se completamente a psicologia e a ideologia dos participantes. Por que, no caso do direito, as coisas não se dão dessa mesmíssima forma? Pois ele mesmo é uma relação social que, em maior ou menor medida, pinta com suas cores ou transmite sua forma para outra relação social. Sem dúvida, jamais poderíamos abordar o problema com base naquela perspectiva se não nos guiássemos por uma concepção difusa de direito como uma forma em geral, tal qual a economia política vulgar, que não foi capaz de compreender a essência das relações capitalistas partindo do conceito de capital como "trabalho acumulado em geral".

Dessa maneira, nos desvencilharemos dessa contradição aparente se, por meio da análise das definições fundamentais do direito, lograrmos demonstrar que ele se apresenta como a forma mistificada de uma relação social bem *específica*. Nesse caso, não seria uma afirmação sem sentido a de que essa relação, em casos particulares, confere sua forma a qualquer outra relação social ou até mesmo à totalidade delas.

Não é outro o caso da segunda tautologia aparente: o direito regula as relações sociais. Ao excluir dessa formulação certo antropomorfismo que lhe é inerente, encontra-se a seguinte proposição: a regulamentação das relações sociais em determinadas condições assume um caráter jurídico. Essa formulação, não se pode negar, é a mais correta e, historicamente, mais justa. Não podemos contestar o fato de que a vida coletiva está presente também na vida dos animais e que igualmente ali, de dada maneira, existe um tipo de regulamentação. Mas jamais passaria por nossa cabeça afirmar que a relação entre as formigas e as abelhas é regulada pelo direito. Se passarmos para os povos primitivos, podemos notar um germe do direito; contudo, parte significativa das relações é regulada de maneira extrajurídica, por exemplo, pelas prescrições religiosas. Por fim, até mesmo na sociedade burguesa, atividades como a organização dos serviços postais, das estradas de ferro, do Exército etc. podem ser atribuídas integralmente à regulamentação jurídica apenas sob um olhar extremamente superficial, que se deixa enganar pela forma externa das leis, dos estatutos e dos decretos. Os quadros de horários das estradas de ferro regulam o movimento dos trens de modo totalmente diferente do que o fazem, digamos, as leis de responsabilidade pelas estradas de ferro que regulam a relação destas junto aos expedidores de mercadoria. O primeiro tipo de regulamentação é preponderantemente técnico, o segundo, preponderantemente jurídico. Esse mesmo tipo de relação está presente entre um plano de mobilização social e a lei do serviço militar obrigatório; entre a investigação criminal e o Código de Processo Criminal.

Sobre as diferentes normas, as técnicas e as jurídicas, falaremos adiante. Nos limitaremos a notar, por enquanto, que a regulamentação das relações sociais, em maior ou menor medida, assume um caráter jurídico, ou seja, em maior ou menor medida, pinta-se com as mesmas cores que fundamentam e especificam a relação jurídica.

A regulamentação ou normatização das relações sociais apresenta-se, por princípio, homogênea e inteiramente jurídica apenas em uma abordagem extremamente superficial e formal. De fato, entre os diferentes domínios das relações humanas, existem diferenças que saltam aos olhos. Gumplowicz já estabeleceu limites entre o direito privado e as normas estatais, muito embora ele tenha reconhecido apenas o primeiro como domínio da jurisprudência[9]. Na verdade, o núcleo mais consolidado do universo jurídico (se é possível expressar-se dessa maneira) repousa precisamente sobre o domínio das relações de direito privado. É justamente aí que o sujeito de direito, a "persona", encontra sua encarnação mais adequada na personalidade concreta do sujeito econômico egoísta, do proprietário detentor dos interesses privados. É justamente no direito privado que o pensamento jurídico age com mais liberdade e segurança; sua construção adquire o aspecto mais acabado e harmonioso. Aqui, as sombras clássicas de Aulus Aegerius e Numerius Negidius, essas personagens das fórmulas processuais romanas, pairam permanentemente sobre os juristas que neles se inspiram. É justamente no direito privado que as premissas *a priori* do pensamento jurídico atingem a carne e o sangue das duas partes em litígio, que, tomando a vingança nas próprias mãos, reivindicam "seu direito". Aqui o papel do jurista como teórico coincide diretamente com sua função social prática. O dogma do direito privado não é nada além de uma série infinita de considerações *pro et contra* reivindicações imaginárias e possíveis demandas. Em cada parágrafo do sistema, oculta-se um cliente abstrato disposto a utilizar as disposições pertinentes como aconselhamento jurídico. Os debates jurídico-científicos sobre o significado do erro ou da repartição do ônus da prova em nada diferem dos debates que se travam perante os tribunais. A diferença aqui não é maior que aquela existente entre os torneios de cavalaria e a guerra feudal. Os torneios, como se sabe, eram travados com maior obstinação e neles se despendia não menos energia e sofrimento do que no combate real. Apenas a substituição da economia individualista pela produção e distribuição social planificada dará fim a esse gasto improdutivo das forças intelectuais do homem[10].

---

9 Cf. L. Gumplowicz, *Rechtsstaat und Sozialismus* [Estado de direito e socialismo] (Insbruck, Wagner'sche Universitäts Buchhandlung, 1881).

10 Uma medida disso pode se obter na apresentação do pequeno trabalho de T. Iáblotchkov, "Суспензивное условие и бремя доказывания" ["A condição suspensiva e o ônus da prova"], Юридический Вестник [*Revista Jurídica*], 1916, livro 15, em que são expostas a história e a literatura do problema jurídico particular da repartição do ônus da prova entre as partes no momento em que o defensor evoca a presença da condição suspensiva. O autor do artigo seleciona e cita não menos que cinquenta estudiosos que escreveram sobre o tema, observa que sobre a questão existe

Uma das premissas fundamentais da regulamentação jurídica é, portanto, o antagonismo dos interesses privados. Isso é, ao mesmo tempo, uma premissa lógica da forma jurídica e uma causa real do desenvolvimento da superestrutura jurídica. O comportamento das pessoas pode ser regulado pelas mais diferentes regras, mas o momento jurídico dessa regulamentação começa onde têm início as diferenças e oposições de interesses. "O litígio", diz Gumplowicz, "é o elemento fundamental de todo fato jurídico."* De modo contrário, a unidade de finalidades representa a premissa da regulamentação técnica. Por isso, as normas jurídicas da responsabilidade sobre as estradas de ferro pressupõem uma pretensão privada, interesses privados isolados, enquanto as normas técnicas do tráfego ferroviário pressupõem uma unidade de finalidade, como atingir a máxima capacidade de carga. Peguemos outro exemplo: a cura de um doente pressupõe uma série de regras, tanto para o próprio doente quanto para o pessoal médico, mas, na medida em que essas regras são estabelecidas do ponto de vista da unidade de fim – o restabelecimento da saúde do doente –, elas possuem um caráter técnico. A aplicação dessas regras pode estar relacionada a uma espécie de coerção da sociedade sobre o doente. Mas, enquanto essa coerção for considerada sob o ponto de vista da unidade de fim (para o coagente e para o coagido) idêntico tanto para quem a exerce como para aquele que lhe está submetido, ela não será mais que uma ação tecnicamente racional, e só. Nesse quadro, o conteúdo das regras será definido pela ciência médica e mudará ao par de seu progresso. O jurista não tem nada a fazer aqui. Sua atuação começa quando ele é forçado a abandonar esse terreno da unidade dos fins e a adotar outro ponto de vista, o de sujeitos isolados que se opõem uns aos outros e dos quais cada um é portador dos próprios interesses privados. Médico e doente se transformam em sujeitos com direitos e deveres, e as regras que os unem, em normas jurídicas. Além disso, a coerção já não é mais considerada a partir do ponto de vista da racionalidade, mas também da óptica da permissibilidade, ou seja, formal.

Não é difícil notar que a possibilidade de adotar o ponto de vista jurídico está no fato de as mais diversas relações na sociedade de produção mercantil tomarem a forma das relações de troca comercial e, por conseguinte, conservarem-se na for-

---

uma literatura que vem desde os pós-glosadores e informa que para a resolução do problema são propostas duas "teorias" que dividem em dois campos muito próximos todo o mundo jurídico científico. Expressando admiração diante da riqueza e da abrangência dos argumentos dos últimos cem anos (o que, pelo visto, não impediu os pesquisadores ulteriores dos mais diversos matizes de repetir os mesmos argumentos) e prestando homenagem "à análise profunda e ao sagaz procedimento metodológico" dos estudiosos polemistas, o autor mostra que essas disputas alcançaram tamanha paixão que no calor da polêmica os adversários acusaram uns aos outros por meio de calúnias, pela propagação de rumores falsos, tachando as teorias de imorais e desonestas etc.

* Pachukanis não indica a fonte da citação. (N. T.)

ma do direito. Do mesmo modo, é perfeitamente natural para os juristas burgueses que tal universalidade da forma jurídica derive tanto de propriedades eternas e absolutas da natureza humana como de seu isolamento, pelo fato de os decretos oficiais poderem se estender a qualquer objeto. Vale a pena demonstrar esse último ponto. Com efeito, havia um artigo no volume X que atribuía ao homem a obrigação de "amar sua mulher como se fosse seu próprio corpo"*. Contudo, nem mesmo o jurista mais audacioso se comprometeria a construir uma relação jurídica correspondente apta a ensejar uma ação judicial etc.

Pelo contrário, por mais artificialmente fabricada e irreal que possa parecer uma construção jurídica, enquanto se mantiver dentro dos limites do direito privado e, em primeiro lugar, do direito de propriedade, ela terá abaixo de si um solo firme. De outro modo não seria possível explicar o fato de as linhas fundamentais do pensamento dos juristas romanos conservarem seus significados até os dias atuais, permanecendo como *ratio scripta* de toda sociedade de produção mercantil.

Com isso, adiantamos, até certo ponto, a resposta à pergunta apresentada no início sobre onde procurar essa relação social *sui generis* da qual a forma do direito é reflexo inevitável. A seguir, procuraremos demonstrar mais detalhadamente que essa é a relação entre os proprietários de mercadorias[11]. A análise habitual, que consta em qualquer filosofia do direito, constrói a relação jurídica como a relação por excelência, como a relação das vontades das pessoas em geral. A reflexão parte aqui "dos resultados acabados do processo de desenvolvimento", das "formas naturais da vida social"[12], sem levar em conta suas origens históricas. Enquanto, na realidade, as premissas naturais do ato de troca, por meio do desenvolvimento da economia mercantil, tornam-se as premissas naturais, as formas naturais de qualquer relação humana, e imprimem nelas sua marca, na mente dos filósofos, ao

---

* Embora Pachukanis não indique a fonte das informações, pode-se concluir, de acordo com o trecho citado, que se trata da norma "Sobre o direito e as obrigações das famílias", constante no livro 1, v. 10, do Conjunto de Leis do Império Russo no século XIX. (N. T.)

11 Cf. V. V. Adoratski, О государстве [*Sobre o Estado*] (Moscou, Edição da Academia Socialista da URSS, 1923), p. 41. "A enorme influência da ideologia jurídica em todo o modo de pensamento ortodoxo dos membros da sociedade burguesa explica-se por seu enorme papel na vida dessa sociedade. A relação de troca acontece sob a forma dos atos jurídicos de compra e venda, obtenção de crédito, empréstimo, aluguel etc.". Adiante: "O homem que vive na sociedade burguesa é encarado constantemente como sujeito de direitos e obrigações, diariamente cumpre uma quantidade inumerável de ações jurídicas, atraindo para si as mais variadas consequências jurídicas. Nenhuma sociedade necessita, portanto, de tal ideia de direito (e justamente para um uso prático cotidiano) e nenhuma submete essa ideia a uma elaboração tão detalhada, nenhuma a transforma em um instrumento necessário à circulação cotidiana como o faz a sociedade burguesa".

12 K. Marx e F. Engels, *Obras*, v. 23, p. 85 [ed. bras.: *O capital*, Livro I, cit., p. 150].

contrário, os atos comerciais representam apenas casos particulares de uma forma geral, a qual adquiriu para eles caráter de eternidade.

O camarada P. I. Stutchka, a nosso ver, colocou de modo muito acertado o problema do direito como sendo um problema das relações sociais. Mas, em vez de começar a buscar objetividades sociais específicas, voltou-se para a definição formal habitual, ainda que limitada por questões de classe. Segundo a fórmula geral elaborada pelo camarada Stutchka, o direito já não mais figura como uma relação social específica, mas como o conjunto das relações em geral, como um sistema de relações que corresponde aos interesses da classe dominante e os assegura pelo uso da força organizada. Como consequência, no interior desses sistemas de classes, o direito como relação é indistinguível das relações sociais em geral, e o camarada Stutchka já não está em condições de responder à capciosa questão do professor Reisner sobre como as relações sociais se transformam em instituições jurídicas ou como o direito se transformou no que é[13].

A definição dada pelo camarada Stutchka, talvez por ser produto do Comissariado do Povo para a Justiça, está ajustada às necessidades da prática jurídica. Ela demonstra as limitações empíricas que a história sempre coloca à lógica jurídica, mas não expõe as raízes profundas dessa mesma lógica. Essa definição revela o conteúdo de classe contido nas formas jurídicas, mas não nos explica por que esse conteúdo assume tal forma.

Para a filosofia do direito burguesa, que considera a relação jurídica como a forma natural e eterna de qualquer relação humana, essa questão nem é colocada. Para a teoria marxista, que se esforça para penetrar nos mistérios das formas sociais e reconduzir "todas as relações humanas ao próprio ser humano", essa tarefa deve ser colocada em primeiro lugar.

---

[13] O camarada P. I. Stutchka propôs uma explicação para esse ponto um ano antes de eu publicar meu trabalho (cf. *O papel revolucionário do direito e do Estado*, cit., p. 112, nota). O direito, como sistema particular de relações sociais, destaca-se, segundo ele, por apoiar-se em um poder de classe organizado, ou seja, estatal. Com esse ponto de vista, claro, sou familiarizado, mas até agora, depois da segunda explicação, proponho que, num sistema de relações que corresponde aos interesses da classe dominante e está apoiado pela força organizada desta, podem e devem ser destacados os momentos que oferecem os principais materiais para o desenvolvimento da forma jurídica.

3
Relação e norma

Do mesmo modo que a riqueza da sociedade capitalista assume a forma de uma enorme coleção de mercadorias, também a sociedade se apresenta como uma cadeia ininterrupta de relações jurídicas.

A troca de mercadoria pressupõe uma economia atomizada. A conexão entre as unidades econômicas privadas isoladas estabelece uma conexão, caso a caso, por meio de contratos. A relação jurídica entre os sujeitos é apenas outro lado das relações entre os produtos do trabalho tornados mercadoria. Isso não impede que alguns juristas, como L. I. Petrajítski, coloquem as coisas de cabeça para baixo e deduzam que não é a forma da mercadoria que engendra a forma do direito, mas, pelo contrário, o fenômeno econômico, estudado pela economia política, representa "o comportamento individual e coletivo das pessoas, determinado por motivações típicas que se originam das instituições do direito civil (as instituições da propriedade privada, o direito das obrigações contratuais, da família e da herança)"[1]. A relação jurídica é a célula central do tecido jurídico, e apenas nela o direito se realiza em seu real movimento. Somado a isso, o direito, enquanto conjunto de normas, não é nada além de uma abstração sem vida.

É bastante lógico, portanto, que a escola normativa encabeçada por Kelsen rejeite encarar o direito a partir do ponto de vista de sua existência concreta e, colocando toda sua atenção no valor formal da norma, negue completamente a relação entre os sujeitos: "É uma relação de ordem jurídica – na verdade, do interior da ordem jurídica –, mas não uma relação entre sujeitos contrapostos à ordem jurídica"[2].

---

[1] L. I. Petrajítski, Введение в изучение права и нравственности [*Introdução ao estudo do direito e da moral*] (3. ed., São Petersburgo, Ehrlich, 1908), p. 77.

[2] H. Kelsen, *Das Problem der Souveränität und die Theorie des Völkerrechts* [O problema da soberania e a teoria do direito dos povos] (Tubinga, Mohr, 1920), p. 125.

No entanto, de acordo com a visão mais comum, o direito objetivo ou a norma estabelecem as bases tanto lógica quanto realmente. De acordo com essa representação, a relação jurídica *é engendrada* pela norma objetiva:

> [...] não é por meio da abstração de casos observados que se criou o direito; mas por meio da dedução de regras estabelecidas por alguém e que ficaram conhecidas por nós. A norma sobre o direito de exigir o pagamento de uma dívida não existe porque os credores geralmente o exigem, mas, pelo contrário, os credores exigem o pagamento da dívida porque existe tal norma.[3]

A expressão "a norma *gera* a relação jurídica" pode ser compreendida em dois sentidos: o real e o lógico.

Comecemos pelo primeiro. Antes de tudo, é preciso admitir, e os próprios juristas trataram de se convencer disso, que um conjunto de normas, escritas ou não, por si só, pertence muito mais ao domínio da criação literária[4]. A significação real desse conjunto de normas só é obtida graças àquelas relações que são consideradas decorrentes, e que de fato decorrem, dessas regras. Até o mais coerente defensor do método puramente normativo, H. Kelsen, teve de aceitar que à ordem ideal normativa deve ser acrescentado um elemento de vida real, ou seja, do comportamento humano real[5]. Na verdade, considerar, por exemplo, as leis da Rússia tsarista como direito ainda vigente seria admissível somente em um hospício. O método jurídico formal que concerne somente às normas, somente àquilo "que está de acordo com o direito", pode preservar sua autonomia apenas dentro de limites bastante estreitos, e precisamente apenas enquanto a tensão entre o fato e a norma não ultrapassar um grau máximo determinado. Na realidade material, a relação prevalece sobre a norma. Se nenhum devedor pagasse suas dívidas, a regra correspondente deveria, então, ser considerada realmente inexistente, e se quiséssemos, a qualquer custo, sustentar sua existência, deveríamos, de uma maneira ou de outra, fetichizar essa norma. Fetichizações assim são abundantes nas diversas teorias do direito e se baseiam em reflexões metodológicas extremamente sutis.

O direito como um fenômeno social objetivo não pode esgotar-se na norma nem na regra, seja ela escrita ou não. A norma como tal, ou seja, o conteúdo lógico, ou deriva diretamente de uma relação já existente ou, se é dada na forma de uma

---

3 G. F. Cherchenevitch, Общая теория права [*Teoria geral do direito*] (Moscou, s/n, 1910), p. 274-5.

4 "É preciso ter em vista que as leis só geram o direito na medida em que se realizam, na medida em que as normas saem da existência 'no papel' e representam uma força na vida das pessoas." A. Ferneck, *Die Rechtswidrigkeit* [A ilegalidade] (Jena, s/n, 1903), p. 11.

5 H. Kelsen, *Der soziologische und der juristische Staatsbegriff* [O conceito sociológico e o conceito jurídico de Estado] (Tubinga, Mohr, 1922), p. 96.

lei do Estado, representa apenas um sintoma por meio do qual é possível prever com certa probabilidade o surgimento em um futuro próximo das relações correspondentes. Mas, para afirmar a existência objetiva do direito, não basta conhecer seu conteúdo normativo, é necessário, antes, saber se o conteúdo normativo tem lugar na vida, ou seja, nas relações sociais. A fonte dos erros mais comuns está, nesse caso, no modo de pensamento jurídico-dogmático, para o qual o conceito vigente de norma tem seu sentido específico, que não coincide com aquilo que o sociólogo ou o historiador entendem por existência objetiva do direito. O jurista dogmático, ao resolver o problema de se dada norma jurídica está vigente ou não, quase nunca tem em vista determinar a presença ou a ausência de algum fenômeno social objetivo, mas apenas a presença ou a ausência de uma conexão lógica entre dada situação normativa e uma premissa normativa mais geral[6].

Dessa maneira, para o jurista dogmático, nos estreitos limites de suas tarefas puramente técnicas, não existe, de fato, nada além da norma, e ele pode serenamente identificar o direito e a norma. No caso do direito consuetudinário, quer queira, quer não, deve tratar da realidade, mas, no caso em que para o jurista o supremo princípio normativo, ou, para usar linguagem técnica, a fonte do direito, é a lei do Estado, as considerações jurídico-dogmáticas sobre o direito "vigente" nada significam para o historiador que queira estudar o direito realmente existente. O estudo científico, ou seja, teórico, pode se basear apenas nos fatos. Se as relações se formarem realmente, significa que se criou um direito correspondente; se uma lei ou decreto forem apenas promulgados, mas as relações correspondentes não surgirem na prática, significa que houve uma tentativa de criar o direito, mas essa tentativa não foi bem-sucedida. O ponto de vista aqui expresso não significa de modo nenhum a negação da vontade de classe como um fator de desenvolvimento, a renúncia em interferir de maneira sistemática no curso do desenvolvimento social, o "economismo", o fatalismo e outras coisas terríveis. A ação política revolucionária pode fazer muito; ela pode pôr em prática depois de amanhã aquilo que ainda não existe hoje, mas ela não pode fazer existir aquilo que de fato não existiu no passado. Por outro lado, se afirmarmos que o projeto de construir um edifício – ou mesmo o plano de construção desse edifício – não é o edifício real, disso não resultará que a construção de um edifício não necessite de um projeto ou um plano. Se adiante o plano não se efetivar, não podemos afirmar que o edifício foi construído.

---

6 Entre outras coisas, na língua russa, a designação para direito "real" [действительный] e "vigente" [действующий] apresenta a mesma raiz. No alemão, a diferença lógica é acentuada pelo emprego de dois verbos totalmente diferentes: *wirken*, no sentido de ser real, que se realiza; e *gelten*, no sentido de ser significativo, ou seja, estar logicamente ligado a pressupostos normativos mais gerais.

Além disso, é possível modificar algumas das teses aqui referidas e colocar em primeiro plano não mais a norma como tal, mas as forças reguladoras objetivas que atuam na sociedade, ou, como dizem os juristas, a ordem jurídica objetiva[7].

Mas, mesmo com essa alteração em sua formulação, tal tese pode estar sujeita à seguinte crítica. Se entendermos que as forças sociais reguladoras são o mesmo que a relação em sua regularidade e continuidade, cairemos em simples tautologia; mas, se entendermos que a ordem fundamental, organizada conscientemente, protege e garante as relações dadas, então o erro lógico se torna perfeitamente claro. Não se pode dizer que a relação entre o credor e o devedor seja criada pela ordem coercitiva de dado Estado como punição pela dívida. Tal ordem, que existe objetivamente, garante, mas de modo nenhum engendra, essa relação. O que melhor prova que não se trata aqui de uma disputa escolástica de palavras é o fato de podermos imaginar – com base em exemplos históricos – os mais diferentes graus da perfeição no funcionamento desse aparato de regulamentação social, externa e coercitiva, e, consequentemente, os mais diferentes graus de garantia dessas relações, sem que essas mesmas relações sofram qualquer modificação em seu conteúdo. Podemos imaginar um caso-limite, em que, além das duas partes, esteja ausente uma terceira força capaz de estabelecer uma norma e garantir sua observância, por exemplo, em um contrato entre varegues e gregos – nesse caso, a relação se mantém[8]. No entanto, basta imaginar o desaparecimento de uma das partes, ou seja, de um dos sujeitos portadores de interesse autônomo isolado, para que a própria possibilidade da relação desapareça imediatamente.

Sobre isso, podem objetar que, caso se abstraia da norma objetiva, os próprios conceitos de relação jurídica e de sujeito ficam no ar e não encontram nenhuma definição geral. Essa objeção é uma profunda manifestação do espírito prático e

---

[7] A propósito, é preciso dizer que uma atividade socialmente reguladora pode funcionar sem normas pré-fixadas. Disso nos convence o fato da assim chamada legislação judicial. Seu significado fica ainda mais claro naquelas épocas em que, em geral, não se conhecia a fabricação centralizada de leis. Assim, nos tribunais da Alemanha antiga, o conceito acabado de norma externamente dada era muito estranho. Nenhum gênero de compilação de regras estava, para os jurados leigos, ligado às leis, mas era um meio que os ajudava a fundamentar seu próprio juízo. R. Stintzing, *Geschichte der Deutschen Rechtswissenschaft* [História da ciência jurídica alemã] (Munique/Leipzig, Oldenbourg, 1880), v. 1, p. 39.

[8] Em semelhantes relações contratuais não garantidas por nenhuma "terceira força", baseava-se todo o sistema jurídico feudal. Do mesmo modo, também o direito internacional moderno não conhece nenhuma coerção externamente organizada. Tal gênero de relações jurídicas não garantidas, claro, não se caracteriza pela estabilidade, mas isso não nos dá fundamento nenhum para contestar sua existência. Um direito absolutamente estável, em geral, não existe na natureza; por outro lado, a estabilidade das relações do direito privado no Estado burguês moderno "bem construído" não se apoia de nenhum modo unicamente na polícia e nos tribunais. As dívidas não são saldadas apenas porque seriam "saldadas de qualquer maneira", mas para que o crédito seja conservado no futuro. É evidente o efeito prático que, no mundo dos "negócios", existe na forma do protesto de notas promissórias.

empírico da jurisprudência moderna, que conhece muito bem apenas uma verdade, a saber: qualquer ação será perdida se uma das partes não puder se apoiar no parágrafo de alguma lei correspondente. Contudo, teoricamente, essa convicção de que o sujeito e a relação jurídica não existem fora da norma objetiva é tão errônea quanto a convicção de que o valor não existe e não é determinado a não ser pela oferta e pela procura, uma vez que, empiricamente, se manifesta apenas na flutuação de preço.

O pensamento jurídico em voga hoje, que coloca em primeiro lugar a norma como regra de conduta estabelecida autoritariamente, distingue-se pelo mesmo empirismo profundo que, como acontece nas teorias econômicas, vai ao encontro de um formalismo extremo totalmente desconectado da vida.

A oferta e a procura podem existir em quaisquer tipos de objetos, incluindo até mesmo aqueles que não são, de modo nenhum, produto do trabalho. Daí se diz que o valor pode ser definido sem referência ao tempo de trabalho socialmente necessário para que dada coisa seja produzida. O fato empírico da avaliação individual serve aqui como fundamento para a teoria lógico-formal da utilidade marginal.

Do mesmo modo, as normas dadas pelo Estado podem se referir aos objetos mais diversos e assumir as mais diferentes características. Daí se conclui que a essência do direito se esgota nas normas de conduta e na ordem que emana de uma autoridade e que na própria substância das relações sociais não existem quaisquer elementos que engendrem a forma jurídica.

O fato empírico de que as relações que se encontram sobre a proteção do Estado são as mais garantidas constitui a base lógico-formal da teoria jurídica positivista.

A questão aqui examinada, se empregarmos a terminologia de Marx e sua concepção materialista da história, reduz-se ao problema das relações mútuas entre as superestruturas jurídica e política.

Se a norma considerada em todas as relações é o momento primário, então, antes de investigar qualquer superestrutura jurídica, devemos assumir a existência de uma autoridade que constitui a norma ou, em outras palavras, de uma organização política. Dessa maneira, deveríamos ser levados a concluir que a superestrutura jurídica é uma consequência da superestrutura política.

Entretanto, o próprio Marx salienta que a camada fundamental, mais profunda, da superestrutura jurídica – as relações de propriedade – está em tão estreito contato com a base que aparece "apenas como expressão jurídica" das relações de produção existentes[9]. O Estado, ou seja, a organização da dominação política

---

[9] K. Marx e F. Engels, *Obras*, cit., v. 13, p. 7.

de classe, cresce no terreno de relações de produção ou de propriedades dadas. As relações de produção e sua expressão jurídica formam aquilo que Marx, seguindo Hegel, chamou de sociedade civil. A superestrutura política e, em particular, a organização oficial do Estado constituem um momento secundário e derivado.

A maneira como Marx representa a relação entre a sociedade civil e o Estado pode ser vista na seguinte citação:

> O indivíduo egoísta da sociedade burguesa pode, em sua representação insensível e em sua abstração sem vida, enfunar-se até converter-se em átomo, quer dizer, em um ente bem-aventurado, carente de relações e de necessidades, que se basta a si mesmo e é dotado de *plenitude absoluta*. Mas a *desditada realidade* sensível faz pouco caso de sua representação; cada um de seus sentidos o obriga a acreditar no sentido do mundo e dos indivíduos fora dele, e inclusive seu estômago *profano* faz com que ele recorde diariamente que o mundo *fora* dele não é um mundo *vazio*, mas sim aquilo que ele na verdade *preenche*. Cada uma de suas atividades essenciais se converte em *necessidade*, *em imperativo*, que incita o seu *egoísmo* a buscar outras coisas e outros homens, fora de si mesmo. Todavia, como a necessidade de um determinado indivíduo não tem, para um outro indivíduo egoísta que possui os meios de satisfazer essa necessidade, um sentido que possa ser compreendido por si mesmo, como a necessidade não tem, portanto, relação imediata com sua satisfação, cada indivíduo tem de criar necessariamente essa relação, convertendo-se também em mediador entre a necessidade alheia e os objetos dessa necessidade. Por conseguinte, *a necessidade natural, as qualidades essencialmente humanas*, por estranhas que possam parecer umas às outras, e o *interesse* mantêm a coesão entre os membros da sociedade burguesa; e a vida *burguesa* e não a vida *política* é o seu vínculo *real*. Não é, pois, o *Estado* que mantém coesos os átomos da sociedade burguesa, mas eles são átomos apenas na representação, no *céu* de sua própria imaginação... na *realidade*, no entanto, eles são seres completa e enormemente diferentes dos átomos, ou seja, nenhuns *egoístas divinos*, mas apenas *homens egoístas*. Somente a *superstição política* ainda pode ser capaz de imaginar que nos dias de hoje a vida burguesa deve ser mantida em coesão pelo Estado, quando na realidade o que ocorre é o contrário, ou seja, é o Estado quem se acha mantido em coesão pela vida burguesa.[10]

Marx retorna a essa questão em outro artigo, "A crítica moralizante ou a moral crítica", em que polemiza com o representante do socialismo verdadeiro, Heinzen. Ele escreve:

> Contudo, se a burguesia, politicamente, ou seja, com a ajuda de seu poder de Estado, "apoia a injustiça nas relações de propriedade" (Marx coloca aqui entre aspas as

---

[10] K. Marx, *A sagrada família ou A crítica da Crítica crítica contra Bruno Bauer e consortes* (trad. Marcelo Backes, São Paulo, Boitempo, 2011), p. 139.

palavras de Heinzen – E. P.), não foi ela quem a *criou*. "A injustiça nas relações de propriedade", condicionada pela moderna divisão do trabalho, pela moderna forma de troca, pela concorrência, pela concentração etc., de modo nenhum tem sua origem condicionada ao domínio político da classe burguesa, mas, sim, o domínio político da classe burguesa surge a partir das modernas relações de produção, que os economistas burgueses proclamam como sendo leis necessárias e eternas.[11]

Dessa maneira, o caminho que vai das relações de produção até as relações jurídicas, ou relações de propriedade, é mais curto do que aquele percorrido pela assim chamada jurisprudência positivista, que não pode passar sem um elo entre o poder do Estado e sua norma. O homem que produz em sociedade é o pressuposto do qual parte a teoria econômica. Desse pressuposto fundamental deve partir a teoria geral do direito, já que ela lida com definições fundamentais. Assim, por exemplo, a relação econômica de troca deve existir para que surja a relação jurídica contratual de compra e venda. O poder político, com a ajuda das leis, pode regular, alterar, determinar e concretizar das mais diversas maneiras a forma e o conteúdo dessa transação jurídica. A lei pode determinar de modo detalhado o que é passível de ser comprado e vendido, pode determinar, ainda, como, em que condições e por quem algo é passível de ser comprado e vendido.

A partir disso, a dogmática jurídica conclui que todos os elementos existentes na relação jurídica, entre eles o próprio sujeito, são gerados pela norma. Na verdade, claro, a condição prévia fundamental por meio da qual todas essas normas concretas ganham significado consiste na existência da economia mercantil-monetária. Apenas mediante essa condição prévia o sujeito de direito tem seu substrato material na pessoa do sujeito econômico egoísta, que a lei não cria, mas encontra

---

[11] K. Marx e F. Engels, *Obras*, cit., v. 4, p. 298-9. Seria, certamente, um erro grosseiro, com base nessas posições, chegar à conclusão de que a organização política em geral não desempenha nenhum papel, de que, em particular, o proletariado não deve aspirar a tomar o poder do Estado, porque, dizem, isso não é o "principal". Esse erro cometem os sindicalistas ao pregar a "ação direta". Não menos grosseira é a doutrina dos reformistas, que, ao sustentar que o domínio político da burguesia deriva das relações de produção, concluem daí que uma revolução proletária política violenta é impossível e inútil, ou seja, transformam o marxismo em uma doutrina fatalista e essencialmente contrarrevolucionária. Na verdade, certamente, aquelas mesmas relações de produção das quais deriva o domínio político da burguesia criam em seu desenvolvimento o crescimento das forças políticas do proletariado e, no final das contas, sua vitória política sobre a burguesia. Fechar os olhos a essa história dialética é possível somente ao se colocar do lado da burguesia e contra a classe operária. Limitamo-nos aqui a essas notas rápidas, pois, nesse caso, a tarefa consiste não em refutar falsas conclusões a partir da doutrina de Marx sobre as bases e as superestruturas – além do mais, esse trabalho foi feito pelos marxistas revolucionários em suas lutas contra o sindicalismo e o reformismo –, mas em extrair dessa teoria histórica alguns pontos de vista que esclarecem a análise da estrutura jurídica.

diante de si e determina. Assim, onde esse substrato está ausente, a relação jurídica correspondente é *a priori* inconcebível.

O problema se torna ainda mais claro se o considerarmos em sua dimensão dinâmica e histórica. Nesse caso, vemos como a relação econômica em seu movimento real se torna fonte natural da relação jurídica, que surge pela primeira vez no momento do litígio. É justamente o litígio, o conflito de interesses, que traz à vida a forma do direito e a superestrutura jurídica. No litígio, *i.e.*, no processo, os sujeitos econômicos aparecem já como partes, *i.e.*, como participantes da superestrutura jurídica. O tribunal, ainda que em sua forma mais primitiva, representa a superestrutura jurídica por excelência. Por meio do processo judicial, o momento jurídico é abstraído do momento econômico e figura como um momento independente. O direito, historicamente, começou com o litígio, *i.e.*, com a ação judicial, e só depois abarcou as relações puramente econômicas e factuais preexistentes, as quais, desse modo, desde o começo, já adquiriram um duplo caráter: jurídico-econômico. A dogmática jurídica se esquece dessa sucessão histórica e começa de repente com o resultado pronto, com normas abstratas, com as quais o Estado, por assim dizer, preenche todos os espaços sociais, atribuindo características jurídicas a todas as condutas aí existentes. De acordo com essa representação simplificada, nas relações de compra e venda, empréstimos, garantias etc., o momento fundamental e determinante revela-se não no próprio conteúdo material econômico, mas no imperativo que se dirige em nome do Estado a cada indivíduo em particular; esse ponto de vista do qual parte o jurista prático, contudo, é inadequado para a investigação e a explicação da estrutura jurídica concreta e, em particular, para a análise da forma jurídica e suas definições mais gerais. O poder estatal confere clareza e estabilidade à estrutura jurídica, mas não cria seus pressupostos, os quais estão arraigados nas relações materiais, ou seja, de produção.

Como se sabe, Gumplowicz chega a uma conclusão totalmente contrária, proclamando a primazia do Estado, isto é, do poder político[12]. Voltando-se para a história do direito romano, ele pensa que foi bem-sucedido em provar que "todo direito privado foi, em algum momento, direito público". Isso, segundo sua opinião, deve-se ao fato de que, por exemplo, todas as instituições essenciais do direito civil romano vieram à luz como privilégios da classe dominante, como direito público cujo objetivo era consolidar o poder nas mãos de um grupo vitorioso.

Não se pode deixar de reconhecer algum mérito nessa teoria, na medida em que ela enfatiza o momento da luta de classes e põe um fim nas representações idílicas sobre as origens do poder e da propriedade privada. Mas Gumplowicz comete dois erros grosseiros. Em primeiro lugar, ele atribui à violência como tal um valor deter-

---

[12] Cf. L. Gumplowicz, *Rechtsstaat und Sozialismus*, cit.

minante, perdendo completamente de vista que toda construção social, incluindo aquela baseada na conquista, é determinada por dado estado das forças produtivas da sociedade. Em segundo lugar, ao falar do Estado, ele faz desaparecer as diferenças entre as relações de dominação primitivas e "o poder público" na acepção moderna, ou seja, burguês, no sentido estrito da palavra. É por isso que, para ele, o direito privado originou-se do público. Mas do fato de as principais instituições do antigo *jus civile* – propriedade, família, ordem de sucessão – terem sido criadas pelas classes dominantes para conservação de seu domínio pode-se tirar uma conclusão diametralmente oposta, a saber: "todo direito público foi, em algum momento, direito privado". Isso é mais verdadeiro – ou melhor, mais falso –, na medida em que a oposição entre direito privado e público corresponde a relações muito mais desenvolvidas e, por isso, perde seu sentido ao ser aplicada a épocas primitivas. Se, por um lado, as instituições do *jus civile* representam realmente uma mescla dos momentos jurídicos público e privado (para empregar uma terminologia moderna), por outro, carregam, na mesma medida, elementos religiosos e, em sentido amplo, ritualísticos. Consequentemente, naquele estágio de desenvolvimento, o momento puramente jurídico não pôde se distinguir nem ser expresso em um sistema de conceitos gerais.

O desenvolvimento do direito como sistema foi engendrado não por exigência das relações de dominação, mas pela necessidade da troca comercial naquelas tribos que não estavam submetidas a uma esfera de poder unificada. Isso, aliás, reconhece o próprio Gumplowicz[13]. As relações comerciais com tribos estrangeiras, com peregrinos, com plebeus e, em geral, com as pessoas que não estavam incluídas na comunidade jurídica pública (terminologia de Gumplowicz) deram vida ao *jus gentium*, que consiste no protótipo da superestrutura jurídica em sua forma mais pura. Contrariamente ao *jus civile*, com suas pesadas e morosas formalidades, o *jus gentium* rejeita tudo o que não se apresenta ligado a um fim e às relações de natureza econômica a ele subjacentes. Ele segue a natureza dessa relação e, por isso, parece ser um direito "natural"; ele tenta reduzir o número de pressupostos dessa relação ao mínimo possível e, por isso, desenvolve com facilidade um sistema lógico harmonioso. Sem dúvida, Gumplowicz está correto quando identifica especificamente a lógica jurídica e a lógica do civilista[14], mas se

---

[13] Ibidem, §36.

[14] Essa ligação interna profunda da lógica jurídica como tal com a lógica civilista é indicada pelo fato histórico de que durante muito tempo as definições gerais do direito se desenvolveram como parte da teoria do direito civil. Apenas um olhar muito superficial, como o de Kavelin, pode pensar que esse fato se explica como sendo simplesmente um erro ou um engano. (Cf. K. Kavelin, "Этнография и правоведение" ["Etnografia e estudo do direito"], em Собрание сочинений [*Obras reunidas*] (São Petersburgo, M. M. Stasiulevicha, 1900), v. 4, p. 838.

engana ao pensar que o sistema do direito privado poderia se desenvolver, como se diz, com a conivência do poder constituído. Seu raciocínio se desenvolve mais ou menos assim: tendo em vista que os litígios privados não afetam material e diretamente os interesses do poder, este último concedeu aos juristas plena liberdade para aprofundar seu espírito nessa esfera[15]. Contudo, no domínio do direito público, os esforços dos juristas são geralmente frustrados, pois o poder não tolera nenhuma interferência em seus negócios e não admite em seus domínios a onipotência da lógica jurídica.

É bastante óbvio que a lógica dos conceitos jurídicos corresponde à lógica das relações sociais da sociedade de produção mercantil, e é precisamente nelas, nessas relações, e não nas resoluções das autoridades, que vale a pena procurar as raízes do sistema do direito privado. Contudo, a lógica das relações de poder e submissão cabe apenas em parte ao sistema dos conceitos jurídicos. Por isso, o conceito jurídico de Estado nunca poderá ser uma teoria, mas permanecerá sempre como uma deformação ideológica dos fatos.

Dessa maneira, onde quer que se encontre uma camada primária da superestrutura jurídica, a relação jurídica é diretamente gerada pelas relações materiais de produção existentes entre as pessoas.

Disso resulta que a análise da relação jurídica em sua forma mais simples não precisa partir do conceito de norma como ditame de uma autoridade externa. Basta tomar como base uma relação jurídica cujo conteúdo "é dado pela própria relação econômica"* e, em seguida, examinar a forma "legal" dessa relação jurídica como uma hipótese particular.

A questão, formulada a partir de uma perspectiva histórica real, sobre se é possível considerar a norma um pressuposto da relação jurídica, levou-nos ao problema das relações recíprocas entre a superestrutura política e a jurídica. Do ponto de vista lógico-sistemático, ela se coloca diante de nós como um problema da relação entre o direito objetivo e o subjetivo.

Em seu manual de direito constitucional, Duguit chama atenção para o fato de que "uma única palavra, 'direito', denota duas 'coisas' que, sem dúvida, interpenetram-se profundamente, embora difiram extremamente uma da outra"**. Ele tem em vista o direito em sentido objetivo e subjetivo. Realmente, aqui chegamos a um dos pontos mais obscuros e controvertidos da teoria geral do direito. Estamos diante de uma estranha dualidade de conceitos, em que ambos os aspectos, embora se encontrem em diferentes planos, sem dúvida se determinam reciprocamente. Ao

---

15 Cf. L. Gumplowicz, *Rechtsstaat und Sozialismus*, cit., §32.

* Cf. K. Marx, *O capital*, Livro I, cit., p. 159. (N. T.)

** Pachukanis não indica a fonte desta citação. (N. T.)

mesmo tempo, em um aspecto, o direito é a forma da regulamentação autoritária externa e, em outro, ele é a forma da autonomia privada subjetiva. Em um caso, é a característica da obrigação absoluta e da coerção externa que é básica e essencial; em outro, é característica da liberdade reconhecida e garantida no interior de certos limites. O direito surge como um princípio da organização social, assim como um meio para que os indivíduos "estabeleçam as bases de sua convivência em sociedade". Em um caso, é como se o direito se fundisse completamente à autoridade externa; em outro, ele se contrapõe, também completamente, à autoridade externa, a qual ele não reconhece. O direito como sinônimo do poder estatal e o direito como palavra de ordem da luta revolucionária constituem um campo de controvérsias sem fim e das mais amplas confusões.

A consciência dessa profunda contradição aqui dissimulada suscitou muitos esforços que buscaram eliminar de algum modo essa desagradável desintegração de conceitos. Com tal finalidade, não foram poucas as tentativas de sacrificar um dos "significados" em benefício do outro. Assim, por exemplo, o próprio Duguit, que, em seu manual, declara que essas expressões – direito subjetivo e direito objetivo – são "acertadas, claras e precisas", em outro trabalho, esforça-se para provar que o direito subjetivo é pura e simplesmente um mal-entendido de ordem conceitual, "*uma concepção de ordem metafísica que não pode se sustentar em tal época de realismo e positivismo como a nossa*"[16].

A corrente contrária, cujo representante na Alemanha é Bierling e, entre nós, o líder dos psicologistas, Petrajítski, está, contudo, inclinada a apresentar o direito objetivo como um "fantasma" desprovido de significação real, "uma projeção emocional", produto de objetivações internas, ou seja, de processos psicológicos etc.[17].

Deixando de lado, por enquanto, a escola psicológica e suas correntes correlatas, consideremos o ponto de vista segundo o qual o direito deve ser pensado exclusivamente como uma norma objetiva.

Partindo desse entendimento, temos, de um lado, a prescrição autoritária do dever, ou a norma; de outro, a obrigação subjetiva correspondente por ela gerada.

[16] L. Duguit, Общие преобразования гражданского права со времени кодекса Наполеона [*As transformações gerais do direito privado desde o Código de Napoleão*] (Minski, s/n, 1919), p. 15. [Traduzido do russo e cotejado com a edição francesa *Les transformations générales du droit privé depuis le Code Napoléon* (Paris, Libraire Félix Alcan, 1912). – N. T.]

[17] Cf. por exemplo, em Bierling: "A tendência de representar o direito como algo, antes de mais nada, objetivo, que existe por si próprio como parte de uma relação jurídica, corresponde a uma disposição geral do espírito humano. Claro que possui um valor prático determinado; mas não há como esquecer que o direito objetivo, ainda que receba da lei escrita uma forma externa original, conserva apenas uma forma do modo de ver o direito e, como qualquer outro produto da vida psíquica, tem, na realidade, sua verdadeira existência apenas na cabeça dos principais participantes da relação jurídica". E. Bierling, *Juristische Prinzipienlehre* [Doutrina dos princípios jurídicos] (Freiburg, Mohr, 1894), v. 1, p. 145.

É como se o dualismo fosse radicalmente eliminado, mas se trata apenas de uma superação aparente. Isso porque, tão logo passamos à aplicação dessa fórmula na prática, imediatamente iniciam-se as tentativas de, por um caminho torto, indireto, incorporar todas aquelas nuances indispensáveis à formação do conceito de direito subjetivo. Chegamos novamente àqueles mesmos dois aspectos, com a única diferença que um deles, justamente o direito subjetivo, por meio de artifícios, é representado como uma sombra, pois nenhuma combinação de imperativos e obrigações pode nos dar o direito subjetivo em seu significado autônomo e plenamente real, no qual está encarnado todo proprietário* da sociedade burguesa. Na verdade, bastaria pegar o exemplo da propriedade para nos convencermos disso. Se a tentativa de reduzir o *direito* de propriedade a uma *proibição* diretamente endereçada a terceiros não é mais que um procedimento lógico, uma construção deformada, virada do avesso, então a representação do direito burguês de propriedade como um dever social não passa de hipocrisia[18].

---

* Pachukanis não usa aqui a palavra russa para "proprietário" (собственник), que emprega no restante do texto, mas uma transliteração para o alfabeto cirílico da palavra francesa *propriétaire*, em russo, "пропретер". (N. T.)

[18] Em seus comentários sobre o Código Civil da RSFSR, A. G. Goikhbarg destaca que os juristas progressistas estão deixando de encarar a propriedade privada como um direito subjetivo arbitrário e começando a vê-la como um bem disposto a uma pessoa e ligado a um dever positivo relacionado ao todo. A. G. Goikhbarg refere-se especialmente a Duguit, que afirma que o detentor do capital deve ser protegido pelo direito simplesmente porque ele desempenha funções úteis para a sociedade ao dar um uso correto a seu capital.

Evidentemente, o argumento dos juristas burgueses é bastante característico, pois revela os prenúncios do crepúsculo da época capitalista. Por outro lado, se a burguesia admite o argumento sobre o tema das funções sociais da propriedade, é apenas porque este não a compromete seriamente. O real antípoda da propriedade não é a propriedade representada como uma função social, mas a economia socialista planificada, ou seja, a abolição da propriedade. Isso porque o sentido da propriedade privada, seu subjetivismo, não está em cada um "comer seu pedaço de pão", ou seja, não está nos atos de consumo individual, ainda que produtivos, mas, ao contrário, nos atos de compra e alienação, na troca de mercadorias, em que o objetivo socioeconômico é apenas resultado cego de objetivos privados e de decisões autônomas privadas.

A afirmação de Duguit de que o proprietário será protegido apenas no caso de cumprir sua obrigação social, nessa forma geral, não faz sentido. Para o Estado burguês, é uma hipocrisia; para o Estado do proletariado, uma dissimulação dos fatos. Afinal, se o Estado proletário pudesse indicar a função social de cada proprietário, ele o faria tirando do proprietário o direito de dispor da propriedade. Mas, uma vez que economicamente não pode fazer isso, implica forçosamente defender o interesse privado como tal, colocando apenas determinados limites quantitativos. Seria ilusório afirmar que X, tendo acumulado dentro das fronteiras da República Soviética uma certa quantidade de tchervónets [nome de antiga moeda do Império Russo e da União Soviética. Durante a NEP, o governo introduziu o tchervónets como uma moeda paralela conversível pelo padrão-ouro a fim de eliminar dívidas por meio da desvalorização do rublo. O tchervónets existia na forma de moeda de ouro, destinada ao mercado externo, e na forma de papel, que circulava interna-

Cada proprietário, assim como todos de seu círculo, compreende magnificamente bem que o *direito* que *lhe assiste* como proprietário tem em comum com o dever apenas o fato de ser seu polo oposto. O direito subjetivo é primário, pois ele, em última instância, apoia-se nos interesses materiais que existem independentemente de regulamentação externa, ou seja, consciente, da vida social.

O sujeito como titular e destinatário de todas as pretensões possíveis e a cadeia de sujeitos ligados por pretensões recíprocas são o tecido jurídico fundamental que corresponde ao tecido econômico, ou seja, às relações de produção da sociedade, que repousa na divisão do trabalho e na troca.

A organização social detentora dos meios de coerção é a totalidade concreta em direção à qual devemos caminhar após compreendida previamente a relação jurídica em sua forma mais pura e simples. Consequentemente, esse dever como resultado de um imperativo ou de um comando é, para o exame da forma jurídica, um momento que torna as coisas mais concretas e mais complicadas. Em sua forma mais simples e abstrata, o dever jurídico deve ser encarado como reflexo e correlato da pretensão jurídica subjetiva. Ao analisar a relação jurídica, veremos com perfeita clareza que o dever não se esgota no conteúdo lógico da forma jurídica. Ela não é nem mesmo um elemento autônomo. O dever surge sempre como reflexo e correlato de um direito subjetivo. A dívida de uma das partes não é nada além da obrigação de pagar ao outro aquilo que foi fixado. Assim, o que é um direito para o credor é um dever para o devedor. A categoria do direito só alcança um fechamento lógico quando inclui o titular e o portador do direito, direito cuja essência nada mais é do que a fixação de obrigações de terceiros para com ele. Essa dupla natureza do direito foi enfatizada por Petrajítski, que lhe confere um fundamento bastante instável na criação de sua teoria psicológica *ad hoc*. É preciso notar, contudo, que essa correlação entre direitos e deveres, independentemente de qualquer tipo de psicologismo, foi formulada com clareza por outros juristas[19].

---

mente – N. T.], será protegido por nossas leis e por nossos tribunais só porque justamente esse X deu ou dará aos tchervónets acumulados um uso social útil. A propósito, A. G. Goikhbarg parece esquecer completamente do capital em sua forma mais abstrata, ou seja, monetária, e argumenta como se o capital existisse apenas na forma concreta e material do capital produtivo. O lado antissocial da propriedade privada pode ser paralisado apenas *de facto*, ou seja, como desenvolvimento da economia socialista planificada em detrimento da economia de mercado. Mas nenhuma fórmula, ainda que tomada do mais progressista jurista do Ocidente, transforma todas as transações efetuadas com base em nosso Código Civil em algo socialmente útil e cada proprietário em uma pessoa imbuída de função pública. Tal superação de palavras da economia privada e do direito privado somente obscurece a perspectiva de sua superação real.

[19] Cf., por exemplo, A. Merkel, *Juristische Enzyklopädie* [Enciclopédia jurídica] (Berlim, Guttentag, 1885), §146 e seg.; N. M. Korkunov, Энциклопедия права [*Enciclopédia do direito*] (Kiev, s/n, 1913).

Dessa maneira, a relação jurídica não apenas nos mostra o direito em seu real movimento, mas, ainda, revela suas características mais distintivas como categoria lógica. Contrariamente a isso, a norma como tal, como comando imperativo, constitui um elemento tanto moral, estético e técnico quanto jurídico.

A diferença da técnica e do direito não está de modo nenhum no fato de, como propõe [N.] Aleksiéiev, a primeira pressupor um objetivo material externo e contrário ao seu, ao passo que na ordem jurídica cada uma das partes constitui um fim em si[20]. Demonstraremos adiante que o "fim em si" para a ordem jurídica é apenas a circulação de mercadorias. No que se refere às técnicas do pedagogo e do cirurgião, em que o primeiro tem como material a psique da criança, e o segundo, o organismo de quem foi operado, é pouco provável que alguém conteste que para eles o material constitui um fim em si mesmo.

A ordem jurídica se diferencia das demais ordens sociais naquilo que projeta sobre os sujeitos privados isolados. A norma jurídica recebe sua *differentia specifica*, que a distingue da massa geral das regras morais, estéticas, utilitárias etc., justamente por pressupor uma pessoa dotada de direitos e que os reivindica ativamente[21].

O desejo de conferir à ideia de regulamentação externa o momento lógico fundamental do direito nos leva a identificar o direito como uma ordem social autoritariamente estabelecida. Essa corrente do pensamento jurídico reflete com fidelidade o espírito de uma época em que a ideologia de Manchester e a livre concorrência foram substituídas pelos grandes monopólios capitalistas e pela política imperialista.

O capital financeiro valoriza muito mais o poder forte e a disciplina do que "os direitos eternos e inalienáveis da pessoa humana e do cidadão". O proprietário capitalista, que se transforma em um entesourador de dividendos e de lucros da Bolsa, não pode tratar sem certa dose de cinismo "o sagrado direito à propriedade". (Basta ver o engraçado lamento de Ihering sobre o "pântano da agiotagem e da especulação", nos quais perecem "o saudável sentimento de direito".)[22]

Não seria difícil demonstrar que a ideia de obediência incondicional a uma autoridade externa normativamente constituída não tem nada a ver com a forma jurídica. Basta tomar os exemplos mais extremos – e, por isso, os mais claros – dessa estrutura. Peguemos, para tanto, uma organização militar, em que as muitas pessoas das fileiras são subordinadas em seus movimentos a uma ordem comum e na qual, além disso, o único princípio ativo e autônomo é a vontade do comandante.

---

[20] Cf. [N.] Aleksiéiev, Введение в изучение права [*Introdução aos estudos do direito*] (Moscou, 1918), p. 114.

[21] "O direito não é dado de presente a quem dele necessita." S. A. Múromtsev, Образование права по учениям немецкой юриспруденции [*A formação do direito através do estudo da jurisprudência alemã*] (2. ed., Moscou, A. I. Mamontova, 1885), p. 33.

[22] Cf. G. Ihering, Борьба за право [*A luta pelo direito*] (2. ed., Moscou, s/n, 1907), p. 46.

Outro exemplo: a ordem jesuíta, em que todos os membros executam servilmente e sem questionar a vontade do superior. Basta refletir sobre esses exemplos para chegar à conclusão de que quanto mais consistentemente é aplicado o princípio da regulamentação autoritária, que exclui qualquer referência a uma vontade isolada e autônoma, menor será o terreno para aplicação da categoria direito. Essa particularidade é sentida de modo mais contundente na esfera do assim chamado direito público. Aqui a teoria jurídica encontra as maiores dificuldades. Falando de modo geral, um único fenômeno, que Marx caracteriza como a separação entre o Estado político e a sociedade civil, reflete-se na teoria geral do direito na forma de dois problemas independentes, que possuem cada qual seu próprio lugar no sistema e são resolvidos de modo diferente um do outro. O primeiro deles apresenta um caráter puramente abstrato e consiste naquela decomposição do conceito fundamental em dois aspectos, da qual já tratamos aqui. O direito subjetivo é uma característica do homem egoísta, membro da sociedade civil, "do indivíduo voltado para si mesmo, para seu interesse particular, seu arbítrio particular e isolado do todo da sociedade"[23]. O direito objetivo é a expressão do Estado burguês como um todo, que "se manifesta como *Estado político* e realiza sua *universalidade* apenas em contraposição a seus próprios elementos"[24].

De forma mais filosófica, o problema do direito subjetivo e do direito objetivo é o problema do homem burguês e do homem membro do Estado, do *citoyen*. Contudo, esse mesmo problema retorna uma segunda vez, agora de modo mais concreto, como um problema do direito público e do direito privado. O caso aqui se reduz à delimitação de alguns domínios do direito realmente existentes e a sua distribuição em rubricas de instituições historicamente dominantes. É preciso evidenciar que a dogmática jurídica com seu método lógico-formal não está em condições de resolver nem o primeiro nem o segundo problema, tampouco de esclarecer a ligação entre eles.

A diferenciação entre o direito público e o direito privado já apresenta aqui dificuldades específicas, pois delimitar a fronteira entre os interesses egoístas do homem como membro da sociedade civil e o interesse abstrato geral do todo político só é possível por meio de abstrações. Na verdade, esses momentos interpenetram-se reciprocamente. Daí a impossibilidade de indicar as instituições jurídicas concretas, nas quais esse famigerado interesse privado esteja encarnado completamente, sem contaminações e de forma pura.

Outra dificuldade reside no fato de que, ao estabelecer, com maior ou menor sucesso, uma fronteira empírica entre o direito público e o privado, o jurista,

---

[23] K. Marx e F. Engels, *Obras*, v. 1, p. 401-2.

[24] Ibidem, p. 390.

dentro de cada um desses domínios, encontra-se novamente diante de um problema que já parecia resolvido, mas dessa vez em outro cenário, abstrato: ele, o problema, surge na forma da contradição entre o direito subjetivo e o objetivo. Os direitos públicos subjetivos são os mesmos direitos privados (e, consequentemente, também os mesmos interesses privados) revividos com algumas alterações, que invadem uma esfera na qual deveria prevalecer o interesse geral impessoal refletido nas normas do direito objetivo. Ao mesmo tempo que a doutrina do direito civil trata das camadas primárias fundamentais do direito e vale-se amplamente e com propriedade dos conceitos do direito subjetivo, na teoria do direito público tais conceitos suscitam a cada passo um equívoco e uma contradição. Por isso, o sistema do direito civil destaca-se pela simplicidade, clareza e perfeição, enquanto nas teorias do direito público abundam construções forçadas, artificiais, unilaterais e, até mesmo, grotescas. A forma do direito com seu aspecto de autorização subjetiva é gerada em uma sociedade que se constitui de titulares isolados de interesses privados, egoístas. Quando toda a vida econômica se constrói a partir do princípio do acordo entre vontades independentes, então toda função social, de modo mais ou menos refletivo, assume um caráter jurídico, ou seja, não se torna simplesmente uma função social, mas um direito de quem desempenha essa função. Contudo, assim como na organização política, devido à própria essência, os interesses privados não podem alcançar um desenvolvimento pleno e um significado irretorquível, também na economia da sociedade burguesa os direitos públicos subjetivos projetam algo de efêmero, desprovido de raízes originais, colocado permanentemente sob suspeita. Com isso, o Estado não é uma superestrutura jurídica, mas apenas pode ser *pensado* como tal[25].

A teoria jurídica não pode identificar o "direito do Parlamento", o "direito do poder Executivo" etc., por exemplo, o direito do credor de receber sua dívida, pois isso significaria colocar o interesse privado isolado no lugar que a ideologia burguesa presume ser de domínio do interesse impessoal geral do Estado. Ao mesmo tempo, todo jurista tem consciência de que não pode dar a esses direitos nenhum outro conteúdo essencial sem que a forma jurídica em geral escape de suas mãos. O direito público pode existir apenas como representação da forma jurídica privada na esfera da organização política, senão ele deixará de ser direito. Qualquer tentativa de representar a função social como aquilo que ela é, ou seja, simplesmente como função social, e a norma como sendo simplesmente uma regra organizacional significa a morte da forma jurídica. Contudo, a condição real para essa

[25] "Para o conhecimento jurídico, trata-se exclusivamente de responder à pergunta sobre como devo pensar juridicamente o Estado." G. Jellinek, *System der subjektiven öffentlichen Rechte* [Sistema dos direitos públicos subjetivos] (2. ed., Tubinga, Mohr, 1919), p. 13.

superação da forma jurídica e da ideologia jurídica é um estado social em que se erradica a própria contradição entre os interesses individuais e sociais.

O traço característico da sociedade burguesa está justamente no fato de os interesses gerais se destacarem dos privados e se oporem a eles; nessa oposição, eles mesmos, involuntariamente, assumem a forma dos interesses privados, ou seja, a forma do direito. Além disso, como era de se esperar, os momentos jurídicos na organização estatal são, por excelência, aqueles que se incorporam completamente ao esquema dos interesses privados isolados e opostos[26].

A. G. Goikhbarg contesta a própria necessidade de separar os conceitos de direito público e privado. Dele, lemos o seguinte: "A divisão do direito entre privado e público jamais será bem-sucedida; hoje, os juristas que a empregam só têm reconhecimento nos meios mais retrógrados, e é esse também o caso dos nossos juristas"[27]. A. G. Goikhbarg corrobora essa reflexão sobre a desnecessária divisão entre direito público e privado por meio das considerações de que o princípio da escola de Manchester da não intervenção do Estado nos assuntos econômicos já não é um princípio pertinente ao século XX, que o arbítrio individual desordenado na vida econômica prejudica os interesses do todo, que, mesmo nos países que não passaram por uma revolução proletária, há numerosas formações híbridas compostas por domínios do direito público e privado e que, finalmente, entre

---

[26] Cf., por exemplo, a argumentação de S. A. Kotliariévski sobre o direito eleitoral: "No sistema eleitoral, o eleitor desempenha uma função fundamental, da qual lhe encarrega a ordem estatal expressa na constituição. Mas, do ponto de vista do Estado de direito, é impossível prescrever apenas uma função e não levar em conta o direito que lhe é inerente". Acrescentamos que isso é tão impossível quanto simplesmente transformar a propriedade burguesa em função pública. S. A. Kotliariévski tem total razão ao destacar adiante que, se negarmos, como Laband, o elemento de competência subjetiva do eleitor, "a eleição de um representante perde qualquer sentido jurídico e restam questões técnica e de oportunidade". E aqui nos deparamos com aquela oposição entre a oportunidade técnica, sobre cujas bases repousa a unidade do interesse final, e a organização jurídica, construída no isolamento e na oposição de interesses privados. Por fim, o sistema representativo obtém a totalidade de suas características jurídicas por meio da introdução de proteções judiciais ou judiciais-administrativas do direito dos eleitores. O processo judicial e a luta entre as partes surgem também aqui como elemento essencial da superestrutura jurídica. Cf. S. A. Kotliariévski, Власть и право: Проблема правового государства [*Poder e direito: o problema do Estado de direito*] (Moscou, s/n, 1915), p. 25.

O direito público, em geral, surge como objeto do campo jurídico como direito constitucional, ou seja, quando duas forças lutam entre si: a Coroa e o Parlamento, a alta e a baixa câmara, o Ministério e a representação popular. O mesmo se dá com o direito administrativo. Seu conteúdo jurídico se resume às garantias jurídicas dos representantes da hierarquia burocrática, de um lado, e da população, de outro. Sem contar que o direito administrativo, ou policial, como era chamado, representa uma mistura variada de regras técnicas, receitas políticas etc.

[27] A. G. Goikhbarg, Хозяйственное право РСФСР [*A economia jurídica da RSFSR*], Código Civil (2. ed., Moscou, s/n, 1923), t. I, p. 5.

nós, onde a maior parte das atividades econômicas está concentrada nas mãos das organizações estatais, a delimitação do conceito de direito civil em relação a outros conceitos perde sentido. Parece-nos que tal argumentação se baseia em toda uma série de mal-entendidos. A eleição desta ou daquela direção política prática não é em nada determinante no que diz respeito à dos fundamentos teóricos deste ou daquele conceito. Por exemplo, podemos estar convencidos de que a construção das relações econômicas com base nas relações de mercado tem muitas consequências nocivas, mas isso não implica a inconsistência dos conceitos de valor de uso e de valor de troca. Em segundo lugar, a afirmação de que os domínios do direito público e do privado se fundem (e, falando de modo geral, não há nada de novo nisso) não teria sentido se não pudéssemos estabelecer uma separação entre os dois conceitos. Como se poderia fundir aquilo que não existe separadamente? As objeções de A. G. Goikhbarg se apoiam nas ideias de que as abstrações – direito público e privado – não são fruto do desenvolvimento histórico, mas pura e simplesmente uma invenção dos juristas. Entretanto, é essa mesma contradição a característica mais distintiva da forma jurídica como tal. A separação do direito em público e privado caracteriza essa forma tanto do ponto de vista lógico quanto do ponto de vista histórico. Ao proclamar a simples inexistência dessa contradição, não nos colocamos acima dos juristas práticos "retrógrados", mas, ao contrário, somos forçados a nos valer daquelas mesmas definições formais e escolásticas com as quais eles operam.

Dessa maneira, o próprio conceito de direito público pode ser compreendido apenas em seu movimento, de um contínuo afastamento do direito privado, precipitando-se como seu oposto e em seguida voltando-se novamente a ele, como a um centro de gravidade.

A tentativa de percorrer o caminho oposto, ou seja, de encontrar definições fundamentais do direito privado, que não são outras senão as definições do direito em geral, tomando como fundamento o conceito de norma, não pode dar nenhum resultado além da construção de fórmulas inertes, tampouco está livre das contradições internas. O direito como função deixa de ser um direito, e a permissão jurídica sem o respaldo de seu interesse privado se torna algo inacessível, abstrato, sendo facilmente transformada em seu contrário, ou seja, no dever (todo direito público é, simultaneamente, um dever). É tão simples, compreensível e "natural" o "direito" do credor de receber a dívida quanto é precário, problemático, ambíguo, digamos, o "direito" do Parlamento de votar o orçamento. Se na doutrina do direito civil os litígios são concebidos no plano daquilo que Ihering chamou de sintomatologia jurídica, aqui se coloca em dúvida o próprio fundamento da dogmática jurídica. Aqui está a fonte das incertezas e das hesitações metodológicas que ameaçam converter a jurisprudência em nada mais que sociologia ou psicologia.

A alguns de meus críticos – por exemplo, o camarada Razumovski[28] e I. Ilinski[29] – pareceu que, em parte, eu, com base no que foi dito aqui, me coloquei a tarefa de "construir a teoria da dogmática jurídica pura". Por isso, I. Ilinski concluiu que o objetivo não foi alcançado. "O autor", escreve ele, "oferece, essencialmente, uma teoria sociológica do direito, ainda que tenha em vista construí-la como dogmática jurídica pura". Já com relação ao camarada Razumovski, ele, sem oferecer uma opinião precisa a propósito de minhas conclusões, não hesita em questionar o que já foi exposto, censurando de forma bastante rigorosa: "seu (ou seja, meu: E. P.) medo de que os achados metodológicos possam converter a dogmática jurídica em sociologia ou em psicologia revela apenas uma insuficiente compreensão por parte dele do caráter marxista da análise". "É tanto mais estranho", continua, perplexo, meu crítico, "que o próprio camarada Pachukanis enxergue uma paralaxe entre a verdade sociológica e a verdade jurídica, ciente de que a compreensão jurídica é uma compreensão unilateral."

De fato, é estranho. Por um lado, temo que a dogmática jurídica se converta em sociologia; por outro, admito que a compreensão jurídica seja "uma compreensão unilateral". Por um lado, tenho em vista oferecer uma teoria da dogmática jurídica pura; por outro, ofereço uma teoria sociológica do direito. Onde está a solução para tais contradições? É muito simples. Como marxista, não coloquei nem poderia colocar a tarefa de formular uma teoria da "dogmática jurídica pura". Desde o princípio, eu tinha perfeita consciência do objetivo que, segundo I. Ilinski, atingi inconscientemente, a saber: dar uma interpretação sociológica da forma jurídica e das categorias específicas que a expressam. Justamente por isso, dei a meu livro o subtítulo "Ensaio crítico sobre os conceitos jurídicos básicos"*. Contudo, naturalmente, minha tarefa seria ridícula se eu não reconhecesse a própria existência dessa forma jurídica e descartasse as categorias que a expressam como a uma espécie de especulação inútil.

Quando, ao caracterizar a fragilidade e a inadequação das construções jurídicas no domínio do direito público, falo sobre as incertezas e as hesitações metodológicas que ameaçam converter a dogmática jurídica em sociologia e em psicologia, é estranho pensar que, com isso, eu me precavia de uma tentativa de crítica sociológica da dogmática jurídica a partir do ponto de vista marxista. O primeiro a suscitar tal precaução sou eu mesmo. Aquelas linhas que causaram perplexidade no camarada Razumovski, e que ele atribui a minha "falta de compreensão do

---

[28] *Revista da Academia Comunista*, n. 8, 1924.

[29] Молодая гвардия [*Jovem Guarda*], n. 6, 1924.

* Na primeira e na segunda edições russas, de 1924 e 1926, constou o subtítulo; nas edições posteriores, não. (N. E.)

caráter da análise marxista", pertencem às conclusões da própria dogmática jurídica burguesa, que perde a assertividade e o equilíbrio de seus conceitos tão logo se afasta das relações de troca, no sentido amplo da expressão. Talvez eu devesse, por meio de citações, por exemplo, demonstrar que a frase sobre "o perigo que ameaça a dogmática jurídica" é uma alusão ao lamento de um filósofo burguês do direito – naturalmente, não é a propósito da crítica marxista, a qual, naquele tempo, ainda não inquietava a mente dos "juristas puros", mas é a propósito da tentativa da própria dogmática jurídica burguesa de mascarar a limitação de seu próprio método com empréstimos da sociologia e da psicologia. Mas eu estava muito longe de pensar que pudessem ver em mim um "jurista puro", que teve a alma adoecida pela "ameaça" que a crítica sociológica marxista representa à dogmática jurídica, porque tomei algumas medidas de precaução.

4
Mercadoria e sujeito

Toda relação jurídica é uma relação entre sujeitos. O sujeito é o átomo da teoria jurídica, o elemento mais simples e indivisível, que não pode mais ser decomposto. É por ele, então, que começaremos nossa análise.

O camarada I. P. Razumovski discorda de minha proposta de considerar o conceito de sujeito como fundamento da análise da forma jurídica. Parece-lhe que essa categoria da sociedade burguesa desenvolvida, em primeiro lugar, é demasiado complexa e, em segundo, não é representativa das épocas históricas precedentes. Em sua opinião, deveríamos tomar como fundamento "o desenvolvimento da relação fundamental de toda sociedade de classes", a qual seria, como indica Marx em sua "Introdução", "a posse, que, a partir de uma apropriação de fato, desenvolve-se, em seguida, em propriedade jurídica"[1]. Contudo, ao indicar o caminho desse desenvolvimento, o próprio camarada I. P. Razumovski chega à conclusão de que a propriedade privada toma tal forma e se converte em propriedade privada, no sentido contemporâneo do termo, somente durante o processo de desenvolvimento das relações mercantis, na medida em que converte não apenas a "possibilidade de possuir bens livremente", mas também "a possibilidade de aliená-los"[2]. Isso também significa que a forma jurídica em sua versão mais desenvolvida corresponde às relações sociais burguesas capitalistas. É claro que as formas particulares de relações sociais não abolem essas mesmas relações e as leis que lhes servem de fundamento.

---

[1] I. P. Razumovski, Проблемы марксистской теории права [*Problemas da teoria marxista do direito*] (Moscou, s/n, 1925), p. 18. [Ao que parece, Pachukanis refere-se a uma citação indireta que Razumovski faz da obra de Marx. Trata-se, provavelmente, do texto "Introdução", também conhecido pelo título de "Introdução à *Contribuição à crítica da economia política*". Cf. K. Marx, "Introdução", em *Grundrisse*, cit., p. 37-64. – N. T.]

[2] Ibidem, p. 114.

Assim, a apropriação de um produto produzido no interior de dada formação social e por meio de suas forças é um fato fundamental – se preferirmos, uma lei fundamental. Mas essa relação admite apenas a forma jurídica da propriedade privada em determinado estágio de desenvolvimento das forças produtivas e da divisão do trabalho a ele relacionada. O camarada Razumovski pensa que, ao tomar como fundamento de minha análise o conceito de sujeito, excluo de meu exame as relações de domínio e subordinação, enquanto a posse e a propriedade estão indissoluvelmente ligadas a elas. Não penso, evidentemente, em negar essa ligação, afirmo apenas que a propriedade se torna fundamental para o desenvolvimento da forma jurídica somente enquanto livre disposição no mercado, e a expressão mais geral dessa liberdade é desempenhada pela categoria de sujeito. O que significa, por exemplo, a propriedade jurídica da terra? "A própria ideia jurídica significa apenas", escreve Marx, "que o proprietário fundiário pode proceder com a terra tal como o proprietário de mercadorias o faz em relação a estas últimas"[3]. Por outro lado, é o capitalismo que transforma a posse da terra de feudal em propriedade fundiária moderna, justamente ele que, por sua vez, "libera por completo a propriedade fundiária das relações de dominação e servidão" (*Herrschaft und Knechtschaft Verhältnisse*)*. O servo está em uma situação de completa subordinação ao senhor justamente porque essa relação de exploração não exige uma formulação jurídica particular. O trabalhador assalariado surge no mercado como um livre vendedor de sua força de trabalho porque a relação capitalista de exploração é mediada pela forma jurídica do contrato. Acredita-se que esses exemplos sejam suficientes para se admitir o significado decisivo da categoria de sujeito para a análise da forma jurídica.

As teorias idealistas do direito desenvolvem o conceito de sujeito partindo de uma ou outra ideia geral; ou seja, por um caminho puramente especulativo.

> O conceito fundamental do direito é o conceito de liberdade. [...] O conceito abstrato de liberdade é a possibilidade de se destinar para algo. [...] O ser humano é sujeito do direito porque lhe é conferida a possibilidade de se autodeterminar e porque possui uma vontade.[4]

Cf. também em Hegel: "É a personalidade que principalmente contém a capacidade do direito e constitui o fundamento (ele mesmo abstrato) do direito

---

[3] K. Marx, *O capital: crítica da economia política*, Livro III: *O processo global da produção capitalista* (trad. Rubens Enderle, São Paulo, Boitempo, no prelo).

* Idem. (N. T.)

[4] G. F. Puchta, *Kursus der Institutionen* [Curso das instituições] (5. ed., Leipzig, s/n, 1856), v. 1, p. 4, 6 e 9.

abstrato, por conseguinte formal. O imperativo do direito é, portanto: sê uma pessoa e respeita os outros como pessoas"[5]. Adiante: "O que é imediatamente diferente do espírito livre, e considerado este como em si, é a extrinsecidade em geral: uma coisa, qualquer coisa de não livre, sem personalidade e sem direito"[6].

Veremos adiante em que sentido essa oposição entre o sujeito e as coisas é uma chave para a compreensão da forma do direito. Contudo, a dogmática jurídica vale-se desse conceito em seu aspecto formal. Para ela, o sujeito nada mais é que "um meio de qualificação jurídica dos fenômenos a partir do ponto de vista de sua capacidade ou incapacidade de participar de uma generalização jurídica"[7]. Ela, dessa maneira, não coloca a questão sobre quais forças levaram o homem a se transformar de um exemplar de zoológico em um sujeito de direito, uma vez que parte da relação jurídica como uma forma acabada, dada de antemão.

Já a teoria marxista encara qualquer forma social como histórica. Ela, por isso, coloca como sendo sua tarefa elucidar aquelas condições materiais históricas que tornaram real esta ou aquela categoria. Os pressupostos materiais da comunicação jurídica, ou a comunicação entre os sujeitos de direito, foram elucidados por Marx no Livro I d'*O capital*. É verdade que ele o fez somente de passagem, na forma de sugestões muito gerais. Contudo, tais sugestões ajudam a compreender o momento jurídico nas relações entre as pessoas bem melhor que vários tratados sobre a teoria geral do direito. A análise da forma do sujeito deriva [вытекает] diretamente da análise da forma da mercadoria.

A sociedade capitalista é antes de tudo uma sociedade de proprietários de mercadorias. Isso significa que as relações sociais entre as pessoas no processo de produção adquirem aqui a forma reificada dos produtos do trabalho, que se relacionam uns com os outros pelo valor. A mercadoria é um objeto por meio do qual a diversidade concreta de propriedades úteis se torna um simples invólucro reificado da propriedade abstrata do valor, que se manifesta como a capacidade de ser trocada por outras mercadorias a uma proporção determinada. Essa propriedade manifesta-se como uma qualidade intrínseca às próprias coisas graças a uma espécie de lei natural, que age sobre as pessoas de modo completamente independente de sua vontade.

---

5 G. W. F. Hegel, *Princípios da filosofia do direito* (trad. Orlando Vitorino, São Paulo, Martins Fontes, 1997), p. 40, §36.

6 Ibidem, p. 44, §42. [Pachukanis utiliza a seguinte edição: G. W. F. Hegel, *Grundlinien der Philosophie des Rechts*, Hrsg, von G. Lasson, Leipzig, 1911. Vale notar, ainda, que onde se lê "§42", lê-se "§52" no original. – N. T.]

7 A. A. Rojdestvenski, Теория субъективных публичных прав [*Teoria dos direitos públicos subjetivos*] (Moscou, s/n, 1913), p. 6.

Mas, se a mercadoria se manifesta como valor independentemente da vontade do sujeito que a produz, a realização do valor no processo de troca pressupõe um ato voluntário, consciente, por parte do possuidor da mercadoria. Como diz Marx:

> As mercadorias não podem ir por si mesmas ao mercado e trocar-se umas pelas outras. Temos, portanto, de nos voltar para seus guardiões, os possuidores de mercadorias. Elas são coisas e, por isso, não podem impor resistência a homem. Se não se mostram solícitas, ele pode recorrer à violência; em outras palavras, pode tomá-las à força.[8]

Dessa maneira, o vínculo social entre as pessoas no processo de produção, reificado nos produtos do trabalho e que assume a forma de princípio elementar, requer para sua realização uma relação particular entre as pessoas enquanto indivíduos que dispõem de produtos, como sujeitos "cuja vontade reside nessas coisas"*.

"O fato de os bens econômicos conterem o trabalho é uma propriedade que lhes é inerente; o fato de poderem ser trocados constitui uma segunda propriedade que só depende da vontade de seus possuidores e apenas pressupõe que eles sejam apropriáveis e alienáveis."[9]

Por isso, ao mesmo tempo que um produto do trabalho adquire propriedade de mercadoria e se torna o portador de um valor, o homem adquire um valor de sujeito de direito e se torna portador de direitos[10]. "Sujeito do direito é o ente cuja vontade é decisiva."[11]

Ao mesmo tempo, a vida social desintegra-se, por um lado, na totalidade de relações reificadas que surgem espontaneamente (assim como todas as relações econômicas: nível de preços, taxa de mais-valor, taxa de lucro etc.), ou seja, relações nas quais as pessoas nos dizem menos respeito que as coisas; por outro lado, na totalidade das relações em que o homem só se determina por meio da oposição

---

[8] K. Marx, "O processo de troca", em *O capital*, Livro I, cit., p. 159.

* Idem. (N. E.)

[9] R. Hilferding, Бём-Баверк как критик Маркса [*Böhm-Bawerk como crítico de Marx*] (Moscou, 1923) [ed. alemã: "Böhm-Bawerks Marx-Kritik", em Horst Meixner e Manfred Turban (orgs.), *Etappen bürgerlicher Marx-Kritik*, Giessen, Andreas Achenbach, s/d, p. 178].

[10] O homem-mercadoria, ou seja, o escravo, tão logo surge no papel de detentor de coisas--mercadoria e se torna participante da circulação adquire o valor refletido de sujeito (sobre o direito dos escravos no momento da celebração do contrato no direito romano, cf. I. A. Pokrovski, История римского права [*História do direito romano*], 2. ed., Petrogrado, s/n, 1915, p. 294). Ao contrário, na sociedade moderna, o homem livre, ou seja, o proletário, quando, como tal, vai ao mercado para vender sua força de trabalho, é tratado como objeto e cai nas leis de emigração tais como proibições, contingências etc., assim como as mercadorias trasladadas através das fronteiras do Estado.

[11] B. Windscheid, *Lehrbuch des Pandektenrechts* [Compêndio do direito das Pandectas] (3. ed., Düsseldorf, J. Buddeus, 1870, v. 1), §49, p. 122, nota 1.

com suas coisas, ou seja, como sujeito ou na totalidade das relações jurídicas. Essas duas formas fundamentais, a princípio, diferem uma da outra, mas estão, ao mesmo tempo, intimamente ligadas e condicionam-se mutuamente. O vínculo social da produção apresenta-se, simultaneamente, sob duas formas absurdas: como valor de mercadoria e como capacidade do homem de ser sujeito de direito.

Como consequência da diversidade natural de propriedades úteis, um produto aparece na forma de mercadoria apenas como um simples invólucro do valor, e os aspectos concretos do trabalho humano diluem-se no trabalho humano abstrato como criador de valor – do mesmo modo que a diversidade concreta de relações do homem com as coisas surge como uma vontade abstrata do proprietário e todas as particularidades concretas que diferenciam um representante da espécie de *homo sapiens* de outra diluem-se na abstração do homem em geral como sujeito de direito.

Se economicamente a coisa prevalece sobre o homem, pois como mercadoria reifica uma relação social que não está sujeita a ele, então, juridicamente, o homem domina a coisa, pois, na qualidade de possuidor e proprietário, ele se torna apenas a encarnação do sujeito de direito abstrato e impessoal, o puro produto das relações sociais. Usando palavras de Marx, podemos dizer:

> Para relacionar essas coisas umas com as outras como mercadorias, seus guardiões têm de estabelecer relações uns com os outros como pessoas cuja vontade reside nessas coisas e agir de modo tal que um só pode se apropriar da mercadoria alheia e alienar a sua própria mercadoria em concordância com a vontade do outro, portanto, por meio de um ato de vontade comum a ambos. Eles têm, portanto, de se reconhecer mutuamente como proprietários privados.[12]

É bastante natural que o desenvolvimento histórico da propriedade como instituição jurídica, com seus diferentes modos de aquisição e proteção, com todas as suas modificações relativas a diferentes objetos etc., tenha ficado longe de se realizar de forma harmoniosa e ordenada, como na dedução lógica aqui conduzida. Mas apenas essa dedução nos revela o sentido geral do processo histórico.

Ao cair na dependência escrava das relações econômicas que se impõem, a suas costas, na forma das leis de valor, o sujeito econômico, já na qualidade de sujeito de direito, recebe como recompensa um raro presente: uma vontade presumida juridicamente que faz dele um possuidor de mercadorias tão absolutamente livre e igual perante os demais quanto ele mesmo o é. "Todos devem ser livres e ninguém deve atrapalhar a liberdade do outro [...] Cada qual possui seu próprio corpo [...]

---

[12] K. Marx, "O processo de troca", em *O capital*, Livro I, cit., p. 159.

como livre instrumento de sua vontade."[13] Eis o axioma do qual partem os teóricos do direito natural. E essa ideia de isolamento, de encerramento em si da pessoa humana, esse "estado natural" do qual emana "*Widerstreit der Freiheit ins Unendliche*" [a contradição infinita da liberdade], que corresponde inteiramente ao modo de produção mercantil, no qual os produtores são formalmente independentes uns dos outros e não estão ligados por nada além de uma ordem jurídica artificialmente criada. Essa mesma condição jurídica – ou, para usar as palavras do autor, "a existência conjunta de muitas criaturas livres, em que devem todas ser livres e a liberdade de uma não deve interferir na liberdade da outra" – não existe de outro modo senão no mercado idealizado, transposto para as alturas vertiginosas da abstração filosófica e isento de seu empirismo grosseiro, no qual se encontram os produtores independentes, pois, como nos ensina outro filósofo, "numa transação comercial, ambas as partes fazem aquilo que desejam e não dispõem de mais liberdade do que a que reservam para os outros"[14].

A crescente divisão do trabalho, a melhoria nos meios de comunicação e o consecutivo desenvolvimento das trocas fizeram do valor uma categoria econômica, ou seja, a personificação das relações sociais de produção que dominam o indivíduo. Para isso, foi preciso que os atos de troca isolados ocasionais formassem uma cadeia de circulação ampla e sistemática de mercadorias. Nesse estágio de desenvolvimento, o valor se distingue dos preços ocasionais, perde sua característica de fenômeno psíquico individual e adquire significação econômica. Tais condições reais são necessárias também para que o homem se transforme de um exemplar de zoológico em *persona* jurídica, sujeito de direito individual e abstrato. Essas condições reais consistem no estreitamento dos vínculos sociais e no crescimento do poder da organização social, ou seja, da organização de classe, que atingem seu apogeu no Estado burguês "organizado". Aqui, a capacidade de ser um sujeito de direito finalmente se destaca da personalidade concreta viva, deixa de ser uma função de sua vontade consciente ativa e se torna pura propriedade social. A capacidade de agir é abstraída de sua capacidade jurídica. O sujeito de direito recebe um duplo de si na forma de um representante, que adquire um significado de ponto matemático, de um centro no qual se concentra certa quantidade de direitos.

A consequência disso é que a propriedade burguesa capitalista deixa de ser uma posse frágil, instável, puramente factual, que a qualquer momento pode ser alvo de disputa e que deve ser protegida de arma em punho. Ela se transforma em um

---

[13] J. G. Fichte, *Rechtslehre von 1812* [Teoria do direito de 1812] (Leipzig), p. 10.

[14] G. Spencer, Социальная статика [*Estatística social*] (São Petersburgo, s/n, 1873), cap. XIII. [Traduzido do russo a partir da tradução de Pachukanis do inglês e cotejado com o original em inglês disponível para consulta livre na *Online Library of Liberty*: <http://oll.libertyfund.org/titles/spencer-social-statics-1851>. Acesso em: jan. 2017. – N. T.]

direito absoluto, inalienável, que cerca a coisa por todos os lados e que, enquanto a civilização burguesa conservar seu domínio do globo terrestre, será protegido no mundo inteiro pela lei, pela polícia e pelos tribunais[15].

Nesse estágio de desenvolvimento, a assim chamada teoria da vontade dos direitos subjetivos* começa a parecer dissociada da realidade[16]. Prefere-se definir o direito em sentido subjetivo como "a soma de bens que a vontade geral reconhece como sendo devida a dada pessoa". Por isso, de modo nenhum se exige desse último a capacidade de desejar e de agir. Naturalmente, a definição de Dernburg se encaixa melhor nas concepções dos juristas contemporâneos que tratam dos incapazes, das crianças de colo, das pessoas jurídicas etc. Contudo, a teoria da vontade em suas últimas consequências equivale a excluir as categorias mencionadas do rol dos sujeitos de direito[17]. Dernburg, sem dúvida, está perto da verdade ao entender o sujeito de direito como um fenômeno puramente social. Por outro lado, é possível ver com muita clareza por que o elemento da vontade desempenha um papel tão essencial para a construção do conceito de sujeito. Em parte, essa é a visão do próprio Dernburg quando afirma:

> Os direitos, em sentido subjetivo, existem muito antes do desenvolvimento de uma ordem do Estado consciente de si; eles se fundamentavam na personalidade dos indivíduos e no respeito em relação a si e aos bens que conseguiram conquistar e impor.

---

[15] O desenvolvimento do assim chamado direito de guerra não é outra coisa senão a consolidação progressiva do princípio da inviolabilidade da propriedade burguesa. Até a Revolução Francesa, a população era saqueada sem qualquer obstrução e irrestritamente tanto por seus soldados quanto pelos dos inimigos. Benjamin Franklin (em 1785) foi o primeiro a proclamar, como princípio político, que, em guerras futuras, "os camponeses, os artesãos e os comerciantes devem prosseguir pacificamente com suas atividades sob proteção de ambos os lados em guerra". Rousseau, em *Do contrato social*, definiu como regra que uma guerra deve se manter entre os Estados, não entre os cidadãos. A legislação da Convenção Nacional punia severamente os soldados, tanto os próprios quanto o dos países hostis, em caso de pilhagem. Apenas em 1899, em Haia, o princípio da Revolução Francesa foi colocado na categoria do direito internacional. Por questão de imparcialidade, todavia, há que se admitir que se Napoleão, ao decretar o Bloqueio Continental, experimentou certo escrúpulo e sentiu necessidade de justificar ao senado essa medida, "que afeta os interessas das pessoas naturais por causa das disputas dos soberanos" e "lembra a barbárie dos séculos passados", os representantes burgueses na última guerra mundial (1914-1918 – *Edição*), sem qualquer escrúpulo, violaram abertamente os direitos de propriedade dos sujeitos dos lados em guerra.

* A teoria das vontades, proposta por Bernhard Windscheid e defendida, entre outros, por Friedrich Carl von Savigny, é uma das teorias mais difundidas sobre a natureza jurídica do direito subjetivo. Segundo essa teoria, o direito é um poder inerente ao indivíduo, que o Estado apenas vem, incidentalmente, reconhecer, quando provocado. (N. R. T.)

[16] Cf. H. Dernburg, Пандекты [*Pandecta*] (Moscou, 1906), v. 1, p. 39.

[17] A. Brinz, *Lehrbuch der Pandekten* [Compêndio das Pandectas] (2. ed., Erlangen, Erlangen Deichert, 1879), livro 2, p. 984.

Apenas gradualmente, por meio de abstrações, a partir da percepção dos direitos subjetivos existentes, foi que se formou o conceito de ordem jurídica. Por isso, a visão de que o direito em sentido subjetivo é somente um resultado do direito em seu sentido objetivo é não histórica e falsa.[18]

"Conquistar e impor" respeito, evidentemente, só era possível àqueles que possuíam não apenas a vontade, mas sobretudo uma porção considerável do poder. Contudo, Dernburg, como a maioria dos juristas, está inclinado a tratar o sujeito de direito como uma personalidade em geral, ou seja, como uma categoria eterna excluída das condições históricas fundamentais. Desse ponto de vista, é inerente ao homem, como um ser animado e dotado de vontade racional, ser um sujeito de direito. Na verdade, não há dúvida de que a categoria de sujeito de direito abstrai-se do ato da troca mercantil. Justamente nesses atos o homem realiza na prática a liberdade formal de autodeterminação. A relação mercantil transforma essa oposição entre sujeito e objeto em um significado jurídico particular. O objeto é a mercadoria, o sujeito, o possuidor da mercadoria, que dispõe dela nos atos de aquisição e alienação. Justamente no ato de troca o sujeito revela, pela primeira vez, a plenitude de suas determinações. O conceito formalmente mais bem acabado de sujeito, que se detém unicamente na capacidade jurídica, nos afasta ainda mais do sentido vivo, histórico, real dessa categoria jurídica. É por isso que é tão difícil para os juristas renunciar completamente ao elemento ativo da vontade nos conceitos de sujeito e de direito subjetivo.

A esfera do domínio que envolve a forma do direito subjetivo é um fenômeno social atribuído ao indivíduo do mesmo modo que o valor, também um fenômeno social, é atribuído à coisa como produto do trabalho. O fetichismo da mercadoria se completa com o fetichismo jurídico.

Assim, em dado estágio de desenvolvimento, as relações entre as pessoas no processo de produção adquirem uma forma duplamente enigmática. Elas, por um lado, surgem como relações entre coisas, que são ao mesmo tempo mercadorias; por outro, como relações de vontade entre unidades independentes e iguais umas perante as outras, como as que se dão entre sujeitos de direitos. Ao lado da propriedade mística do valor aparece algo não menos enigmático: o direito. Ao mesmo tempo, a relação unitária e total adquire dois aspectos abstratos fundamentais: o econômico e o jurídico.

No desenvolvimento das categorias jurídicas, a capacidade de realizar atos de troca é apenas uma das manifestações concretas das características gerais da capacidade de ação e da capacidade jurídica. Contudo, historicamente, é de fato

[18] H. Dernburg, *Pandecta*, cit., p. 39.

o ato de troca que dá a ideia de sujeito como portador abstrato de todas as pretensões jurídicas possíveis. Somente em situações de economia mercantil nasce a forma jurídica abstrata, ou seja, a capacidade geral de possuir direitos se separa das pretensões jurídicas concretas. Somente a transferência contínua de direitos que tem lugar no mercado cria a ideia de um portador imutável. No mercado, aquele que obriga simultaneamente se obriga. Ele passa a todo momento da posição de credor à posição de obrigado. Dessa maneira, cria-se a possibilidade de abstrair as diferenças concretas entre os sujeitos de direitos e reuni-los sob um único conceito genérico[19].

Do mesmo modo que os atos de troca da produção mercantil desenvolvida foram precedidos por atos de troca ocasionais e outras formas de troca – por exemplo, a troca de presentes –, o sujeito de direito, com a esfera de domínio jurídico que se entende ao seu redor, foi precedido historicamente pelo indivíduo armado, ou, mais frequentemente, por um grupo de pessoas, a *gens*, a horda, a tribo, capaz de defender por meio do conflito, do confronto, tudo aquilo que representa as condições de sua existência. Essa tênue linha histórica claramente vincula o tribunal ao duelo e o divide em um processo em que tomam parte em uma luta armada. Devido ao crescimento das forças sociais reguladoras, o sujeito perde sua tangibilidade material. Sua energia pessoal é substituída pela potência da organização social, ou seja, de classe, que atinge sua mais alta expressão no Estado[20]. Aqui, o poder estatal impessoal e abstrato, agindo no espaço e no tempo com continuidade e regularidade ideais, corresponde ao sujeito impessoal e abstrato, do qual é reflexo.

Esse poder abstrato tem um fundamento plenamente real na organização do aparelho burocrático, nas Forças Armadas, nas finanças, nos meios de comunicação etc., e o pressuposto de todo esse conjunto corresponde ao desenvolvimento das forças produtivas.

Mas, antes de se valer do mecanismo estatal, o sujeito apoia-se na organicidade e na estabilidade de suas relações. Assim como a repetição regular dos atos de troca constitui o valor na qualidade de categoria em geral, que se eleva sobre as avaliações subjetivas e as trocas por proporção ocasionais, a repetição regular dessas mesmas

---

[19] Na Alemanha, isso aconteceu apenas no momento da recepção do direito romano, o que prova, entre outras coisas, a ausência de uma palavra alemã para expressar os conceitos de "pessoa" (*persona*) e "sujeito de direito". Cf. O. Gierke, *Geschichte des deutschen Körperschaftsbegriffs* [História do conceito alemão de corporação] (Berlim, Weidmann, 1873), p. 30.

[20] A partir desse momento, a figura do sujeito de direito começa a parecer não aquilo que ela é na realidade, ou seja, uma reflexão das relações que tomam forma às costas das pessoas, mas uma invenção artificial da mente humana. As próprias relações se tornam tão habituais que representam uma necessidade condicional de qualquer comunidade. A ideia de que o sujeito de direito é não mais que uma construção artificial representa o mesmo passo em direção a uma teoria científica do direito que aquele dado pela economia com a ideia da artificialidade do dinheiro.

relações – o costume – confere um novo sentido à esfera subjetiva de domínio, fundamentando sua existência em uma norma externa.

O costume ou a tradição, como fundamento supraindividual das pretensões jurídicas, corresponde à estrutura feudal em sua limitação e estagnação. A tradição ou o costume são, em essência, algo encerrado em determinados limites geográficos bastante restritos. Por isso, cada direito abrange apenas um sujeito concreto ou um grupo limitado de sujeitos. No mundo feudal, "todo direito era um privilégio" (Marx)*. Cada cidade, cada estado, cada corporação vivia segundo seu próprio direito, que acompanhava o indivíduo aonde quer que ele fosse. A ideia de um *status* jurídico formal comum a todas as pessoas, a todos os cidadãos, estava completamente ausente nessa época. A isso correspondia, no domínio econômico, uma economia fechada e autossuficiente, além da proibição de importar e exportar etc.

"Para além desse mínimo que lhe é essencial, a personalidade jamais teria o mesmo. Estamento, situação patrimonial, profissão, credo, idade, sexo, força física etc. produziram uma profunda desigualdade de capacidade jurídica."[21] A igualdade entre os sujeitos era um pressuposto apenas das relações situadas em dada esfera; assim, os membros de uma única e mesma classe eram iguais um perante o outro na esfera dos direitos das classes, os membros de uma única e mesma corporação, na esfera dos direitos dessa corporação, e assim por diante. Nesse degrau, o sujeito de direito, como portador geral abstrato de todas as pretensões jurídicas imagináveis, surge apenas no papel de detentor de privilégios concretos.

> Nesse estágio, a consciência do direito zela para que os mesmos direitos ou direitos similares sejam conferidos ora a um coletivo, ora a um indivíduo, mas não se tira daí a conclusão de que, por isso, coletivos e indivíduos são a mesma coisa no que se refere ao ponto "ter direitos".[22]

Assim como na Idade Média estava ausente o conceito abstrato de sujeito de direito, também a noção de norma objetiva, endereçada a um círculo amplo e indeterminado de pessoas, misturava-se e confundia-se com a instituição de "liberdade" e privilégios concretos. No século XIII, ainda não encontramos traço de quaisquer concepções claras sobre a diferença entre direito objetivo e direito subjetivo ou sobre as competências jurídicas. Nos privilégios e nos forais concedidos por imperadores e príncipes às cidades, esses dois conceitos aparecem sempre confundidos entre si. A forma mais frequente de instituição de quaisquer regras ou normas gerais é o

---

* Pachukanis atribui a Marx a autoria da frase, porém não indica a fonte da citação. (N. T.)

[21] O. Gierke, *Geschichte des deutschen Körperschaftsbegriffs*, cit., p. 35.

[22] Ibidem, p. 34.

reconhecimento destas ou daquelas qualidades jurídicas a determinada unidade territorial ou à população no sentido de um coletivo. Tal caráter também está na célebre fórmula "*Stadtluft macht frei*" [o ar da cidade liberta]. Assim, foram abolidos os duelos nos tribunais; junto dessas disposições, de modo semelhante, foram concedidos direitos aos cidadãos, como o direito ao uso das florestas imperiais e principescas.

No próprio direito das cidades, pode-se observar essa mesma mistura dos momentos objetivos e subjetivos. Os estatutos das cidades consistiam, em parte, em disposições de caráter geral, em parte, na enumeração de direitos e privilégios singulares aos quais eram elegíveis grupos determinados de cidadãos.

Apenas com o completo desenvolvimento das relações burguesas o direito adquiriu um caráter abstrato. Todo homem torna-se um homem em geral, todo trabalho torna-se um trabalho social útil em geral[23], todo indivíduo torna-se um sujeito de direito abstrato. Ao mesmo tempo, também a norma toma a forma lógica acabada da lei abstrata geral.

Assim, o sujeito de direito é um possuidor de mercadorias abstrato e ascendido aos céus. Sua vontade, entendida no sentido jurídico, tem um fundamento real no desejo de alienar ao adquirir e adquirir ao alienar. Para que esse desejo se efetive, é indispensável que a vontade do possuidor de mercadorias vá ao encontro de um desejo de outro proprietário de mercadorias. Juridicamente, essa relação se expressa na forma do contrato ou do acordo entre vontades independentes. Por isso o contrato é um dos conceitos centrais do direito. Erigindo-se de maneira grandiloquente, o contrato é uma parte constitutiva da ideia de direito. No sistema lógico de conceitos jurídicos, o contrato é apenas uma variedade de transação em geral, ou seja, um dos meios de manifestação das vontades concretas com a ajuda da qual o sujeito age na esfera jurídica que o cerca. Histórica e concretamente, contudo, o conceito de ato jurídico deriva do de contrato. Fora do contrato, os próprios conceitos de sujeito e de vontade no sentido jurídico existem apenas como abstração sem vida. No contrato, esses conceitos recebem seu movimento autêntico e, ao mesmo tempo, no ato da troca, recebem seu fundamento material, a forma jurídica em seu aspecto mais puro e simples. O ato de troca, consequentemente, constitui o momento mais essencial tanto da economia política quanto do direito. Na troca, para usar palavras de Marx, o "conteúdo dessa relação jurídica ou volitiva é dado pela

---

[23] "Para uma sociedade de produtores de mercadorias, cuja relação social geral de produção consiste em se relacionar com seus produtos como mercadorias, ou seja, como valores, e, nessa forma reificada [*sachlich*], confrontar mutuamente seus trabalhos privados como trabalho humano igual, o cristianismo, com seu culto do homem abstrato, é a forma de religião mais apropriada, especialmente em seu desenvolvimento burguês, como protestantismo, deísmo etc." (K. Marx, "A mercadoria", em *O capital*, Livro I, cit., p. 153-4.)

própria relação econômica"[24]. Uma vez originada, a ideia de contrato tende a assumir um significado universal. Antes mesmo de os possuidores de mercadorias "reconhecerem-se" uns aos outros, eles, evidentemente, já existiam como tal, mas em outro sentido, num sentido orgânico e extrajurídico. O "reconhecimento recíproco" não é outra coisa senão a tentativa de interpretar, com a ajuda da fórmula abstrata do contrato, as formas orgânicas de apropriação, que repousam sobre o trabalho, a conquista etc. e que a sociedade de produtores de mercadoria encontra constituídas desde seu nascimento. A relação entre o homem e a coisa é, em si, destituída de qualquer significação jurídica. É isso que percebem os juristas quando tentam conceituar a instituição da propriedade privada como uma relação entre sujeitos, ou seja, entre pessoas. Mas eles a constroem – de maneira puramente formal e, além do mais, negativa – como uma proibição universal que exclui todos, exceto o proprietário, do uso e da disposição da coisa[25]. Essa concepção, que se mostra adequada para os objetivos práticos da dogmática jurídica, não é nem um pouco adequada para a análise teórica. Nessas proibições abstratas, o conceito de propriedade perde qualquer sentido vivo e renuncia à própria história pré-jurídica.

Mas, se a relação orgânica, "natural", do homem com a coisa, ou seja, a apropriação, constitui-se geneticamente como ponto de partida do desenvolvimento, a passagem dessa relação para a relação jurídica se dá sob a influência daquelas necessidades que foram trazidas à vida pela forma da circulação de bens, ou seja, sobretudo por compra e venda. Hauriou chama atenção para o fato de que, em sua origem, o comércio marítimo e o comércio das caravanas não tinham ainda a necessidade de garantir a propriedade. A distância que separava as pessoas incluídas na troca dava a melhor garantia contra quaisquer pretensões. A formação de um mercado permanente suscita a necessidade de regulamentação do direito de dispor de uma mercadoria e, consequentemente, do direito de propriedade[26]. O título de propriedade da terra no direito romano, *mancipatio per aes et libram*, mostra que ele nasceu simultaneamente ao fenômeno da troca interna. Do mesmo modo, a transmissão por herança passou a ser fixada como título de propriedade apenas a

---

[24] Ibidem, p. 159.

[25] Assim, por exemplo, Windscheid (*Lehrbuch des Pandektenrechts*, cit., §38), partindo do fato de que o direito pode existir apenas entre uma pessoa e outra, não entre pessoas e coisas, conclui que "o direito real conhece apenas normas proibitivas; seu conteúdo é, consequentemente, negativo. Ele consiste em que todos devem abster-se de exercer influência sobre as coisas e impedir semelhante interferência da parte do mandatário". A conclusão lógica desta visão é dada por Schlossmann (*Der Vertrag* [O contrato], Leipzig, Breitkopf und Härtel, 1876), segundo quem o próprio conceito de "direito real" é somente um meio terminológico auxiliar. Dernburg (*Pandecta*, cit., §22, nota 5), ao contrário, rejeita esse ponto de vista, de acordo com o qual "até a propriedade, o mais positivo dos direitos, [tem] apenas um significado negativo".

[26] Cf. M. Hauriou, *Principes du droit public* (Paris, Sirey, 1910), p. 286.

partir do momento em que a circulação entre civis despertou interesse nessa transmissão[27].

Na troca, para usar as palavras de Marx, um possuidor de mercadorias "só pode se apropriar da mercadoria alheia e alienar a sua própria mercadoria em concordância com a vontade do outro"*. É justamente esse pensamento que pretendem expressar os representantes das doutrinas do direito natural ao tentar justificar a propriedade como um contrato primordial. Eles têm razão, naturalmente, não em pensar que tal contrato teve lugar em algum momento histórico, mas no sentido de as formas naturais ou orgânicas da apropriação terem adquirido "razão" jurídica nos atos recíprocos de aquisição e alienação. No ato da alienação, a realização do direito de propriedade como abstração se torna realidade. Qualquer emprego de uma coisa está ligado ao aspecto concreto de sua utilização como meio de consumo ou como meio de produção. Quando uma coisa opera na qualidade de valor de troca, ela se torna impessoal, puro objeto do direito; por sua vez, ao dispor dela, o sujeito se torna puro sujeito de direito. No que se refere às diferentes relações de circulação, é preciso buscar uma explicação na contradição entre a propriedade feudal e a burguesa. O principal defeito da propriedade feudal, aos olhos do mundo burguês, encerra-se não naquilo que a originou (ocupação, violência), mas em sua imobilidade, no fato de ela não ser capaz de tornar-se objeto de garantias recíprocas, passando de mão em mão nos atos de alienação e aquisição. A propriedade feudal ou de casta infringe o princípio fundamental da sociedade burguesa: "igual oportunidade de acesso à desigualdade". Hauriou, um dos mais perspicazes juristas burgueses, afirma, com bastante justeza, a reciprocidade como a garantia de propriedade mais efetiva que existe e que, além do mais, exige o menor índice de violência externa. Essa reciprocidade, garantida pelas leis de mercado, atribui à propriedade um caráter de instituição "eterna". Contrariamente a isso, a garantia puramente política, que é dada pelo aparato coercitivo do Estado, dedica-se à manutenção de uma estrutura determinada na situação dos proprietários, ou seja, a um momento que não tem significado de princípio. A luta de classes, mais de uma vez, conduziu a uma nova distribuição das propriedades e à expropriação dos usurários e dos senhores latifundiários[28]. No entanto, essas convulsões, ainda que tenham sido desagradáveis para as classes e os grupos vitimados, não colocaram em xeque os próprios fundamentos da propriedade: o vínculo das esferas econômicas

[27] Ibidem, p. 287.

* K. Marx, "O processo de troca", em *O capital*, Livro I, cit., p. 159. (N. T.)

[28] Diz Engels: "Tanto é assim que há 2.500 anos não se tem podido manter a propriedade privada senão com a violação dos direitos de propriedade". *A origem da família, da propriedade privada e do Estado* (trad. Leandro Konder, Rio de Janeiro, Civilização Brasileira, 1984), p. 127.

mediado pela troca. As mesmas pessoas que se insurgiram contra a propriedade no dia seguinte tiveram de aceitá-la quando se encontraram no mercado na condição de produtores independentes. Esse foi o desenrolar de todas as revoluções não proletárias. Essa é a conclusão lógica do ideal dos anarquistas que rejeitam todos os traços externos do direito burguês – a coerção estatal e as leis –, mas mantêm sua essência interna, que é o livre contrato entre produtores independentes[29].

Dessa maneira, apenas o desenvolvimento do mercado cria a possibilidade e a necessidade de converter o homem, que se apropria das coisas por meio do trabalho (ou da pilhagem), em proprietário jurídico.

Entre essas duas fases, não existem fronteiras instransponíveis. O "natural" transforma-se imperceptivelmente em jurídico, do mesmo modo que a pilhagem à mão armada incorpora-se indistintamente ao comércio.

Karner apresenta outra concepção de propriedade. Segundo sua definição,

> a propriedade *de jure* não é nada mais que o poder da pessoa A de dispor da coisa X, uma relação simples entre indivíduo e objeto da natureza, que por direito não envolve *nenhum outro indivíduo* (o itálico é nosso – E. P.) e nenhuma outra coisa; a coisa é coisa privada; o indivíduo, uma pessoa privada; o direito, direito privado. Essa também era de fato a situação no período de produção mercantil simples.[30]

Todas essas linhas são parte de um único equívoco. Karner reproduz aqui as "robinsonadas" em voga. Mas o que se pergunta é em que sentido os dois Robinsons, que ignoram a existência um do outro, representam *juridicamente* sua relação com as coisas quando esta abrange inteiramente *uma relação de fato*? Esse direito do homem isolado merece ser colocado ao lado do famoso valor do "copo de água no deserto". Tanto o valor como o direito à propriedade foram engendrados por um único e mesmo fenômeno: a circulação de produtos tornados mercadorias. A propriedade em sentido jurídico nasce não porque deu na cabeça das pessoas atribuírem-se reciprocamente tal qualidade jurídica, mas porque precisavam trocar mercadorias, o que só era possível apresentando-se como proprietários. "O poder ilimitado de dispor das coisas" é somente um reflexo da circulação ilimitada de mercadorias.

---

[29] Assim, por exemplo, Proudhon afirma: "Eu quero o contrato, não as leis. Para que eu seja livre, é preciso que todo o edifício social seja reconstruído do princípio com base no contrato recíproco". P. J. Proudhon, *Idée générale de la Révolution au XIXe siècle* (Paris, Garnier, 1851), p. 138. Mas, adiante, declara: "A norma, por meio da qual o contrato deve ser firmado, não repousará exclusivamente na justiça, mas também na vontade geral das pessoas que vivem na comunidade, vontade que obrigará o cumprimento do contrato ainda que pela força". Ibidem, p. 293.

[30] J. Karner, *A função social do direito*, cit., p. 112.

Karner constata que "vem à cabeça do proprietário a ideia de exercer a função jurídica da propriedade por meio da alienação"[31]. Não ocorre ao próprio Karner que o "jurídico" começa justamente com esse "exercício", e até aí a apropriação não passava de apropriação natural, orgânica.

Karner concorda que "a compra, a venda, o empréstimo e o crédito já existiam outrora; contudo, com uma extensão subjetiva e objetiva mínima"[32]. De fato, essas diferentes formas jurídicas de circulação dos bens econômicos existem há tanto tempo que podemos encontrar relações de crédito, empréstimo e penhor perfeitamente elaboradas antes mesmo de ter sido elaborada a fórmula da propriedade. Isso já oferece uma chave para a correta compreensão do conceito da natureza jurídica da propriedade.

Contudo, para Karner, as pessoas são proprietárias antes e independentemente de elas hipotecarem, comprarem e venderem coisas. Essas relações por ele apresentadas são somente "instituições auxiliares e secundárias, que preenchem as lacunas da propriedade pequeno-burguesa". Em outras palavras, ele parte da concepção do indivíduo completamente isolado que (não se sabe a propósito de quê) teve a ideia de criar uma "vontade geral" e, em nome dessa vontade geral, passou a ordenar que cada um se abstivesse de tocar nas coisas pertencentes a outrem. Em seguida, ao perceber que o proprietário não pode ser tomado por universal nem na qualidade de força de trabalho nem na qualidade de comprador, esses Robinsons isolados decidem completar a propriedade com as instituições de compra e venda, de empréstimo, de crédito etc. Esse esquema puramente racional inverte a evolução real das coisas e dos conceitos.

Karner, nesse caso, reproduz pura e simplesmente o assim chamado sistema de Hugo e Heise, exposto pelo direito pandectista, que começa exatamente com o homem que submete a seu poder os objetos exteriores (direitos reais), em seguida passa para a troca de serviços (direito das obrigações) e, finalmente, chega às normas, que regulamentam a conduta do homem como membro da família e o destino de seus bens depois de sua morte (direito de família e direito sucessório).

A relação do homem com uma coisa que ele mesmo produziu, roubou ou que (tal como uma arma ou uma joia) existe como parte de sua personalidade, sem dúvida, destaca-se historicamente como um dos elementos do desenvolvimento da instituição da propriedade privada. Ela representa sua forma primária, bruta e limitada. O caráter acabado e universal da propriedade privada só é alcançado na passagem para a economia mercantil, ou melhor, a economia mercantil capitalista. Ela se torna indiferente no que se refere ao objeto e rompe todas as ligações com qual-

[31] Ibidem, p. 114.

[32] Idem.

quer sociedade humana orgânica (genes, família, comunidade). Ela surge, em sua significação universal, como um "domínio exterior para sua liberdade" (Hegel)*, ou seja, como realização prática da capacidade abstrata de ser um sujeito de direito.

Nessa forma puramente jurídica, a propriedade tem pouco em comum, do ponto de vista lógico, com o princípio orgânico e natural da apropriação privada como um desdobramento da força pessoal ou como condição de consumo e de uso pessoal. Na medida em que a ligação do homem com o produto de seu trabalho ou, por exemplo, com um pedaço de terra que ele lavrou com seu trabalho pessoal tem em si algo de elementar, acessível ao pensamento mais primitivo[33], a relação do proprietário com a propriedade é abstrata, formal, condicionada, racionalizada, já que toda atividade econômica passou a ser interpretada na esfera do mercado. Se, morfologicamente, essas duas instituições – a apropriação privada como condição de uso pessoal livre e a apropriação privada como condição de alienação posterior no ato de troca – têm entre si uma ligação não imediata, mas lógica, então a definição dessas duas categorias distintas sob a mesma palavra, "propriedade", acarreta mais confusão que certeza. A propriedade capitalista da terra não pressupõe nenhum tipo de ligação orgânica entre a terra e o proprietário; aliás, ela é concebível apenas se estiver sujeita à livre transmissão de uma mão para outra, à livre transação da terra.

O próprio conceito de propriedade fundiária nasce junto com a propriedade individual e alienável da terra. Em suas origens, as terras comunais não eram propriedade de uma pessoa jurídica, até porque tal conceito nem existia, mas eram utilizadas pelos *obschinniki* **, como uma pessoa coletiva[34].

A propriedade capitalista é, em sua essência, a liberdade de transformar o capital de uma forma em outra e de transferi-lo de uma esfera para outra com o objetivo de obter o máximo lucro fácil. Essa liberdade de dispor da propriedade capitalista é impensável sem a presença de indivíduos desprovidos de propriedade, ou seja, de proletários. A forma jurídica da propriedade não está de modo nenhum em contradição com a expropriação de um grande número de cidadãos. Isso porque a capacidade de ser sujeito de direito é uma capacidade puramente formal. Ela qua-

* G. W. F. Hegel, *Princípios da filosofia do direito*, cit., p. 44, §41. (N. R. T.)

[33] É justamente por isso que os defensores da propriedade privada muito de bom grado apelam para essa relação elementar, sabendo que sua força ideológica excede em muito o significado econômico para a sociedade moderna.

** *Obschinik* (em russo, общинник) é o termo utilizado para designar os membros da *Obschina*, comunidade rural formada por camponeses que cultivavam a terra coletivamente, em oposição aos sítios individuais. (N. T.)

[34] Cf. O. Gierke, *Geschichte des deutschen Körperschaftsbegriffs*, cit., p. 146.

lifica todas as pessoas como igualmente "dignas" de ser proprietárias, mas por nenhum meio faz delas proprietárias. A dialética da propriedade capitalista está representada de modo magnífico em *O capital*, de Marx, seja naquilo em que ela assume a forma "imutável" do direito, seja quando abre caminho por meio da violência (período da acumulação primitiva). As pesquisas de Karner aqui mencionadas oferecem, nesse sentido, pouquíssimas novidades se comparadas com o primeiro volume de *O capital*. Naquilo que Karner pretende ser independente, ele faz confusão. Nós já nos pronunciamos a propósito de sua tentativa de abstrair a propriedade daquele momento em que ela se constrói juridicamente, ou seja, da troca. Essa concepção puramente formal conduz a outro erro. Precisamente ao olhar para a transformação da propriedade pequeno-burguesa em propriedade capitalista, Karner assinala: "A instituição da propriedade conheceu amplo desenvolvimento, experimentou plena transformação, sem alterar sua natureza jurídica"; adiante, ele chega à conclusão: "Modifica-se a função social das instituições jurídicas, mas não se modifica sua natureza jurídica"[35]. Pergunta-se: quais instituições Karner tem em vista? Se estamos falando da fórmula abstrata do direito romano, é óbvio que nada poderia ser mudado. Mesmo porque essa fórmula regulou a pequena propriedade apenas na época das relações burguesas capitalistas desenvolvidas. Se nos voltarmos ao artesanato local e à economia camponesa na época da servidão da gleba, encontraremos uma série de normas que restringem o direito de propriedade. É claro que se pode objetar que todas essas restrições possuíam um caráter público-jurídico e que não afetavam a instituição da propriedade como tal. Mas, nesse caso, a afirmação se reduz ao que se segue: que uma fórmula abstrata determinada é igual a ela mesma. Por outro lado, as formas feudais e corporativas, ou seja, as formas limitadas de propriedade, já manifestavam sua função: a absorção do trabalho não pago. A propriedade de produção mercantil simples, que Karner contrapõe à forma capitalista da propriedade, é uma abstração tão vazia quanto a própria produção mercantil simples. Pois a transformação, ainda parcial, dos produtos fabricados em mercadoria e o surgimento do dinheiro constituem condições suficientes para o surgimento do capital usurário, que "com seu irmão gêmeo, o capital comercial", para usar a expressão de Marx, "[figura] entre as formas antediluvianas do capital, que precedem por longo tempo o modo de produção capitalista e podem ser encontradas nas mais diversas formações econômicas da sociedade"[36]. Consequentemente, podemos chegar a uma conclusão contrária àquela a que chegou Karner, a saber: as normas se modificam, já a função social permanece imutável.

---

[35] J. Karner, *A função social do direito*, cit., p. 106.

[36] K. Marx, *O capital*, Livro III, cit.

Em virtude do desenvolvimento do modo capitalista de produção, o produtor paulatinamente se liberta das funções técnico-produtivas e, com isso, perde também o completo domínio jurídico sobre o capital. Numa empresa de acionistas, o capitalista individual é apenas o portador de um título que lhe rende determinada cota de lucro sem que ele tenha trabalhado. Sua atividade econômica e jurídica como proprietário organiza-se quase exclusivamente na esfera do consumo improdutivo. A massa fundamental do capital se torna, em grande medida, força de classe impessoal. Na medida em que essa massa de capital participa da circulação mercantil, o que pressupõe uma autonomia de suas diferentes partes, tais partes surgem como propriedade de pessoas jurídicas. Na verdade, seu comando está nas mãos de um grupo relativamente pequeno de grandes capitalistas, que agem por meio de seus representantes contratados ou investidos de plenos poderes. Juridicamente, a forma da propriedade privada já não reflete a situação real das coisas, pois, com a ajuda de métodos de participação e de controle, o domínio efetivo ultrapassa os limites puramente jurídicos. Estamos naquele momento em que a sociedade capitalista já se encontra madura o suficiente para se transformar em seu oposto. Para tanto, a premissa política indispensável é a classe revolucionária dos proletários.

Mas, mesmo antes dessa transformação, o desenvolvimento do modo capitalista de produção, fundamentado no princípio da livre concorrência, transforma esse princípio em seu oposto. O capitalismo monopolista cria as premissas perfeitas de outro sistema econômico, em que o movimento da produção e da reprodução social se realiza não por meio de contratos particulares entre unidades econômicas autônomas, mas com a ajuda de uma organização planificada, centralizada. Essa organização é engendrada pelos trustes, pelos cartéis, entre outras associações de caráter monopolista. A ação dessas tendências pôde ser observada no tempo da guerra, com a junção entre o capitalismo privado e as organizações estatais para formar um poderoso sistema de capitalismo de Estado burguês. Essa transfiguração do tecido jurídico na prática não poderia passar despercebida pela teoria. Na aurora de seu desenvolvimento, o capitalismo industrial envolvia o princípio da subjetividade jurídica com uma espécie de auréola, exaltando-o como uma característica absoluta da personalidade humana. Agora já começam a encará-lo somente como fundamento técnico, que permite "delimitar os riscos e as responsabilidades", e outros simplesmente declaram se tratar de uma hipótese especulativa, sem qualquer fundamento real. Como essa é uma tendência que se volta contra o individualismo jurídico, acabou por conquistar a simpatia de alguns de nossos marxistas, que supõem estar diante de elementos de uma nova teoria "social" do direito, que corresponderia aos interesses do proletariado. Não seria preciso dizer que se trata de um enfoque puramente formal da questão – sem falar que as teorias ora citadas nada acrescentam ao conceito sociológico real das categorias individualistas do direito burguês; antes, criticam esse individualismo não do ponto de vista da concepção proletária do socialismo, mas do ponto de vista da ditadura financeira do capital. O significado social dessas doutrinas é de uma apologia ao Estado imperialista moderno e a seus métodos, aos quais ele particularmente recorreu durante a última guerra. Não devemos, portanto, nos surpreender com o fato de que, baseando-se justamente nas lições fundamentais da [Primeira] Guerra Mundial – a mais predatória e reacionária de todas as guerras da história moderna –, um jurista estadunidense chegou a uma conclusão que soa tão "socialista" como esta:

> os direitos individuais à vida, à liberdade e à propriedade não têm uma existência absoluta ou abstrata; esses direitos, que do ponto de vista legal existem apenas graças ao fato de estarem sob a guarda do Estado, se encontram, portanto, organicamente à disposição do Estado.[37]

A tomada do poder político pelo proletariado é a premissa fundamental do socialismo. Contudo, como a experiência demonstrou, a produção e a distribuição plenamente organizadas não podem substituir, de um dia para o outro, as trocas mercantis e as ligações mercantis entre unidades econômicas distintas. Se isso fosse possível, a forma jurídica da propriedade já teria sido historicamente superada. Ela completaria o ciclo de seu desenvolvimento, retornando ao ponto de partida, aos objetos de uso comum e imediato – ou seja, seria novamente uma relação elementar da prática social. Com isso, também estaria condenada à morte a forma geral do direito[38]. Enquanto a tarefa de construção de uma economia planificada unitária não estiver realizada, enquanto perdurar a conexão mercantil entre empresas separadas e grupos de empresas, também perdurará a forma jurídica. Não seria preciso dizer que, no período de transição, a forma da propriedade privada dos meios e dos instrumentos de produção da pequena economia camponesa e artesanal permanece quase inalterada. Já com relação à nacionalização da indústria, a aplicação do princípio do assim chamado cálculo econômico significa a formação de unidades autônomas, as quais se ligam a outras unidades econômicas por meio do mercado.

Na medida em que as empresas estatais estão sujeitas às condições da circulação, a conexão entre elas assume não a forma de uma subordinação técnica, mas a forma do contrato. De acordo com isso, torna-se possível e necessária uma regulamentação puramente jurídica, ou seja, judiciária, das relações; contudo, ao mesmo tem-

---

37 E. A. Harriman, "Enemy Property in America", *The Journal of International Law*, n. 1, 1924, p. 202.

38 O processo posterior da superação da forma do direito se reduziria à passagem progressiva ao método de distribuição equivalente (para determinada cota de trabalho, determinada cota de produto social) à realização da forma do comunismo desenvolvido: "A cada um segundo suas forças, a cada um segundo suas necessidades".

po, a direção imediata, isto é, técnico-administrativa, que, sem dúvida, se intensifica com o tempo, conserva-se pela subordinação a um plano econômico geral. Dessa maneira, de um lado, temos a vida econômica que se desenvolve nas categorias naturais e relações sociais entre unidades de produção que surgem sob uma forma racional, não disfarçada (não mercantil). A isso correspondem métodos imediatos, ou seja, tecnicamente substanciais, indicados na forma de programas, planos de produção, de distribuição etc., métodos concretos constantemente sujeitos a mudanças de condições. De outro lado, temos a circulação de mercadorias sob a forma de valor e, consequentemente, a conexão entre unidades econômicas expressa na forma do contrato, o que, por sua vez, corresponde à criação de regras e limitações jurídicas mais ou menos rígidas, fixas e formais entre sujeitos autônomos (um Código Civil e, possivelmente, também um Código Comercial) e de órgãos (tribunais, comissões arbitrais etc.) que ajustam na prática essas relações por meio da resolução de disputas. É evidente que a primeira tendência não encerra nenhuma perspectiva para o florescimento da prática jurídica. Sua vitória gradual significará a morte gradual da forma jurídica em geral. É possível, claro, argumentar que, digamos, o programa de produção é também uma norma de direito público, uma vez que emana do poder do Estado, que possui uma força coercitiva, que cria direitos e deveres etc. Está claro até aqui que, enquanto a nova sociedade se constrói a partir de elementos da antiga, isto é, de pessoas que concebem os laços sociais apenas como "meio para seus fins privados", até uma simples e racional instrução técnica será concebida como uma forma estranha ao homem e uma força que está acima dele. O homem político ainda será, usando uma expressão de Marx, "um homem abstrato e artificial". Mas, quanto mais radical se apresentar a erradicação das relações mercantis e da psicologia mercantil na esfera da produção, mais rapidamente se dará a emancipação definitiva de que fala Marx em *Sobre a questão judaica*:

> a emancipação humana só estará plenamente realizada quando o homem individual real tiver recuperado para si o cidadão abstrato e se tornado *ente genérico* na qualidade de homem individual na sua vida empírica, no seu trabalho individual, nas suas relações individuais, quando o homem tiver reconhecido e organizado suas *forces propres* [forças próprias] como forças *sociais* e, em consequência, não mais separar de si mesmo a força social na forma da força *política*.[39]

Tais perspectivas pertencem a um futuro longínquo. No que se refere a nossa época de transição, cabe notar o seguinte: se na época de domínio do capital financeiro impessoal subsistem as contradições de interesses de grupos capitalistas diver-

[39] K. Marx, *Sobre a questão judaica*, cit., p. 54.

sos (que dispõem de capital próprio e alheio), então, na ditadura do proletariado, não obstante a conservação da troca de mercadorias, a real contradição de interesses no interior da indústria nacionalizada será eliminada e o isolamento ou a autonomia dos diferentes organismos (assim como da economia privada) serão conservados apenas como método[40]. Dessa maneira, as relações econômicas quase privadas, que nascem entre a indústria estatal e as pequenas economias e também entre as diferentes empresas e conjuntos de empresas no interior da própria indústria estatal, são mantidas dentro de limites estritos, determinados a cada momento pelos sucessos obtidos na esfera da economia planificada. Por isso, a forma do direito como tal não implica, em nossa época de transição, as infinitas possibilidades que se abriram para a sociedade burguesa-capitalista na aurora de seus dias. Contudo, ela nos encerra temporariamente em seu restrito horizonte. Ela existirá apenas até que se esgote de uma vez por todas.

A tarefa da teoria marxista consiste em verificar essas conclusões gerais e levar adiante o estudo de determinado material histórico. O desenvolvimento não pode alhear-se dos domínios da vida social. Por isso, é fundamental um trabalho minucioso de observação, comparação e análise. Mas, apenas quando estudarmos o ritmo e as formas da erradicação das relações de valor na economia e, com isso, do desaparecimento dos momentos do direito privado na superestrutura jurídica e, finalmente, a dissolução gradual desses processos fundamentais na própria estrutura jurídica como um todo, poderemos dizer que esclarecemos pelo menos um dos lados do processo de criação da cultura sem classes do futuro.

---

[40] Desde a formulação original dessa proposição, eu corrigi a definição imprecisa e incorreta do modo econômico soviético como "capitalismo proletário estatal". Em 1923, quando trabalhei na primeira edição, esse lapso poderia, ainda, ter passado despercebido tanto para o autor quanto para o leitor. Mas, depois da discussão no XIV Congresso [referência ao XIV Congresso do Partido Comunista da União Soviética, em Moscou, de 18 a 31 de dezembro de 1925 – N. T.], ela deveria provocar, e de fato provocou, as justas censuras dos críticos.

Graças a essa correção, a ideia principal foi beneficiada pela clareza, pois, ao aplicar, de modo completamente inadequado naquele caso, o termo "capitalismo de Estado", eu tinha em vista apenas um lado do problema: a conservação da troca de mercadorias e da forma do valor (nota à terceira edição).

Reunião de operários têxteis de Ivánovo-Voznessénsk, em 24 de outubro de 1923.

5
Direito e Estado

A relação jurídica não pressupõe por sua própria "natureza" um estado de paz, assim como o comércio, a princípio, não exclui o assalto à mão armada, mas anda de mãos dadas com ele. Direito e arbítrio – conceitos que poderiam parecer opostos – estão, na verdade, estreitamente ligados. Isso é válido não apenas para o antigo direito romano, mas também para épocas mais recentes. O direito internacional moderno contém em si uma alta dose de arbítrio (retorções, represálias, guerras etc.). Até no Estado burguês "bem ordenado" a realização do direito se concretiza, segundo a opinião de um jurista perspicaz como Hauriou, para cada cidadão "por sua própria conta e risco". Marx elaborou de modo ainda mais preciso: "o direito do mais forte também é um direito"[1]. Não há nada de paradoxal nisso, pois o direito, assim como a troca, é um meio de ligação entre elementos dissociados. O grau dessa dissociação pode ser, historicamente, maior ou menor, mas jamais desaparecerá por completo. Assim, por exemplo, as empresas do Estado soviético executam, de fato, uma única tarefa coletiva, mas, ao trabalhar com o método de mercado, cada uma delas tem seu interesse particular, opondo-se umas às outras como compradoras e vendedoras, agindo por sua conta e risco, e, por isso, devem necessariamente se encontrar em uma *relação jurídica*. A vitória final da economia planificada as colocará em uma ligação recíproca exclusivamente técnica, eliminando delas a "personalidade jurídica". Consequentemente, se as relações jurídicas nos são apresentadas como relações organizadas e reguladas, identificando, dessa maneira, o direito com a ordem jurídica, perde-se de vista que, na verdade, a ordem é apenas uma tendência e um resultado (além do mais, longe da perfeição), mas nunca o ponto de partida nem o pressuposto

---

[1] K. Marx, "Introdução", em *Grundrisse*, cit., p. 43.

da relação jurídica. O próprio estado de paz, que para o pensamento jurídico abstrato parece contínuo e uniforme, está longe de existir como tal nos estágios primordiais do desenvolvimento jurídico. O antigo direito germânico conhecia distintos graus de paz: paz sob o mesmo teto, paz nos limites das cercas, paz nos limites da aldeia etc. O maior ou menor grau do estado de paz encontrava-se expresso na maior ou menor gravidade da pena que se aplicava em caso de violação da paz.

O estado de paz se torna uma necessidade no momento em que a troca adquire um caráter de fenômeno regular. Naqueles casos em que as condições para a manutenção da paz eram demasiado insignificantes, aqueles que trocavam a mercadoria preferiam não se encontrar pessoalmente, mas analisar as mercadorias sem a presença uns dos outros. Todavia, o comércio exige, em geral, que não apenas as mercadorias se encontrem, mas também as pessoas. Na época gentílica, todo estrangeiro era visto como um inimigo, indefeso como um animal selvagem. Apenas o costume da hospitalidade tornou possível o intercâmbio com tribos estrangeiras. Na Europa feudal, a igreja tentou restringir as contínuas guerras privadas proclamando em determinados períodos a assim chamada Paz de Deus[2]. Ao mesmo tempo, os mercados e as feiras passaram a gozar de privilégios específicos. Os comerciantes que seguiam para o mercado recebiam *sauf-conduits* especiais que lhes garantiam a proteção de seus bens de apreensões arbitrárias, ao mesmo tempo que a execução dos contratos era assegurada por juízes especiais. Assim foi criado o *jus mercartorum* especial, ou *jus fori*, que logo depois se tornou o fundamento do direito municipal.

Inicialmente, as feiras e os mercados faziam parte dos domínios feudais e eram constituídos somente de artigos vantajosos e lucrativos. A concessão da paz de mercado a alguma localidade visava apenas a encher os cofres deste ou daquele senhor feudal e, consequentemente, a atender a seus interesses privados. Contudo, o poder feudal, ao assumir o papel de fiador da paz indispensável para os contratos de troca, graças à nova função que adquiriu, assumiu um caráter *público* que antes não lhe era característico. O poder de tipo feudal ou patriarcal não conhece fronteiras entre o público e o privado. Os direitos públicos do senhor feudal com relação aos servos eram ao mesmo tempo seus direitos como proprietário privado. Ao contrário, seu direito privado pode, segundo seu desejo, ser interpretado como direito político, ou seja, público. Desse mesmo modo, o *jus civile* da Roma antiga

---

[2] É característico que, ao prescrever para certos dias a "Paz de Deus", a Igreja legitimasse diretamente as guerras privadas em outros tempos. No século XI, foi feita a proposta de se acabar com estas últimas, mas tal proposto despertou um enérgico protesto de Gerardo, bispo de Cambrai, que declarou que a exigência de uma Paz de Deus permanente "contraria a natureza humana". Cf. S. A. Kotliariévski, *Poder e direito: o problema do direito* (Moscou, 1915), p. 189.

é interpretado por muitos, por exemplo Gumplowicz, como direito público, pois sua base e sua fonte eram o pertencimento à organização gentílica. Na verdade, tratamos nesse caso de uma forma jurídica embrionária, que ainda não desenvolveu as determinações opostas e complementares do público e do privado; por isso, o poder que carrega em si a marca das relações patriarcais e feudais caracteriza-se pela predominância do elemento teológico sobre o jurídico. A interpretação jurídica, ou seja, racionalista, do fenômeno do poder se torna possível apenas com o desenvolvimento do comércio e da economia monetária. Essas formas econômicas carregam a oposição entre vida pública e privada – oposição esta que, com o tempo, adquire um caráter de algo eterno e natural e consiste no fundamento de toda doutrina jurídica sobre o poder.

O Estado "moderno", no sentido burguês do termo, é concebido no momento em que a organização do poder de um grupo e de uma classe inclui em seu escopo relações mercantis suficientemente abrangentes[3]. Assim, em Roma, o comércio com estrangeiros e peregrinos, entre outros, exigia o reconhecimento da capacidade jurídica civil das pessoas que não pertenciam à comunidade gentílica. Isso já pressupõe a separação entre direito público e privado.

A diferenciação entre o princípio do direito público de soberania territorial e o da propriedade privada da terra tem lugar na Europa medieval, antes e de modo mais completo, dentro das fronteiras das vilas. Ali, as obrigações e as responsabilidades reais e pessoais relativas à terra, mais cedo que em qualquer outro lugar, dividem-se em impostos e encargos em benefício da comunidade urbana e em renda sobre a propriedade privada[4].

A dominação de fato adquire um caráter jurídico público preciso quando surgem, ao lado e independentemente dela, relações ligadas a atos de troca, ou seja, as relações privadas *par excellence*. Aparecendo a título de fiador dessas relações, o poder se torna um poder social, um poder público, que persegue o interesse impessoal da ordem[5].

O Estado como organização do poder de classe e como organização destinada à realização de guerras externas não exige uma interpretação jurídica e, de fato, nem sequer a admite. Esse é um domínio em que reina a assim chamada *raison d'état*, ou seja, o princípio da conveniência nua e crua. O poder como fiador da troca

---

[3] Cf. M. Hauriou, *Principes du droit public*, cit., p. 272.

[4] Cf. O. Gierke, *Geschichte des deutschen Körperschftsbergriffs*, cit., p. 648.

[5] Se, na verdade, essa consciência de uma alta missão estava ausente tanto nos senhores feudais ocidentais quanto nos príncipes russos, ao olhar sua função de assegurar a ordem simplesmente como fonte de rendimento, os historiadores burgueses não deixaram de atribuir-lhes a inexistência dos motivos, já que o caráter de poder público deles resultante representava uma norma eterna e imutável.

mercantil, pelo contrário, não apenas pode ser expresso em termos jurídicos, mas, ainda, apresenta-se como direito, e apenas como direito, ou seja, mistura-se completamente à norma objetiva abstrata[6]. Por isso, qualquer teoria jurídica do Estado que queira abarcar todas as suas funções se revelará necessariamente inadequada. Ela não pode ser o reflexo verdadeiro de todas as funções da vida do Estado; ela apenas oferece um reflexo ideológico, ou seja, deformado, da realidade.

A dominação de classe, tanto em sua forma organizada quanto em sua forma não organizada, é consideravelmente mais ampla que o domínio que pode ser designado como domínio oficial do poder do Estado. A dominação burguesa exprime-se, ainda, na dependência do governo em relação a bancos e grupos capitalistas, na dependência de cada trabalhador isolado em relação a seu empregador e no fato de a composição do aparato estatal estar pessoalmente ligada à classe dominante. Esses fatos – que podem ser multiplicados infinitamente – não têm nenhuma expressão jurídica oficial, mas coincidem, de modo magnífico e pelo próprio significado, com aqueles fatos que encontram expressão jurídica oficial e se apresentam na forma da submissão dos mesmos trabalhadores às leis do Estado burguês, aos decretos e às instruções de seus órgãos, às sentenças de seus tribunais etc. Ao lado do domínio de classe direto e imediato emerge, dessa maneira, o domínio mediato e refletido na forma do poder estatal oficial como uma força particular, destacada da sociedade. Com isso, surge o problema do Estado, que oferece tanta dificuldade à análise quanto o problema da mercadoria.

Engels encara o Estado como expressão do fato de a sociedade estar enredada por contradições de classe insolúveis.

> Mas para que esses antagonismos, essas classes com interesses econômicos colidentes, não se devorem e não consumam a sociedade numa luta estéril, faz-se necessário um poder colocado aparentemente por cima da sociedade, chamado a amortecer o choque e a mantê-lo dentro dos limites da "ordem".[7]

---

[6] Além disso, a própria norma objetiva é representada como uma convicção geral das pessoas a ela subordinadas: "O direito é a convicção geral das pessoas que se encontram em uma relação jurídica. O surgimento de uma situação jurídica é, portanto, o surgimento de uma convicção geral, que tem uma força compulsiva e está sujeita a execução". G. Puchta, Курс римского гражданского права [*Curso de direito civil romano*] (Moscou, 1874), v. 1, p. 29. Essa fórmula em sua pretensa universalidade representa, na verdade, somente um reflexo ideal das condições da relação mercantil; sem esta, perde qualquer sentido. Na realidade, é muito pouco provável que alguém resolva afirmar que a situação jurídica, por exemplo, dos hilotas em Esparta, foi resultado da sua "convicção geral, que tem uma força compulsiva". Cf. L. Gumplowicz, *Rechtsstaat und Sozialismus*, cit.

[7] F. Engels, *A origem da família, da propriedade privada e do Estado: trabalho relacionado com as investigações de L. H. Morgan* (trad. Leandro Konder, Rio de Janeiro, Civilização Brasileira, 1984), p. 191.

Nessa explicação, há um ponto que não está completamente claro, e ele se revela, a seguir, quando Engels diz que o poder do Estado, naturalmente, cai nas mãos da classe mais forte, da "classe que, por intermédio dele, se converte em classe política dominante"*. Essa frase dá motivo para pensar que o poder estatal se engendra não como uma força de classe, mas como algo colocado acima das classes, que salva a sociedade da desagregação e só depois de seu surgimento se torna objeto de usurpação. Está claro que tal conceito se contrapõe aos fatos históricos; sabemos que o aparato do poder de Estado em toda parte foi criado pelas forças da classe dominante, foi obra de suas mãos. Pensamos que o próprio Engels se oporia a tal interpretação. Mas, seja como for, sua formulação não esclarece muito as coisas. Segundo essa concepção, o Estado surge porque, de outro modo, as classes se aniquilariam mutuamente em luta violenta e destruiriam a sociedade. Consequentemente, o Estado nasce quando nenhuma das classes em luta é capaz de obter vitória decisiva. Nesse caso, de duas, uma: ou o Estado estabelece essa relação de equilíbrio – ele seria, então, uma força supraclasse, e isso não podemos admitir –, ou ele é resultado da vitória de uma classe – nesse caso, o Estado deixa de ser relevante, pois com a vitória decisiva de uma classe o equilíbrio é restabelecido e a sociedade está salva. Por trás de todas essas controvérsias, está colocada uma única questão fundamental: por que a dominação de classe não se apresenta como é, ou seja, a sujeição de uma parte da população à outra, mas assume a forma de uma dominação estatal oficial ou, o que dá no mesmo, por que o aparelho de coerção estatal não se constitui como aparelho privado da classe dominante, mas se destaca deste, assumindo a forma de um aparelho de poder público impessoal, separado da sociedade[8]? Não podemos nos restringir ao tópico segundo o qual para a classe dominante é *vantajoso* criar uma bruma ideológica e esconder atrás do biombo do Estado seu domínio de classe. Embora esse tópico seja absolutamente inquestionável, não explica por que a ideologia pôde ser criada e, consequentemente, por que a classe dominante pode tirar vantagem dela. Isso porque o uso consciente das formas ideológicos não é o mesmo que suas origens, as quais, geralmente, independem da vontade das pessoas. Se quisermos esclarecer as raízes de alguma ideologia, devemos pesquisar aquelas relações reais das quais ela é expressão. Enquanto no primeiro caso – deificação do poder – temos o mais puro fetichismo e, consequentemente, as representações e os conceitos correspondentes não nos ajudam a descobrir nada além do

---

* Ibidem, p. 193. (N. T.)

8 Em nosso tempo, com a intensificação das lutas revolucionárias, podemos observar como o aparato oficial do Estado burguês passa para segundo plano em detrimento "das Forças Armadas amigas" dos fascistas etc. Isso prova mais uma vez que, quando o equilíbrio da sociedade é violado, ela "procura salvação" não na criação de um poder acima das classes, mas na máxima tensão das forças das classes em luta.

desdobramento ideológico da realidade, ou seja, daquelas mesmas relações factuais de dominação e servidão, o pensamento jurídico, por sua vez, é apenas um conceito unilateral, e suas abstrações expressam apenas um dos aspectos da realidade do sujeito existente, ou seja, da sociedade de produção mercantil.

O camarada I. P. Razumovski[9] faz objeções ao fato de eu, infundadamente, parecer levar a questão da dominação e da servidão à esfera indeterminada do "desdobramento da realidade" e não lhes conferir o lugar devido na análise das categorias jurídicas. O fato de o pensamento religioso, ou teológico, representar um "desdobramento da realidade", parece-me, não é objeto de disputa desde Feuerbach e Marx. Não vejo nada de indeterminado nisso. Pelo contrário, a questão está apresentada de modo muito claro e simples: a obediência dos camponeses ao senhor feudal deriva direta e imediatamente do fato de que o senhor feudal era um grande proprietário de terras e tinha à disposição uma força armada; essa dependência direta, essa relação factual de dominação, recebeu um invólucro ideológico, enquanto o poder do senhor feudal era deduzido da autoridade sobre-humana divina, do "não há poder que não venha de Deus". A submissão e a dependência do trabalhador assalariado em relação ao capitalista existem também de modo indireto: o trabalho morto acumulado domina o trabalho vivo. Mas a submissão desse mesmo trabalhador ao Estado capitalista não é igual à dependência que ele tem em relação ao capitalista singular, que se desdobra ideologicamente. Em primeiro lugar, porque existe um aparato da classe dominante particular e independente, que se coloca sobre cada capitalista individual e figura como uma força impessoal. Segundo, porque essa força impessoal não medeia cada relação específica de exploração, pois o trabalhador assalariado não é obrigado política nem juridicamente a trabalhar para *dado* empregador, mas aliena sua própria força de trabalho com base em um contrato livre. Na medida em que a relação de exploração se realiza formalmente como uma relação entre dois proprietários de mercadoria "independentes" e "iguais", dos quais um, o proletário, vende a força de trabalho, e o outro, o capitalista, compra-a, o poder político de classe pode adquirir a forma do poder público.

O princípio da concorrência, que, conforme já assinalado, predomina no mundo burguês-capitalista, não oferece a possibilidade de vincular o poder político a uma empresa individual (como no caso do feudalismo, em que o poder estava ligado às grandes propriedades de terra). "A livre concorrência, a livre propriedade privada, 'a igualdade de direitos' no mercado e a simples garantia de existência de uma classe criam uma nova forma de poder estatal, a democracia, que coloca no poder uma classe coletivamente"[10]. É bastante claro que a "igualdade de direitos"

---

[9] Cf. *Problemas da teoria marxista do direito*, cit.

[10] I. P. Podvolótski, Марксистская теория права [*Teoria marxista do direito*] (Moscou, 1923), p. 33.

no mercado cria uma forma específica de poder; entretanto, o vínculo entre esses fenômenos não se dá exatamente como os vê o camarada Podvolótski. Em primeiro lugar, o poder pode até não estar ligado a uma empresa individual, mas, ainda assim, permanece como assunto privado da organização capitalista. As associações industriais, com seus caixas de guerra, seus mercados negros, seus locautes e seus grupos de fura-greves, são órgãos de poder independentes, que existem junto ao poder público, ou seja, ao Estado. Em segundo lugar, o poder no interior de uma empresa permanece como assunto privado de cada capitalista individual. A aplicação de regras de ordem interna é uma regulamentação privada, ou seja, um genuíno resquício do feudalismo, ainda que os juristas burgueses contemporâneos estejam empenhados em disfarçar, construindo funções como o assim chamado contrato de adesão (*contrat d'adhésion*) ou de plenos poderes particulares, que o proprietário capitalista supostamente recebe dos órgãos do poder público em nome da "execução bem-sucedida das funções necessárias e úteis da empresa a partir de um ponto de vista social"[11].

Contudo, a analogia com as relações feudais não é, neste caso, absolutamente precisa. Como explica Marx,

> [...] a autoridade que o capitalista assume no processo direto de produção como personificação do capital, a função social de que ele se reveste como condutor e dominador da produção, é essencialmente diferente da autoridade fundada na produção com escravos, servos etc.
>
> Enquanto na base da produção capitalista a massa dos produtores imediatos é confrontada com o caráter social de sua produção na forma de autoridade rigorosamente reguladora e de mecanismo social do processo de trabalho articulado como hierarquia completa – autoridade que, no entanto, só recai em seus portadores como personificação das condições de trabalho diante do trabalho, e não, como em formas anteriores de produção, como dominadores políticos ou teocráticos –, entre os portadores dessa autoridade, os próprios capitalistas, que só se confrontam como possuidores de mercadorias, reina a mais completa anarquia, dentro da qual o nexo da produção social só se impõe como lei natural inexorável à arbitrariedade individual.[12]

Dessa maneira, as relações de servidão e domínio podem existir também no modo de produção capitalista, sem se distanciar daquelas formas concretas, a partir das quais surgem como domínio das condições de produção sobre os produtores.

---

[11] Cf. L. Tal, "Юридическая природа организации или внутреннего порядка предприятия" ["A natureza jurídica de organização ou a ordem interna da empresa"], *Revista Jurídica*, 1915, v. 1, n. 9, p. 178.

[12] K. Marx, *O capital*, Livro III, cit.

E é justamente porque nessas condições não surgem de forma mascarada, como na escravidão e na servidão[13], que passam despercebidas pelos juristas.

A máquina do Estado se realiza de fato como "vontade geral" impessoal, como "poder de direito" etc., na medida em que a sociedade representa um mercado. No mercado, cada comprador e cada vendedor é um sujeito de direito *par excellence*. A partir do momento que entram em cena as categorias de valor e valor de troca, a vontade autônoma das pessoas que participam da troca passa a ser o pressuposto. O valor de troca deixa de ser valor de troca e a mercadoria deixa de ser mercadoria se a proporção da troca for determinada por uma autoridade que se situa fora das leis imanentes do mercado. A coerção como prescrição de uma pessoa sobre outra, sustentada pela força, contradiz a premissa fundamental da relação entre os possuidores de mercadorias. Por isso, em uma sociedade de possuidores de mercadorias e dentro dos limites do ato de troca, a função de coerção não pode aparecer como função social, já que não é abstrata e impessoal. A subordinação de um homem como tal, como indivíduo concreto, significa para uma sociedade de produção de mercadorias a subordinação ao arbítrio, pois isso equivale à subordinação de um possuidor de mercadorias a outro. É por isso que a coerção não pode aparecer aqui em sua forma não mascarada, como um simples ato de conveniência. Ela deve aparecer como uma coerção proveniente de uma pessoa abstrata e geral, como uma coerção que representa não os interesses do indivíduo da qual provém – já que na sociedade mercantil toda pessoa é egoísta –, mas os interesses de todos os participantes das relações jurídicas. O poder de uma pessoa sobre outra é exercido como o poder do próprio direito, ou seja, como o poder de uma norma objetiva e imparcial.

O pensamento burguês, para o qual os quadros da produção mercantil são quadros eternos e naturais de toda a sociedade, proclama, portanto, que o poder abstrato do Estado é um elemento de qualquer sociedade.

De modo mais ingênuo exprimiram-se os teóricos do direito natural, que, tomando como base de seus estudos sobre o poder a ideia de relações entre personalidades independentes e iguais, consideraram que partiam de princípios das relações humanas como tal. Na verdade, eles apenas desenvolveram de diferentes maneiras a ideia de poder que conecta os possuidores de mercadorias independentes. Com isso, explicaram os traços fundamentais dessa doutrina, os quais já aparecem totalmente claros em Grotius. Para o mercado, os possuidores de mercadorias que participam da troca são o fato primário. Ao mesmo tempo, a ordem autoritária é algo derivado, secundário, algo que se soma a partir do exterior aos possuidores de mercadoria. Por isso, os teóricos do direito natural encaram o poder estatal não como um fenômeno

[13] Cf. idem.

originado historicamente e, por conseguinte, ligado às forças reais de dada sociedade, mas de modo abstrato e racionalista. Na sociedade dos possuidores de mercadorias, a necessidade de uma coerção autoritária aparece quando a paz é violada ou quando os contratos não são cumpridos voluntariamente; por isso, a doutrina do direito natural reduz o poder à função de manutenção da paz e declara como destinação exclusiva do Estado servir de instrumento do direito. Finalmente, no mercado, um se torna possuidor de mercadorias pela vontade de outro, e todos eles, pela vontade comum. Por isso, a doutrina do direito natural concebe o Estado a partir do contrato de personalidades independentes e isoladas. Eis o arcabouço da doutrina que admite as mais diversas variações concretas dependendo do cenário histórico, das simpatias políticas e das habilidades dialéticas de um ou outro autor. Tais estudos admitem tendências monarquistas e republicanas e, em geral, os mais diversos graus de democracia e revolucionarismo.

Afinal, essa teoria foi a bandeira revolucionária por meio da qual a burguesia conduziu sua luta revolucionária contra a sociedade feudal. Com isso, determina-se ainda o destino dessa doutrina. A partir do momento em que a burguesia se estabelece como classe dominante, o passado revolucionário do direito natural começa a suscitar temores, e a teoria dominante apressa-se a dá-lo por encerrado. Sem contar que a teoria do direito natural não suporta sequer a crítica sociológica e história, uma vez que a imagem que oferece não corresponde absolutamente à realidade. O mais curioso é que, ao substituí-la, a teoria jurídica do Estado, por deixar de fora os estudos sobre os direitos inatos e inalienáveis do homem e do cidadão e por atribuir-se a nomenclatura de positiva, deforma em não menor grau a realidade prática[14]. Ela se vê obrigada a fazê-lo, pois qualquer teoria *jurídica* do Estado deve necessariamente partir do Estado como força independente, separada da sociedade. É precisamente aí que reside seu *caráter jurídico*.

Por isso, embora efetivamente o funcionamento da organização estatal ocorra na forma de comandos e decretos que partem de pessoas específicas, a teoria jurídica presume, primeiro, que as ordens devem partir não de uma pessoa, mas do Estado, e, segundo, essas ordens estejam subordinadas às normas gerais que expressam, novamente, a vontade do Estado[15].

---

[14] Eu me poupei do trabalho de apresentar provas detalhadas dessa proposição pela possibilidade de referenciar a crítica às teorias jurídicas de Laband, Jellinek etc. feita por Gumplowicz. Cf. *Rechtsstaat und Sozialismus*, cit.; *Geschichte der Staatstheorien* (Innsbruck, Wagner'sche Universitäts-Buchhandlung, 1926), e também o excelente trabalho do camarada V. V. Adoratski.

[15] Faz-se necessário destacar uma pequena inconsistência. Se não são as pessoas que agem, mas o próprio Estado, então por que consignar especificamente ao Estado? Pois isso, propriamente, significa uma repetição de uma única e mesma coisa. Em geral, a teoria do órgão representa uma das piores pedras no caminho da teoria jurídica. Tão logo o jurista consegue com sucesso definir o

Nesse ponto, a doutrina do direito natural não se mostra menos irrealista que a mais positivista das teorias jurídicas do Estado. Isso porque, para as doutrinas do direito natural, ao lado dos aspectos da dependência efetiva de um homem em relação ao outro (dependência esta que as doutrinas abstraem), há ainda mais um aspecto de dependência: a vontade geral e impessoal do Estado.

É justamente essa a construção que estabelece as bases da teoria jurídica do Estado como pessoa. O elemento do direito natural nas teorias jurídicas do Estado situa-se mais profundamente do que pareceu aos críticos da doutrina do direito natural. Ele está enraizado no próprio conceito de poder *público*, ou seja, um poder que não pertence a ninguém em particular, que está acima de *todos* e que se endereça a *todos*. Ao orientar-se por tal conceito, a teoria jurídica, inevitavelmente, perde a conexão com a realidade prática. A diferença entre a doutrina do direito natural e o mais novo positivismo jurídico está apenas no fato de que o primeiro percebe com mais clareza as conexões lógicas entre o poder abstrato do Estado e o sujeito abstrato. Toma essas relações mistificadas da sociedade produtora de mercadorias em suas conexões fundamentais e, portanto, oferece uma amostra da clareza da construção clássica. O assim chamado positivismo jurídico, todavia, não dá conta nem de suas próprias premissas lógicas.

O Estado jurídico é uma miragem, mas uma miragem totalmente conveniente para a burguesia, pois substitui a ideologia religiosa em decomposição e esconde das massas o domínio da burguesia. A ideologia do Estado jurídico é mais conveniente que a religiosa, porque ela, além de não refletir a totalidade da realidade objetiva, ainda se apoia nela. A autoridade como "vontade geral", como "força do direito", na medida em que se realiza na sociedade burguesa representa um mercado[16]. Desse ponto de vista, até as regulamentações policiais podem apresentar-se

conceito de Estado e está pronto para seguir adiante, outra pedra aparece em seu caminho: o conceito de órgão. Assim, para Jellinek, o Estado não tem vontade; quem tem vontade são os órgãos. Porém, pergunta-se: como os órgãos foram criados? Sem órgãos, não há Estado. A tentativa de resolver essa dificuldade com o auxílio do conceito de Estado como uma relação jurídica substitui o problema geral por uma série de casos particulares nos quais ela se decompõe. Isso porque qualquer relação jurídica pública concreta carrega um elemento de mistificação que encontramos no conceito geral de Estado-pessoa.

[16] Como se sabe, Lorenz Stein contrapôs o Estado ideal, que se está acima da sociedade, ao Estado absorvido pela sociedade – ou seja, em nossa terminologia, o Estado de classes. Como tal, ele classificou o Estado feudal absolutista como o guardião dos privilégios dos grandes proprietários de terra e o capitalista como aquele que protege os privilégios da burguesia. Excluindo essas realidades históricas, resta apenas o Estado como a fantasia de um funcionário prussiano ou como a garantia abstrata das condições de trova baseadas no valor. Na realidade histórica, o "Estado de direito", ou seja, o Estado que está acima da sociedade, se realiza apenas na qualidade de seu próprio oposto, ou seja, como "um comitê para gerir os negócios comuns de toda a classe burguesa". K. Marx, *Manifesto Comunista* (trad. Álvaro Pina, São Paulo, Boitempo, 2010), p. 42.

como encarnação da ideia de Kant sobre a liberdade limitada pela liberdade de outrem.

Os possuidores de mercadorias livres e iguais que se encontram no mercado não o são apenas na relação abstrata de apropriação e alienação. Na vida real, eles se conectam por meio de múltiplas relações de dependência. Isso se dá entre o lojista e o grande atacadista, o camponês e o latifundiário, o devedor e o credor, o proletário e o capitalista. Todas essas infinitas relações de dependência efetiva formam a base original da organização do Estado. Entretanto, para a teoria jurídica do Estado, é como se elas não existissem. Além disso, a vida do Estado toma forma a partir da luta entre as distintas forças políticas, ou seja, classes, partidos, toda sorte de agrupamentos; aqui se esconde o real movimento das molas do mecanismo estatal. Para a teoria jurídica, elas são igualmente inacessíveis. É verdade que um jurista pode demonstrar maiores ou menores flexibilidade e adaptabilidade, por exemplo, voltando sua atenção, para além do direito escrito, àquelas regras não escritas, as quais se refletem na prática estatal; no entanto, isso não muda sua posição principal em relação à realidade. É inevitável que haja certa divergência entre a verdade jurídica e aquela verdade que é objetivo das investigações históricas e sociológicas. E isso não ocorre apenas porque a dinâmica da vida social transborda as margens das formas jurídicas, e por isso os juristas com suas análises estão condenados a permanecer sempre atrasados; ainda que se mantenha, como se diz, *à jour* [em dia] com os fatos, o jurista os transmite de modo distinto daquele do sociólogo, pois, mantendo-se jurista, parte do conceito de Estado como uma força independente, que se opõe a qualquer outra força individual e social. Do ponto de vista histórico e político, as decisões de uma classe ou partido influentes têm o mesmo, e às vezes até mais, significado que a decisão do Parlamento ou de outra instituição do Estado. Do ponto de vista jurídico, é como se o primeiro tipo fosse inexistente. Contudo, qualquer decisão do Parlamento, ao rejeitar o ponto de vista jurídico, pode ser vista não como um ato do Estado, mas como a decisão tomada por determinado grupo, uma panelinha, movido seja pelos interesses mais individualmente egoístas, seja pela motivação de classe, como, aliás, faz qualquer outro coletivo. O teórico mais extremado do normativismo, Kelsen, chega à conclusão de que o Estado, de modo geral, existe apenas na qualidade de objeto do pensamento encerrado na ordem das normas ou dos deveres. Mas, claro, tamanha incorporeidade do objeto da ciência do direito público deve afugentar os juristas práticos. Pois eles, se não racional, ao menos institivamente, percebem o significado prático inquestionável de seus conceitos justamente nos domínios do mundo pecaminoso, não apenas no reino da lógica pura. O "Estado" dos juristas, não obstante toda sua "ideologia", relaciona-se com alguma realidade objetiva tanto quanto o sonho mais fantástico apoia-se na realidade.

Essa realidade é, antes de tudo, o próprio aparato estatal com seus elementos materiais e humanos.

Antes de criar teorias acabadas, a burguesia começou construindo seu Estado na prática. Esse processo teve início com as comunas urbanas na Europa ocidental[17]. No tempo em que o mundo feudal ainda não conhecia as diferenças entre os meios pessoais do senhor feudal e os meios da comunidade política, apareceu nas cidades pela primeira vez o fundo social municipal – de início como algo esporádico, depois como uma entidade permanente[18]; "o espírito do Estado" recebe, como dizem, seu assento material.

O surgimento de recursos estatais tornou possível o aparecimento de pessoas que vivem desses recursos: os servidores públicos e os burocratas. Na época do feudalismo, as funções administrativas e judiciais eram desempenhadas por criados do senhor feudal. Nas comunas urbanas, aparecem pela primeira vez os servidores públicos no completo sentido da palavra; o poder público encontra sua encarnação material. A procuração no sentido do direito privado, como uma autorização para a realização de negócios jurídicos, destaca-se do serviço público. À monarquia absolutista restou apenas assimilar essa forma pública de poder existente nas cidades e implementá-la em um território mais amplo. Todo o posterior aperfeiçoamento do Estado burguês, que se originou tanto por meio de explosões revolucionárias quanto da adaptação pacífica aos elementos monárquico-feudais, pode conduzir a um único princípio, que estabelece que, entre duas partes que se confrontam no mercado, nenhuma deve ser capaz de surgir na qualidade de reguladora do poder da relação de troca, mas, para isso, é preciso uma terceira parte, que encarne aquela garantia mútua que os possuidores de mercadorias na qualidade de proprietários dão um ao outro e que são, consequentemente, as regras personificadas pela sociedade de possuidores de mercadorias.

A burguesia fez desse conceito jurídico de Estado a base de suas teorias e tentou colocá-lo em prática. Isso, evidentemente, guiada pelo famoso princípio "na medida do possível"[19].

---

[17] Cf. S. A. Kotliariévski, *Poder e direito*, cit., p. 193.

[18] A antiga comunidade alemã, a Marka, não era de modo nenhum uma pessoa jurídica, possuidora de mercadorias. O caráter comunitário da *Allmende* era expresso no fato de ela se encontrar à disposição de todos os membros da Marka. Taxas destinadas às necessidades coletivas eram cobradas somente esporadicamente e sempre na estrita proporção das demandas. Em caso de excedente, este era destinado à alimentação comum. Esse costume mostra como era estranha a ideia de recursos comunitários.

[19] A burguesia inglesa, que antes das demais assegurou seu domínio no mercado mundial e sentiu-se vulnerável devido a sua posição insular, pode chegar mais longe que as outras na prática do "Estado de direito". A mais coerente realização do princípio jurídico nas inter-relações do poder e do sujeito isolado e a garantia mais efetiva de que o portador do poder não vai se desviar de seu papel – que é representado pela norma objetiva – está na subordinação dos órgãos estatais a um tribunal independente (não da burguesia, obviamente). O sistema anglo-saxão é uma espécie de apoteose

Pois é em nome da pureza da teoria que a burguesia nunca tem em vista o outro lado da moeda, a saber: a sociedade de classes não é apenas um mercado, no qual se encontram os possuidores de mercadorias, mas é, ao mesmo tempo, a arena de uma feroz guerra de classes, na qual o aparato do Estado é uma arma poderosa. Nessa arena, as relações se formam longe da definição kantiana de direito como a delimitação da liberdade pessoal dentro de limites mínimos necessário para a convivência. Aqui, Gumplowicz tem total razão quando declara que "tal gênero de direito nunca existiu, pois, como a medida da liberdade está condicionada apenas à medida de domínio do outro, a norma de convivência dita não a possibilidade de convivência, mas a possibilidade de domínio". O Estado como fator de força tanto na política interna quanto na externa foi a correção que a burguesia se viu obrigada a fazer em sua teoria e prática do "Estado de direito". Quanto mais a dominação burguesa for ameaçada, mais comprometedoras se mostrarão essas correções e mais rapidamente o "Estado de direito" se converterá em sombra incorpórea, até que, por fim, o agravamento excepcional da luta de classes force a burguesia a deixar completamente de lado a máscara do Estado de direito e a revelar a essência do poder como a violência organizada de uma classe sobre as outras.

---

da democracia burguesa. Mas, como se diz, na pior das hipóteses, em outras condições históricas, a burguesia acondiciona-se em um sistema que pode ser chamado de sistema "da separação da propriedade do Estado", ou sistema cesarista. Nesse caso, a facção dominante, por meio de sua tirania despótica não organizada (em duas direções: interna, contra o proletariado, e externa, na forma de política imperialista), como que cria um fundo para a "livre autodeterminação da personalidade" na circulação civil. Assim, segundo Kotliariévski, "o individualismo jurídico privado, em geral, convive com o despotismo político: o *Code civil* surge em uma época para a qual caracteristicamente não apenas está ausente a liberdade política na estrutura estatal da França, mas também há certo declínio do interesse por essa liberdade que se manifesta claramente já nos tempos do 18 de brumário. Mas tal liberdade jurídica privada não apenas leva a acondicionar os muitos aspectos da atividade do Estado, ela lhe confere como um todo certo cunho jurídico". S. A. Kotliariévski, *Poder e direito*, cit., p. 171. Para uma brilhante caracterização da relação de Napoleão I com a sociedade civil, cf. K. Marx e F. Engels, *Obras*, v. 2, p. 137.

Cartaz-bandeira "De K. Marx a Lenin", artista desconhecido de Ivánovo-Voznessénsk, 1919.

"União Soviética, a república fraterna", artista desconhecido, 1944-1947.

Cartaz-bandeira dos delegados ao XVI Congresso Provincial dos Sovietes, artista desconhecido, 1927.

"Somos a favor da unidade do Partido leninista", artista desconhecido, 1927.

6
Direito e moral

Para que os produtos do trabalho humano possam se relacionar uns com os outros como valor, as pessoas devem se relacionar como personalidades independentes e iguais.

Se um homem se encontra em poder de outro, ou seja, se é um escravo, seu trabalho deixa de ser criador e substância de valor. A força de trabalho de um escravo, assim como a de um animal doméstico, transfere para um produto apenas determinada parte dos custos de sua própria produção e reprodução.

Com base nisso, Tugan-Baranovski conclui que a economia política pode ser entendida apenas com base na ideia de uma diretriz ética do valor supremo e, portanto, da igualdade entre as pessoas humanas[1]. Marx, como se sabe, chega a uma conclusão oposta, a saber: ele relaciona a ideia ética de igualdade entre as pessoas humanas com a forma da mercadoria, ou seja, ele a apresenta a partir da equiparação prática de todos os tipos de trabalho humano.

Na verdade, o homem como sujeito moral, ou seja, como uma pessoa igual a todas as outras, não é mais que uma condição da troca com base na lei do valor. O homem como sujeito de direito, ou seja, como proprietário, representa também ele essa mesma condição. Por fim, ambas as determinações estão intimamente ligadas a uma terceira, na qual o homem figura na qualidade de sujeito econômico egoísta.

Todas essas três determinações, por serem irredutíveis umas às outras e aparentemente contraditórias, refletem um conjunto de condições necessárias para a realização das relações de valor, ou seja, de uma relação por meio da qual a conexão

---

[1] Cf. M. I. Tugan-Baranovski, Основы политической экономии [*Princípios da economia política*] (4. ed., Praga, 1917), p. 60.

das pessoas no processo do trabalho se constitui como propriedade material dos produtos trocados.

Se retirarmos essas definições daquela relação social real que elas expressam e tentarmos desenvolvê-las como categorias independentes, ou seja, puramente racionais, então teremos como resultado um emaranhado de contradições e de posições que se anulam mutuamente[2]. Mas, na relação de troca real, essas contradições se conectam dialeticamente como uma totalidade.

Aqueles que realizam a troca devem ser egoístas, isto é, devem guiar-se pelo cálculo econômico nu e cru; de outro modo, a relação de valor não poderá se mostrar como uma relação necessária socialmente. Aqueles que realizam a troca devem ser portadores de direitos, ou seja, ter a possibilidade da decisão autônoma, pois *sua vontade* deve "residir nas coisas"*. Por fim, aqueles que realizam a troca encarnam o princípio da equivalência entre pessoas humanas, pois na troca todos os tipos de trabalho equiparam-se uns aos outros e reduzem-se ao trabalho humano abstrato.

Dessa maneira, os três momentos citados, ou, como antes se costumava dizer, os três princípios – o egoísmo, a liberdade e o valor supremo da pessoa –, ligados uns aos outros de modo indissociável, representam como um todo a expressão racional de uma única e mesma relação social. Sujeito egoísta, sujeito de direito e pessoa moral são as três máscaras fundamentais por meio das quais o homem atua na sociedade produtora de mercadorias. A economia das relações de valor oferece uma chave para a compreensão da estrutura jurídica e moral não no sentido do conteúdo concreto da norma jurídica ou moral, mas no sentido da própria forma jurídica e moral. A ideia de valor supremo e de igualdade entre pessoas humanas tem uma longa história: da filosofia estoica, ela chegou ao cotidiano dos juristas romanos, aos dogmas da Igreja cristã e, em seguida, às doutrinas do direito natural. A existência da escravidão na Roma antiga não impediu Sêneca de chegar à convicção de que, "se o corpo pode não ser livre e pertencer a um senhor, a alma sempre permanecerá *sui juris*". Kant, na realidade, não fez grandes avanços quando comparado a essa fórmu-

---

[2] Nessas condições, os revolucionários jacobinos pequeno-burgueses aniquilaram-se tragicamente, o que eles quiseram foi subordinar o desenvolvimento real da sociedade burguesa às fórmulas da virtude cívica emprestadas da Roma antiga. Eis o que diz Marx sobre essa ocasião: "Que ilusão gigantesca ter de reconhecer e sancionar nos *direitos humanos* a moderna sociedade burguesa, a sociedade da indústria, da concorrência geral, dos interesses privados que perseguem com liberdade seus próprios fins, da anarquia da individualidade natural e espiritual alienada de si mesma e, ao mesmo tempo, anular *a posteriori* em alguns indivíduos concretos as manifestações de vida dessa sociedade; e ao mesmo tempo formar a cabeça política dessa sociedade à maneira antiga!". K. Marx, *A sagrada família*, cit., p. 141.

* Alusão à passagem inicial do capítulo 2 de K. Marx, *O capital*, Livro I, cit. (N. R. T.)

la, pois, para ele, a autonomia fundamental da personalidade conjuga-se perfeitamente com as perspectivas puramente feudais sobre a relação entre os senhores e os servos (*Gesinde*). Mas, qualquer que seja a roupagem que essa ideia assuma, nela não é possível descobrir nada além da expressão do fato de que diferentes tipos concretos de trabalho socialmente úteis se reduzem ao trabalho em geral, uma vez que os produtos do trabalho começam a ser comercializados como mercadorias. Em todas as outras relações, a desigualdade entre as pessoas (de gênero, de classe etc.) no decorrer da história salta aos olhos com tamanha evidência que é de se admirar, não tanto pela riqueza de argumentos que poderiam ser apresentados contra a doutrina da igualdade natural entre as pessoas por seus diferentes opositores, que até Marx e além de Marx ninguém tenha questionado as razões históricas que favoreceram o aparecimento desse preceito do direito natural. Afinal, se o pensamento humano, no decorrer dos séculos, voltou-se com tal persistência para a tese da igualdade entre as pessoas e a elaborou de mil maneiras, então fica claro que deve estar escondida por trás dessa tese alguma relação objetiva. Não há dúvida de que o conceito de pessoa moral ou pessoa igual é uma construção ideológica e, como tal, não se adéqua à realidade. O sujeito econômico egoísta não representa uma deformação ideológica menor da realidade. Entretanto, ambas as definições são adequadas a uma relação social específica e apenas a expressam de modo abstrato e, consequentemente, unilateral. Falando de modo geral, já tivemos a oportunidade de indicar que o conceito ou a palavrinha "ideologia" não deve nos impedir de prosseguir com a análise. Simplificaria muito a tarefa se nos satisfizéssemos com a explicação segundo a qual a noção de ser humano igual a outro ser humano é unicamente criação da ideologia. "Baixo" e "alto" não são nada mais que conceitos que expressam nossa própria ideologia "terrestre". Contudo, em sua base está, seguramente, o fato real da gravitação terrestre. E foi justamente quando o homem conheceu a razão real que o fez distinguir entre alto e baixo, ou seja, a força da gravidade direcionada para o centro da Terra, que ele percebeu as limitações dessas definições, sua inadequação à aplicação a toda a realidade cósmica. Dessa maneira, a descoberta do caráter ideológico de um conceito seria o outro lado da descoberta de sua verdade.

Se a pessoa moral não é outra coisa senão o sujeito da sociedade de produção mercantil, então a lei moral deve se descobrir como a regra da sociedade de possuidores de mercadoria. Isso lhe confere, inevitavelmente, um caráter antinômico. Por um lado, essa lei deve ter um caráter social e, como tal, colocar-se acima da personalidade individual. Por outro lado, o possuidor de mercadorias, devido à própria natureza, é o portador da liberdade (da liberdade de apropriação e alienação); portanto, a regra que determina as relações entre possuidores de mercadoria deve ser implantada na alma de cada um deles, ser sua lei interna. O imperativo categórico de Kant reúne essas exigências contraditórias. Ele é supraindividual, porque não tem nenhuma relação com qualquer motivação natural, como paixão, simpatia, compaixão, sentimento de solidariedade etc. Ele, na expressão de Kant, não ameaça, não convence, não bajula. Está situado, em geral, fora de quaisquer motivos empíricos, ou seja, puramente humanos. Ao mesmo tempo, surge independentemente de qualquer pressão externa, no sentido direto e grosseiro da palavra. Atua exclusivamente pela força da consciência de sua universalidade. A ética kantiana é a típica ética da sociedade de produção mercantil; ao mesmo tempo, representa a forma mais pura e acabada da ética em geral. Kant conferiu um aspecto lógico acabado a essa forma, que a sociedade burguesa atomizada esforçou-se para fazer encarnar na realidade, libertando a personalidade dos laços orgânicos com a época patriarcal e feudal[3].

Os conceitos fundamentais da moral não têm, portanto, nenhum significado se os retirarmos da sociedade de produção mercantil e tentarmos aplicá-los a qualquer outra estrutura social. O imperativo categórico não é de modo nenhum um instituto social, pois o propósito fundamental desse imperativo é agir ali onde é impossível qualquer motivação orgânica, natural, supraindividual. Ali onde existe um laço emocional estreito entre os indivíduos, apagando as fronteiras do "eu" individual, não pode haver lugar para o dever moral. Para a compreensão dessa categoria, é preciso partir não dos laços orgânicos, que existem, por exemplo, entre a mãe e os filhos ou entre a família e cada um de seus membros, mas do estado de *isolamento*. O ser moral é um complemento necessário do ser jurídico e, por sua vez, os dois são modos de relações entre os produtores de mercadorias. Todo o *páthos* do imperativo categórico kantiano resume-se ao fato de que o homem faz "livremente", ou seja, por convicção interior, aquilo que no plano do direito ele seria coagido a fazer. Característicos são os próprios exemplos de que Kant lança mão para ilustrar seu pensamento. Eles reduzem-se inteiramente à manifestação da conveniência burguesa. Também o heroísmo não encontra lugar no âmbito do imperativo categórico kantiano. Sacrificar-se não é absolutamente nada se você não exige do outro o mesmo sacrifício. Atos "irracionais" de renúncia e abnegação em nome de seu reconhecimento histórico, de sua função social, atos por meio dos quais se manifesta a mais alta tensão do instinto social, encontram-se fora da ética no sentido estrito da palavra[4].

---

[3] A doutrina ética de Kant convive tão bem com a fé em Deus que ela representa seu último refúgio, mas, falando no geral, essa relação não é logicamente obrigatória. Além disso, o Deus que se acomoda à sombra do imperativo categórico se torna ele mesmo uma abstração sútil, pouco adequado para amedrontar as massas populares. Por isso, a reação clérico-feudal de considerar dever seu opor-se ao formalismo inerte de Kant, estabelecendo seu próprio Deus, mais confiante, que, como se diz, "reine", e colocando no lugar do imperativo categórico abstrato um sentimento vivo de "vergonha, compaixão e veneração" (V. Soloviov).

[4] É por isso, por exemplo, que o professor Maganizer está coberto de razão quando trata da ética justamente no espírito da "moderação e acurácia" e a contrapõe ao *heroísmo*, que leva as pessoas a

Schopenhauer e, depois dele, V. Soloviov definiram o direito como um mínimo ético. A partir das mesmas bases, pode-se definir a ética como um mínimo social. Um aumento na intensidade do sentimento de responsabilidade social situa-se fora da ética em sentido estrito e é herdado pela humanidade contemporânea do cotidiano de sociedades orgânicas precedentes, em especial da época gentílica. Eis o que diz, por exemplo, Engels, comparando os antigos germânicos aos romanos civilizados:

> Sua capacidade e valentia pessoais, seu amor à liberdade e seu instinto democrático, que via nos assuntos públicos um assunto de cada um, [...] eram apenas os traços característicos dos bárbaros da fase superior da barbárie, os frutos da sua constituição gentílica.[5]

A única coisa que a ética racionalista coloca sobre o poderoso e irracional instinto social é a humanidade de todos. Ela rompe com todas as estruturas orgânicas, necessariamente estreitas (da *gens*, da tribo, da nação) e busca tornar-se universal. Com isso, reflete determinadas conquistas materiais da humanidade, como a transformação do mercado em mercado mundial. A fórmula "nem gregos nem judeus"* reflete um fato completamente real na história da unificação dos povos sob o poder de Roma.

Na medida em que o universalismo da forma ética (e, consequentemente, da forma jurídica) – todas as pessoas são iguais, todos têm uma única e mesma "alma", todos podem ser sujeitos de direito etc. – foi imposto pela prática das relações mercantis com os estrangeiros, ou seja, com pessoas com outros costumes, língua, religião, ele dificilmente seria percebido, num primeiro momento, como algo positivo, justamente porque isso implicaria a renúncia da construção de seus costumes específicos, do amor aos *seus* e do desprezo pelos *outros*. Assim, Maine, por exemplo, aponta que o próprio *jus gentium* era fruto do desprezo que os romanos alimentavam para com todo direito estrangeiro e de sua relutância em conceder aos estrangeiros os privilégios de seu próprio *jus civile* nativo. Os antigos romanos, segundo Maine, gostavam tão pouco do *jus gentium* quanto dos estrangeiros aos quais ele se destinava. A própria palavra *aequitas* significava igualdade, embora, provavelmente, essa expressão não lhe atribuísse a princípio nenhum matiz ético, e

---

fazerem além do devido. Cf. I. M. Magaziner, Общее учение о государстве [*Doutrina geral do direito*] (2. ed., Praga, Martinov, 1922), p. 50.

[5] F. Engels, *A origem da família, da propriedade privada e do Estado*, cit., p. 176.

* Pachukanis provavelmente se refere à seguinte passagem bíblica: "Não há judeu nem grego; não há escravo nem livre; não há homem nem mulher; porque todos vós sois um em Cristo Jesus" (Gálatas 3:23-29). (N. T.)

não há fundamento para presumir que o processo indicado por essa expressão despertasse qualquer coisa além de aversão na mente do romano primitivo[6].

Entretanto, posteriormente, a ética racionalista se apresentaria para a sociedade de produção de mercadorias como uma grande conquista e um alto valor cultural, sobre a qual não era aceito falar de outro modo que não fosse em tom entusiasta. Embora sejam conhecidas, é bom lembrarmos as palavras de Kant: "Duas coisas me enchem a alma de admiração e veneração novas e crescentes quanto mais profundamente penso nelas: *o céu estrelado sobre minha cabeça e a lei moral dentro de mim*"[7].

No entanto, quando se introduz o discurso sobre os exemplos de "livre" cumprimento do dever moral, entram em cena todas aquelas caridades invariáveis: alimentar um mendigo ou renunciar à mentira em condições em que seria possível mentir impunemente etc. Kautsky, por sua vez, percebe muito corretamente que a regra "encare outro homem com um fim em si" ganha sentido quando, na prática, o homem pode ser como um meio para outro. O *páthos* moral está ligado de modo indissociável à imoralidade da prática social e dela se alimenta. As doutrinas éticas pretendem transformar e consertar o mundo, enquanto, na verdade, elas são um reflexo deformado de apenas um lado do mundo real, justamente aquele lado no qual a relação entre as pessoas está subordinada à lei do valor. Não se pode esquecer que a pessoa moral é apenas uma das hipóstases do sujeito trinitário; o homem como fim em si mesmo é o outro lado do sujeito econômico egoísta. Um ato que é a única verdadeira encarnação real do princípio ético encerra em si mesmo também a negação desse último. O grande capitalista "de boa-fé", *bona fide*, arruína o pequeno, sem usurpar nem por um minuto o valor absoluto da pessoa deste. A pessoa do proletário é "igual em princípio" à pessoa do capitalista; o que encontra sua expressão no "livre" contrato de emprego. Mas é a partir dessa mesma "liberdade materializada" que surge para o proletário a possibilidade de tranquilamente morrer de fome.

Essa ambiguidade da forma ética não é algo casual, alguma imperfeição exterior, determinada por imperfeições específicas do capitalismo. Pelo contrário, esse é um sinal distintivo da forma ética como tal. Eliminar a ambiguidade da forma ética significa passar para a economia socialista e planificada, e isso significa implementar um sistema social em que as pessoas possam construir e pensar suas relações valendo-se dos conceitos simples e claros de prejuízo e utilidade. Abolir a

---

[6] Cf. H. S. Maine, Древнее право его связь с историей общества и его отношение к новейшим идеям [*Direito antigo, sua ligação com a história da sociedade e sua relação com as ideias modernas*] (São Petersburgo, 1873), p. 196. [Título original em inglês: *Ancient Law, its Connection with the Early History of Society and its Relation to Modern Ideas* – N. T.].

[7] I. Kant, *Kritik der praktischen Vernunft* (Frankfurt, Suhrkamp, 1914), p. 196.

ambiguidade da forma ética em seu domínio mais essencial, ou seja, na esfera da existência material das pessoas, significa abolir essa forma em geral.

O puro utilitarismo, ao buscar dissipar a bruma metafísica que envolve a doutrina ética, adéqua os conceitos de bem e mal justamente ao ponto de vista do prejuízo e da utilidade. Com isso, fica claro que ele simplesmente dissipa a ética ou, mais precisamente, busca suprimi-la e superá-la. Isso porque a superação dos fetiches éticos, na verdade, pode se realizar apenas simultaneamente à superação do fetichismo jurídico e da mercadoria. As pessoas que orientarem suas ações pelos conceitos simples e claros de prejuízo e utilidade não precisarão expressar suas relações sociais nem em termos de valor nem em termos jurídicos. Enquanto esse estágio histórico de desenvolvimento não tiver sido atingido pela humanidade, ou seja, enquanto ela não se livrar dos legados da época capitalista, os esforços do pensamento teórico podem somente antecipar essa libertação futura e não a encarnar na prática. Devemos aqui nos lembrar das palavras de Marx acerca do fetichismo da mercadoria:

> A descoberta científica tardia de que os produtos do trabalho, como valores, são meras expressões materiais do trabalho humano despendido em sua produção fez época na história do desenvolvimento da humanidade, mas de modo nenhum elimina a aparência objetiva do caráter social do trabalho.[8]

Argumentam comigo que a moral de classe do proletariado já está livre agora mesmo de todos os fetichismos. O dever moral tem uma utilidade de classe. Nessa forma, a moral não encerra em si nada de absoluto, pois o útil hoje pode deixar de ser útil amanhã, nem nada de místico ou sobrenatural, do mesmo modo que o princípio da utilidade é simples e racional.

Não há dúvidas de que a moral do proletariado – ou, mais precisamente, a de seus setores mais avançados – perde seu caráter puramente fetichista ao libertar-se, digamos, dos elementos religiosos. Mas a moral, mesmo aquela completamente livre das impurezas dos elementos da religiosidade, ainda assim permanece sendo moral, ou seja, uma forma de relação social em que nem tudo está ainda relacionado ao próprio homem. Se os laços vivos que ligam o indivíduo à classe são de fato tão fortes a ponto de as fronteiras do "eu" se apagarem e a utilidade de classe realmente se funde com a utilidade pessoal, então não tem sentido falar em cumprimento do dever moral, uma vez que o fenômeno moral geral está ausente. Onde tal fusão não ocorre é onde surge inevitavelmente a relação abstrata do dever moral com todas as consequências daí decorrentes. A regra "aja de

[8] K. Marx, *O capital*, Livro I, cit., p. 149.

modo a extrair a máxima utilidade para a classe" irá soar idêntica à fórmula de Kant: aja de tal modo que a máxima da tua conduta possa servir como princípio de uma legislação universal*. Toda a diferença está no fato de que, no primeiro caso, introduzimos uma limitação concreta, submetemos os enquadramentos de classe a uma lógica ética[9]. Mas, dentro desse quadro, ela permanece em pleno vigor. O conteúdo de classe da ética por si só não aniquila sua forma. Levamos em conta não apenas a forma lógica, mas, ainda, as manifestações da forma real. Nas entranhas do coletivo proletário, ou seja, da classe, observamos, formalmente, as mesmas formas de cumprimento do dever moral, que se desdobra em dois momentos opostos. Por um lado, o coletivo não recusa todos os meios possíveis de pressão sobre seus membros para compeli-los ao dever moral. Por outro lado, esse mesmo coletivo qualifica tal conduta como moral apenas quando essa pressão externa como motivo se mostra ausente. Justamente por isso a moral e a conduta moral na prática social estão tão estreitamente ligadas à hipocrisia. É verdade que as condições de vida do proletariado encerram as premissas para o desenvolvimento de uma nova forma de relação, mais avançada, mais harmoniosa, entre o indivíduo e a coletividade. Disso são testemunhas os fatos relacionados às manifestações de solidariedade de classe do proletariado. Mas, ao lado do novo, continua existindo o velho. Ao lado do novo homem socialista do futuro, que funde seu "eu" com o coletivo, encontrando nisso uma grande satisfação e o sentido da vida, continua a existir o homem moral, que carrega o peso do dever mais ou menos abstrato. A vitória da primeira forma equivale à libertação completa de todos os resquícios das relações da propriedade privada e da reeducação permanente no espírito do comunismo. É óbvio que a tarefa está longe de ser puramente ideológica ou pedagógica. O novo tipo de relação demanda a criação e a consolidação de uma nova base material, econômica.

Assim, chega-se à conclusão de que a moral, o direito e o Estado são formas da sociedade burguesa.

Se o proletariado necessita usá-las, isso não significa de modo nenhum a possibilidade do desenvolvimento futuro dessas formas recheadas com um conteúdo socialista. Elas não têm condições de acomodar esse conteúdo e devem perecer na medida de sua realização. Mas, por enquanto, na atual época de transição, o prole-

* Pachukanis não cita literalmente a Lei Universal de Kant. (N. T.)

9 Seria inútil dizer que a ética extraclasse em uma sociedade dilacerada pela luta de classes pode existir somente na imaginação, mas de modo nenhum na prática. O trabalhador que decide aderir a uma greve, não obstante as privações às quais essa participação acarrete-lhe pessoalmente, pode formular essa decisão como um dever moral que subordina seus interesses particulares aos interesses gerais. No entanto, deve estar igualmente claro que esse conceito de interesse geral não pode incluir os interesses do capitalista, contra o qual se trava a luta.

tariado tem o dever de usar segundo seus interesses de classe tais heranças das formas da sociedade burguesa e, assim, esgotá-las completamente. Para isso, ele deve, antes de tudo, ter perfeitamente clara, livre de qualquer bruma ideológica, a representação das origens históricas dessas formas. O proletariado deve ter uma atitude crítica sóbria não apenas para com o Estado burguês e a moral burguesa, mas também para com seu próprio Estado e sua própria moral proletária, ou seja, conhecer a necessidade histórica tanto de sua existência quanto de seu desaparecimento[10].

Em sua crítica a Proudhon, Marx, entre outras coisas, aponta que o conceito abstrato de justiça está longe de ser um critério absoluto e eterno, do qual lançaríamos mão para poder construir uma relação de troca ideal, ou seja, justa. Isso significaria uma tentativa de "transformar trocas químicas de substâncias de acordo com 'ideias eternas' 'de propriedades especiais' e 'ferramentas especiais', em vez de estudar suas leis reais"*. É por isso que o próprio conceito de justiça é apreendido a partir da relação de troca e fora dela nada expressa. Essencialmente falando, no próprio conceito de justiça não se encerra nada de fundamentalmente novo em comparação ao conceito de igualdade entre as pessoas, o qual analisamos aqui. Por isso, é ridículo ver na ideia de justiça um critério autônomo e absoluto. É verdade que, quando usada habilmente, ela oferece maior possibilidade de interpretar a desigualdade como igualdade e, portanto, é especialmente adequada para jogar uma sombra sobre a ambiguidade da forma ética. Por outro lado, a justiça é o degrau por meio do qual a ética desce até o direito. A conduta moral deve ser "livre"; a justiça pode ser imposta. A coerção que visa a impor a conduta moral busca negar sua própria existência; a justiça, ao contrário, dá publicamente ao homem "o que lhe é devido"; ela autoriza a realização exterior e um interesse egoísta ativo. Aqui estão demarcados os principais pontos de contato e de conflito das formas ética e jurídica.

A troca, ou seja, a circulação de mercadorias, pressupõe que seus participantes se reconheçam mutuamente como proprietários. Esse reconhecimento, ao figurar na forma de crença interna ou imperativo categórico, representa aquele máximo imaginável ao qual pode chegar a sociedade de produção de mercadorias. Além desse máximo, existe um mínimo por meio do qual a circulação de mercadorias pode fluir livremente. Para a realização desse mínimo, basta que os possuidores de

---

[10] Significaria, então, que "na sociedade futura não haverá moralidade"? Claro que não, se a moralidade for entendida em sentido amplo, como o desenvolvimento de formas superiores de humanidade, como a transformação do homem num ser genérico, segundo expressão de Marx; no presente caso, todavia, o assunto é outro, pois se trata de formas específicas de consciência moral e conduta moral, que, ao desempenhar seu papel histórico, deverão ceder lugar a outra forma, mais elevada, de relação entre o individual e o coletivo (nota à terceira edição).

* Pachukanis não indica a fonte. (N. T.)

mercadorias se comportem *como se* eles se reconhecessem mutuamente enquanto proprietários. A conduta moral contrapõe-se à conduta jurídica, que se caracteriza como tal independentemente dos motivos que a geraram. Se a dívida será paga porque, "de todo modo, o devedor será forçado a pagá-la" ou porque o devedor se sente moralmente obrigado a fazê-lo, isso é absolutamente indiferente do ponto de vista jurídico. Evidentemente a ideia de coerção externa – não somente a ideia, mas sua organização – constitui um aspecto fundamental da forma jurídica. Se a relação jurídica pode ser construída de modo puramente teórico como o avesso da relação de troca, então para sua realização prática é necessária a presença de modelos gerais definidos de modo mais ou menos sólido, uma elaboração casuística e, finalmente, uma organização que aplicaria esses modelos a casos específicos e garantiria a execução coercitiva das decisões. A melhor maneira de atender a essas demandas é por meio do poder do Estado, ainda que a relação jurídica também se realize sem sua intervenção, com base no direito consuetudinário, na arbitragem voluntária, na arbitrariedade etc.

Ali onde a função coercitiva não é organizada e não é gerida por um aparato especial situado acima das partes, ela aparece sob a forma da assim chamada "reciprocidade"; o princípio da reciprocidade no que se refere à condição de equilíbrio de forças representa até agora a única e, é preciso dizer, extremamente precária base do direito internacional.

Por outro lado, a pretensão jurídica surge de modo distinto da moral não por causa de uma "voz interior", mas na forma de exigências externas que emanam de um sujeito concreto, o qual é, por regra, ao mesmo tempo, o portador de um interesse material correspondente[11]. Por isso, o cumprimento de um dever jurídico,

---

[11] Assim se dá, em geral, no caso do direito privado, que é um protótipo da forma jurídica geral. As exigências "jurídicas" que partem dos órgãos do poder público – exigências por trás das quais não se encontra nenhum interesse privado – são não mais que uma estilização jurídica dos fatos da vida política. O caráter dessa estilização difere dependendo das diferentes preferências; por isso, a concepção jurídica de Estado recai, inevitavelmente, em pluralismo. No caso em que o poder do Estado é representado como a encarnação de uma regra objetiva que se situa acima dos sujeitos-partes, ele como que se funde com a norma, alcançando um estágio máximo de impessoalidade e abstração. As exigências do Estado aparecem como uma lei imparcial e desinteressada. É quase impossível, nesse caso, pensar o Estado como sujeito – a tal ponto é desprovido de substancialidade e foi transformado em uma garantia abstrata das relações entre sujeitos possuidores de mercadorias reais. É justamente essa concepção, a concepção jurídica de Estado mais pura, que defende a escola normativa austríaca encabeçada por Kelsen.

Nas relações internacionais, pelo contrário, o Estado não aparece de modo nenhum como a encarnação da norma objetiva, mas como portador de direitos subjetivos, ou seja, com todos os atributos de substancialidade e interesse egoísta. O mesmo papel ele desempenha quando, na qualidade de fisco, aparece como parte nos litígios de pessoas naturais. Entre essas duas concepções existe a possibilidade de inúmeras formas intermediárias e híbridas.

finalmente, afasta-se de quaisquer elementos subjetivos da parte da pessoa obrigada e assume uma forma externa, quase objetiva, *de satisfação* de uma exigência. O próprio conceito de dever jurídico torna-se, por força disso, bastante problemático. Se formos suficientemente consequentes, é preciso dizer, de modo geral, como o faz Binder[12], que uma obrigação, que corresponde a um direito, não tem nada em comum com o "dever" (*Plicht*), mas existe juridicamente apenas como "responsabilidade" (*Haftung*); "ser obrigado" não significa nada além de "responder com seus bens (e, no direito criminal, também com sua pessoa) pela via do processo jurídico e sob a forma de execução forçada da sentença". Paradoxais para a maioria dos juristas são as conclusões a que chega Binder e que são expressas pela curta fórmula "*Das Recht verpflichtet rechtlich zu nichts*" [o direito não impõe juridicamente nenhum dever], que representam na verdade apenas a continuação consequente daquela diferenciação entre os conceitos que Kant já havia estabelecido. Mas é justamente essa distinção na demarcação entre as esferas moral e jurídica que serve de fonte das mais insolúveis contradições da filosofia burguesa do direito. Se o dever jurídico não tem nada em comum com o dever moral "interior", então a submissão ao direito não pode de modo nenhum se distinguir da submissão à força como tal. Se, por outro lado, admite-se como traço distintivo do direito o momento do dever, ainda que revestido pela mais fraca coloração subjetiva, então se perde, imediatamente, o sentido de direito como um mínimo socialmente necessário. A filosofia burguesa do direito esgota-se nessa contradição fundamental, nessa luta interminável com suas próprias premissas.

Sobre isso, é interessante notar que, essencialmente, de uma mesma contradição surgem duas formas distintas conforme se fale sobre a relação entre direito e moral ou sobre a relação entre Estado e direito. No primeiro caso, em que se reivindica a autonomia do direito em relação à moral, o direito se confunde com o Estado graças à ênfase acentuada no momento do poder de coerção externa. No segundo caso, em que o direito se opõe ao Estado, ou seja, à dominação de fato, entra inevitavelmente em cena o momento do dever no sentido alemão de *Sollen* (e não de *Müssen*), e o que temos diante de nós, pode-se dizer, é uma frente única do direito e da moral.

A tentativa do professor L. I. Petrajítski[13] de encontrar para o direito um dever que fosse absoluto, ou seja, ético, e que ao mesmo tempo se distinguisse do dever moral não obteve sucesso. O professor Petrajítski, como se sabe, constrói a categoria de dever jurídico como uma dívida para com alguém, devida a alguém e que pode nos ser cobrada por essa pessoa. Já o dever moral, segundo ele, apenas

---

[12] J. Binder, *Rechtsnorm und Rechtspflicht* [Norma do direito e obrigação do direito] (Leipzig, Deichert, 1912).

[13] Cf. *Introdução aos estudos de direito e moral.*

nos prescreve dada conduta, mas não possibilita que terceiros exijam aquilo que lhes é devido. O direito tem, consequentemente, um caráter imperativo-atributivo bilateral, e a moral, um caráter unilateral ou puramente imperativo. Baseando-se em suas próprias observações, o professor Petrajítski afirma que ele, sem dificuldade, distingue o dever jurídico que o encoraja a reembolsar um credor com a quantia emprestada do dever moral que o encoraja a dar esmola a um mendigo. Acontece, contudo, que essa capacidade é um domínio exclusivo do professor Petrajítski; já, por exemplo, o professor E. Trubetskoi afirma que o dever de dar esmola a um mendigo está tão psicologicamente fixado a esse último quanto o dever de restituir um credor (uma posição, vale dizer, que não é totalmente prejudicial para os mendigos, mas também não o é para os credores)[14]. A opinião do professor Reisner, por sua vez, é de que a emoção de uma obrigação fixada se relaciona inteiramente ao domínio psicológico. Se, consequentemente, para o professor Trubetskoi o credor com suas pretensões está "psicologicamente" no mesmo nível que o mendigo, para o professor M. A. Reisner, ele não é nada mais nada menos que um superior. Em outras palavras, a contradição que expusemos em sua forma lógica e sistemática como uma contradição de conceitos expressa-se aqui como uma contradição de dados da observação pessoal. Mas o sentido dela permanece o mesmo. O dever jurídico, não sendo capaz de encontrar para si um significado autônomo, oscila eternamente entre dois limites extremos: a imposição externa e o dever moral "livre".

Como sempre, também nesse caso a contradição do sistema lógico reflete a contradição da vida real, ou seja, aquele meio social que criou em seu interior as formas da moral e do direito. A contradição entre o individual e o social, entre o privado e o público, que a filosofia burguesa do direito não pode de modo nenhum conciliar, constitui o fundamento vital da própria sociedade burguesa como uma sociedade de produtores de mercadoria. Essa contradição é encarnada nas relações reais entre as pessoas, que podem encarar suas iniciativas privadas como iniciativas sociais apenas na forma absurda e mistificada do valor da mercadoria.

---

[14] Cf. E. N. Trubetskoi, Энчиклопедия права [*Enciclopédia do direito*] (Moscou, 1908), p. 28.

7
Direito e violação do direito

O *Rússkaia Pravda** – o mais antigo monumento jurídico do período kievano da história** –, composto de 43 artigos (a assim chamada lista acadêmica), tem apenas dois artigos que não se relacionam a uma violação do direito penal ou do direito civil. Outros artigos ou determinam sanções ou contêm regras processuais que se aplicam nos casos de violação do direito. Consequentemente, tanto em um quanto em outro pressupõe-se um desvio da norma[1]. Esse mesmo quadro está representado nas chamadas leis bárbaras das tribos germânicas. Assim, por exemplo, na "Lei Sálica", de 408 artigos, apenas 65 não possuem caráter repressivo. O antigo monumento do direito romano, a Lei das XII Tábuas, começa com uma regra que define a ordem de responsabilidade diante do tribunal: *Si in ius vocat, ni it, antestamino.*

---

* Em russo, Русская правда, que pode ser traduzido tanto como "A verdade russa" quanto como "A justiça russa". Optou-se aqui, contudo, por manter no original, apenas procedendo à transliteração, por se tratar de título estabelecido no meio jurídico dessa forma. (N. T.)

** Referência ao período da Rússia kievana (séculos IX-XIII), também conhecido como "Principado de Kiev", "Rus kievana", "Rus de Kiev", "Rússia de Kiev" e "antiga Rus"; vai de 988, quando se dá a conversão de Vladímir, o Grande, ao cristianismo ortodoxo, a 1240, com a invasão e o subsequente domínio mongol. Trata-se do antigo Estado eslavo que, mais tarde, daria a origem a Rússia, Ucrânia e Bielorrússia. Kiev, capital da Ucrânia moderna, é considerada a "Mãe" da Rússia. (N. T.)

[1] Dificilmente mereceria especial atenção o fato de que nesse estágio primitivo de desenvolvimento as assim chamadas injustiças civil e penal ainda não se diferenciam uma da outra. Predominava o conceito de dano que exige uma reparação; o roubo, a pilhagem, a recusa em saldar uma dívida eram vistos nas mesmas bases para a vítima iniciar uma ação e receber uma reparação na forma de multa em dinheiro.

Igitur em capito ["Se (alguém) for convocado ao tribunal, compareça. Se não comparecer, apresentem testemunhas (desse fato). Em seguida, seja preso"[2]].

Segundo o famoso historiador do direito Maine, "deve-se notar que, como regra, quanto mais antigo um código, mais completa e detalhadamente será apresentada sua parte penal"[3].

A insubordinação à norma, a violação desta, a ruptura com a forma normal das relações e os conflitos daí decorrentes constituem o ponto de partida e o principal conteúdo da legislação arcaica. O normal, ao contrário, não se fixa como tal desde o início; ele simplesmente existe. A necessidade de se fixar e definir com precisão a extensão e o conteúdo dos direitos e das obrigações mútuas surge no momento em que a existência pacífica e tranquila é violada. A partir desse ponto de vista, Bentham está correto quando diz que a lei cria o direito ao criar o delito. A relação jurídica adquire historicamente seu caráter específico antes de tudo em fatos de violação do direito. O conceito de roubo foi definido antes de se definir o conceito de propriedade. A relação decorrente do empréstimo se fixa no caso em que o devedor não quer saldar a dívida: "quando alguém reclama de outrem uma dívida e este, por sua vez, nega" etc.[4]. O significado original da palavra "*pactum*" não é absolutamente o significado geral de contrato, mas de *pax*, paz, ou seja, o término amigável de uma contenda; o "pacífico" (*Vertrag*) põe fim ao "não pacífico" (*Unverträglichkeit*)[5].

Dessa maneira, se o direito privado reflete de modo bastante direto as condições mais gerais da existência da forma jurídica como tal, então o direito penal é aquela esfera em que a relação jurídica atinge a máxima tensão. Aqui, o momento jurídico, antes de tudo e mais claramente, destaca-se dos costumes e adquire completa autonomia. No processo judicial, a transformação da ação do homem concreto em ação de uma das partes, ou seja, de um sujeito de direito, atua de modo bastante nítido. Para marcar a diferença entre as ações e as vontades diárias ordinárias e as vontades jurídicas, o direito antigo valia-se de fórmulas e ritos solenes especiais. O caráter dramático do processo jurídico criou visualmente, ao lado do mundo real, uma existência jurídica particular.

---

[2] B. V. Nikolski, Система и текст XII таблиц [*Sistema e texto das XII Tábuas*] (São Petersburgo, 1897), p. 1. [Ao que parece, há um erro na citação; o correto seria: *Si in ius vocat, ito. Ni it, antestamino. Igitur em capito.* – N. T.]

[3] H. S. Maine, *Direito antigo, sua ligação com a história da sociedade e sua relação com as ideias modernas*, cit., p. 288.

[4] *Rússkaia Pravda. Akademitcheski spissok*, p. 14.

[5] R. Ihering, Дух римского права на различных ступенях его развития [*O espírito do direito romano nos diferentes estágios de seu desenvolvimento*] (São Petersburgo, 1875), parte 1, p. 118. [ed. alemã: *Geist des römischen Rechts auf den verschiedenen Stufen seiner Entwicklung*, Leipzig, 1852, parte 1, p. 128].

De todos os ramos do direito, é justamente o direito penal o que tem capacidade de afetar o indivíduo de modo mais direto e brutal. Por isso, ele sempre atraiu para si o mais ardente e, além disso, o mais prático interesse. A lei e a pena por sua violação, em geral, estão intimamente associadas uma à outra e, dessa maneira, o direito penal como que assume o papel de representante do direito em geral, é a parte que substitui o todo.

A origem do direito penal está ligada historicamente ao costume da vingança de sangue. Não há dúvida de que geneticamente esses fenômenos estejam bastante próximos. Mas vingança realimenta *vingança* apenas quando seguida da *vira*[6] e da pena, ou seja, também aqui as etapas posteriores do desenvolvimento, como sempre se observa na história da humanidade, explicam os indícios que se observam nas formas antecessoras. Se abordarmos o mesmo fenômeno pela extremidade oposta, não veremos nele nada além da luta pela existência, ou seja, um fato puramente biológico. Para os teóricos do direito penal que têm em vista épocas ainda mais antigas, a vingança de sangue corresponde ao *jus talionis*, ou seja, ao princípio da reparação equivalente, por meio do qual a vingança do ofendido ou de sua família elimina a possibilidade de vingança posterior. Na verdade, como indica muito justamente M. Kovaliévski, a característica mais antiga da vingança de sangue era outra. Os conflitos entre as famílias passavam de geração em geração. A ofensa, ainda que resolvida por vingança, servia de base para uma nova vingança. O ofendido e seus parentes tornavam-se ofensores, e assim seguia de uma geração a outra, muito frequentemente até o total extermínio das famílias rivais[7].

A vingança começa a ser regulada pelo costume e se transforma em retaliação de acordo com a lei de talião, "olho por olho e dente por dente", apenas quando junto com ela começa a se fortalecer o sistema de arranjos ou o resgate mediante pagamento. A ideia de equivalente, essa primeira ideia puramente jurídica, tem sua fonte na forma da mercadoria. O delito pode ser considerado uma variante particular de circulação, na qual a relação de troca, ou seja, contratual, é estabelecida *post factum*, ou seja, depois de uma ação arbitrária de uma das partes. A proporção entre o delito e a reparação se reduz à mesma proporção da troca. Por isso, Aristóteles, ao falar da igualação na troca como um tipo de justiça, distingue-a em dois subtipos: igualação em ações voluntárias e igualação em ações involuntárias, sendo que nas ações voluntárias ele se refere às relações econômicas, como compra e venda, empréstimo etc., e na segunda, os diferentes tipos de delito que implicam uma

6 "Vira", em russo вира: nas antigas Rússia e Escandinávia, medida de castigo por assassinato que se expressava na recuperação do infrator mediante pagamento. (N. T.)

7 Cf. M. Kovaliévski, Современный обычай и древний закон [*Os costumes modernos e a lei antiga*] (2. ed., Moscou, 1886), p. 37-8.

pena equivalente. Pertence-lhe, ainda, a definição de delito como contrato concluído contra a vontade. A pena surge como um equivalente que compensa o dano sofrido pela vítima. Essa ideia, como se sabe, foi percebida por Hugo Grotius. Tais construções podem parecer ingênuas à primeira vista, mas nelas se encontra muito mais sentido que nas teorias ecléticas dos juristas contemporâneos.

No exemplo da vingança e da pena, podemos notar com especial clareza quais transições invisíveis entre o orgânico e o biológico estão conectadas ao jurídico. Essas conexões se intensificam pelo fato de o homem não ser capaz de afastar-se do que lhe é habitual, ou seja, a interpretação jurídica (ou ética) dos fenômenos da vida animal. Involuntariamente, ele encontra nas ações dos animais aqueles sentidos que a eles se atribui, para falar propriamente, no desenvolvimento posterior, ou seja, no desenvolvimento histórico da humanidade.

De fato, o ato de autodefesa é uma das manifestações mais naturais da vida animal. Indistintamente a encontramos como uma reação individual de um animal isolado ou uma autodefesa de um coletivo. De acordo com os estudos de observação da vida das abelhas, se dada abelha tenta se infiltrar numa colmeia alheia para roubar mel, as abelhas que guardam a entrada a perseguem e começam a picá-la; se, contudo, ela se infiltra na colmeia, é morta imediatamente, tão logo descoberta. Não menos raro no mundo animal é o caso em que uma reação está separada por um intervalo de tempo da situação que a gerou. O animal não responde imediatamente a um ataque, mas o adia até um momento mais conveniente. Aqui, a autodefesa se torna vingança no sentido mais verdadeiro da palavra. E, assim como para o homem moderno, a vingança está ligada de modo indissociável à ideia de reparação equivalente, então surpreende que, por exemplo, Ferri esteja pronto para reconhecer nos animais a existência do instinto "jurídico"[8].

Na verdade, a ideia jurídica, ou seja, a ideia de equivalência, torna-se completamente clara e se realiza de modo objetivo apenas naquele estágio de desenvolvimento econômico em que a forma da equivalência se torna regular como critério da paridade da troca, ou seja, em nenhum caso no mundo animal, mas na sociedade humana. Para isso, não há necessidade de que a vingança tenha sido completamente superada pela reparação. Precisamente nos casos em que a reparação é rejeitada como algo vergonhoso – e tal ponto de vista foi o dominante entre os povos primitivos – e a realização da vingança pessoal é admitida como um dever sagrado, o próprio ato da vingança recebe uma nova conotação, que não possuía quando ainda não era uma alternativa. E é justamente ela que oferece a percepção sobre uma única forma adequada de reparação. Rejeitar a reparação na forma de dinheiro salientaria que o sangue derramado é o único equivalente do sangue derramado

[8] Cf. E. Ferri, Уголовная социология [*Sociologia criminal*] (São Petersburgo, 1910), v. 2, p. 37.

anteriormente. A vingança como um fenômeno puramente biológico se torna uma instituição jurídica na medida em que opera em uma relação com a forma da troca de equivalentes a troca baseada no valor.

O direito penal arcaico destaca tal ligação de modo especialmente evidente e grosseiro, pois nele o dano causado a um bem e o dano causado à pessoa são diretamente equiparados, com uma ingenuidade que foi rechaçada pelas épocas seguintes. A partir do ponto de vista do direito romano antigo, não havia nada de extraordinário no fato de um devedor insolvente pagar a dívida com partes de seu corpo (*in partes secare*) e de um culpado de mutilação pagar com seus bens. A ideia de troca de equivalentes surge aqui em toda sua nudez, sem complicações e sem sombra de quaisquer momentos circunstanciais. Em consequência disso, também o processo penal adquire caráter de transação comercial. "Devemos imaginar aqui", diz Ihering, "um negócio, no qual um dos lados faz uma proposta e o outro lado negocia até que cheguem a um acordo. A expressão para isso era *pacere*, *pacisci*, *depecisci* e para o próprio acordo era *pactum*"; "Tem sua origem aqui", acrescenta Ihering, "a função do mediador eleito por ambas as partes. No antigo direito escandinavo, um mediador definia a soma a ser paga pela reconciliação" (*arbiter* no sentido romano original)[9].

No que se refere às assim chamadas penas públicas, não há que se questionar que, originalmente, foram introduzidas, sobretudo, por preocupações fiscais e serviram para encher os cofres dos representantes do poder. "O Estado", diz H. S. Maine, "não aplicava ao réu uma multa pelo mal que teria causado, mas exigia apenas dada fração da indenização devida ao querelante como recompensa, como uma forma de justa reparação pela perda de tempo"[10]. Da história russa, sabemos que essa "justa reparação pela perda de tempo" era cobrada pelos *kniazes** de modo tão fervoroso que, de acordo com as crônicas, "a terra russa estava sendo espoliada pela guerra e pela *vira*". Ademais, esse fenômeno da pilhagem judicial não é observado apenas na antiga Rus, mas também no império de Carlos Magno. Aos olhos dos *kniazes* da Rússia antiga, os rendimentos judiciais em nada se diferenciavam dos demais rendimentos. Eles ofereciam-nos a seus servos, repartiam-nos etc. O

---

9 R. Ihering, *O espírito e o direito romano nos diferentes estágios de seu desenvolvimento*, cit., p. 118.

10 H. S. Maine, *Direito antigo, sua ligação com a história da sociedade e sua relação com as ideias modernas*, cit., p. 269.

* Plural de *kniáz* (em russo, князь): título nobiliárquico eslavo. Na Rússia, remonta ao período da dinastia Rurik, em que o termo era usado para designar os chefes dos pequenos principados medievais semi-independentes que, mais tarde, seriam absorvidos por Moscou. É traduzido geralmente por "príncipe" e mais raramente por "duque", sobretudo em textos que remetem ao período do Império Russo; contudo, tal tradução não é satisfatória. Desse modo, optou-se aqui por simplesmente transliterar esse título de nobreza. (N. T.)

tribunal do *kniáz* poderia ser subornado mediante dada soma (*Dikaia Vira** do *Rússkaia Pravda*).

Além do mais, ao lado da pena pública como fonte de renda, muito cedo surgiu a pena como meio de manutenção da disciplina e como medida de salvaguarda da autoridade do sacerdote e do poder militar. É sabido que na Roma antiga a maioria dos delitos era, ao mesmo tempo, contra os deuses[11]. Assim, por exemplo, uma das mais importantes violações do direito para o proprietário de terra era a mudança fraudulenta dos marcos de medida, tanto que antigamente acreditava-se ser esse um delito religioso, e a cabeça do culpado era oferecida aos deuses. A casta dos sacerdotes, que surge na qualidade de guardiã da ordem, perseguia, novamente, não apenas um ideal, mas também interesses materiais bastante substanciais, pois os bens do culpado eram confiscados em seu favor. Por outro lado, o mesmo caráter de publicidade aplicava-se àqueles delitos que a organização sacerdotal punia como atentado contra seus rendimentos por meio da recusa aos ritos e aos sacrifícios estabelecidos, da tentativa de introdução de novas doutrinas religiosas, e assim por diante.

A influência da organização sacerdotal, ou seja, da Igreja, no direito penal se manifesta no fato de que, ainda que a pena conserve sua natureza de equivalência ou de *reparação*, essa reparação já não está mais diretamente ligada ao dano sofrido pela vítima e não justifica sua reivindicação, mas recebe um significado superior, abstrato, como um castigo divino. A Igreja tenta, dessa maneira, associar o momento da reparação do dano aos motivos ideológicos da expiação e da purificação (*expiatio*)[12] e, com isso, fazer do direito penal, construído sob os princípios da vingança privada, um meio mais eficiente de manutenção da disciplina social, ou seja, do domínio de classe. São bastante ilustrativas as investidas do clero bizantino para introduzir a pena de morte na Rus kievana. O mesmo objetivo de manutenção da disciplina determina o caráter das medidas punitivas pelo comandante do Exército. Este exerce juízo e violência tanto sobre os povos subjugados quanto sobre seus próprios soldados, quando eles conspiram em revoltas e traições ou simplesmente são foco de indisciplina. A famosa história de Clóvis, que cortou com as próprias

---

* Em russo, Дикая Вира: tipo de pena na Rússia antiga que consistia no pagamento de multa por todos os membros de dada coletividade nos casos em que o autor de um assassinato não era descoberto. (N. T.)

[11] Na medida em que o juramento, *juramentum*, era uma parte indispensável da relação jurídica (segundo Ihering, por muito tempo, as expressões "obrigar-se", "fundamentar um direito" e "jurar" tiveram, para os romanos, os mesmos significados), todas as relações sociais eram colocadas sob a proteção da religião, pois o próprio ato de jurar era um ato religioso, e o falso juramento ou a violação de um juramento, um delito religioso. Cf. R. Ihering, *O espírito e o direito romano nos diferentes estágios de seu desenvolvimento*, cit., p. 259.

[12] Ihering aponta para o fato de que a palavra *supplicium* [pena de morte] remonta etimologicamente a uma suavização dos deuses (*supplacare*: suavizar, apaziguar). Cf. ibidem, p. 238.

mãos a cabeça de um rebelde de guerra, demonstra o primitivismo dessa violência no período de formação dos Estados bárbaros germânicos. Em épocas ainda mais remotas, essa tarefa de manutenção de uma disciplina de guerra era desempenhada pelas assembleias populares; com o reforço e o estabelecimento do poder do rei, essa função naturalmente passou a ser por ele desempenhada e, fica claro, indicava a defesa de seus próprios privilégios. No que se refere aos delitos comuns, os reis das tribos germânicas (assim como o *kniáz* da Rus kievana), por muito tempo, demonstraram sobre eles apenas um interesse fiscal[13].

A situação muda de acordo com o desenvolvimento e o agravamento da divisão de classes e de castas. O surgimento de uma hierarquia eclesiástica e de uma hierarquia laica coloca em primeiro lugar a proteção a seus privilégios e a luta contra as camadas mais oprimidas da população. A desintegração da economia natural e, com isso, o aumento da exploração dos camponeses, o desenvolvimento do comércio e a organização do Estado de castas implicam outras tarefas para a justiça criminal. Nessa época, a justiça criminal se torna para o poder já não tanto um meio de provisionamento de receitas quanto um meio de repressão implacável e brutal às "pessoas insolentes"*, ou seja, na primeira linha estavam os camponeses fugidos da exploração insuportável dos senhorios e do Estado enquanto proprietário, as populações pauperizadas, os vagabundos, os mendigos etc. Papel principal começa a desempenhar o aparato policial e inquisitório. As penas se tornam meios para o extermínio físico ou de intimidação. Essa é a época das torturas, dos castigos corporais e de formas brutais de pena de morte.

Assim se constrói paulatinamente o amálgama complexo do direito penal contemporâneo. Nele, podemos distinguir facilmente as raízes históricas a partir das quais ele se forma. Essencialmente, ou seja, do ponto de vista puramente sociológico, a sociedade burguesa, por meio de seu sistema de direito penal, assegura seu domínio de classe e mantém a obediência da classe explorada. Nessa relação, seus tribunais e suas organizações privadas "livres" de fura-greves perseguem um único e mesmo objetivo.

---

[13] Sabe-se que, no direito russo antigo, a expressão "fazer justiça pelas próprias mãos" significava, antes de mais nada, privar o *kniáz* de receber as custas que lhe eram devidas; do mesmo modo, no livro da lei de Erico, proibia-se estritamente os acordos privados da vítima ou de sua família com o infrator, se com isso se pretendia privar o rei de receber seu quinhão. Contudo, nessa mesma coletânea de leis, apresentar uma acusação na pessoa do rei ou de seu *amtmann* [em países nórdicos e de língua alemã, funcionário que, durante a Idade Média, desempenhava funções administrativas legislativas – N. T.] era permitido apenas em raríssimas exceções. Cf. W. Wilda, *Strafrecht der Germanen* (Halle, C. A. Schwetschke, 1842), p. 219.

* *Likhie liudi* (ou *likhoi tchelovek*): do início do século XV a meados do XVIII, a designação dada aos criminosos profissionais, incluindo os reincidentes, que eram caracterizados como banidos socialmente. (N. T.)

Se analisarmos as coisas a partir desse ponto de vista, o tribunal penal é apenas um apêndice do aparato de polícia e investigação. Na verdade, se o tribunal penal de Paris fechasse por alguns meses, os únicos prejudicados seriam os criminosos presos. Mas, se as famosas brigadas policiais interrompessem seus trabalhos, ainda que por um dia, isso seria o equivalente a uma catástrofe.

A jurisdição criminal do Estado burguês é o terror de classe organizado que apenas em certo grau diferencia-se das assim chamadas medidas excepcionais aplicadas no momento da guerra civil. Ainda Spencer indicou por meio de uma perfeita analogia a identidade entre uma reação defensiva dirigida a um ataque externo (guerra) e a reação dirigida contra um infrator da ordem interna (defesa jurídica ou tribunal)[14]. O fato de as medidas do primeiro gênero, ou seja, penais-punitivas, serem aplicadas *principalmente* contra os elementos marginais da sociedade, e as medidas do segundo gênero, *principalmente* contra os militantes ativos da nova classe que ascendem ao poder não muda em nada a essência das coisas, assim como as maiores ou menores regularidade e complexidade do processo utilizado. Entender o verdadeiro sentido da ação punitiva do Estado de classe é possível, apenas, partindo de sua natureza antagonista. As assim chamadas teorias do direito penal, que deduzem os princípios da política penal dos interesses da sociedade como um todo, estão praticando, consciente ou inconscientemente, uma deformação da realidade. "A sociedade como um todo" existe apenas na imaginação desses juristas. Na verdade, temos diante de nós classes com interesses contraditórios. Qualquer sistema historicamente dado de políticas punitivas traz impresso em si os interesses de classe daquela classe que o realizou. O senhor feudal condenava à execução alguns camponeses e cidadãos rebeldes contrários a sua dominação. Na Idade Média, era considerado infrator da lei todo aquele que queria exercer artesanato sem estar numa oficina; a burguesia capitalista, que mal acabara de nascer, declarou como crime o desejo dos trabalhadores de se unirem em associações.

Dessa maneira, os interesses de classe imprimem a marca da especificidade histórica a cada sistema de política penal. No que se refere, em particular, aos próprios métodos da política penal, é comumente aceito o destaque que se dá ao grande progresso alcançado pela sociedade burguesa nos tempos de Beccaria e Howard, no sentido de uma aproximação aos requisitos de humanidade. Refere-se aqui à abolição das torturas, dos castigos corporais e vexatórios, dos métodos de mutilação etc. Tudo isso representa, indiscutivelmente, um progresso, mas não se pode esquecer de que a abolição dos castigos corporais estava longe de ser algo generalizado. Na Inglaterra, o castigo corporal com vara, em caso de roubo e pilhagem, era limitado

---

[14] H. Spencer, Основания социологии [*Princípios da filosofia*] (São Petersburgo, 1898), v. 2, p. 384-7.

a 25 golpes para os menores de dezesseis anos e a até 150 golpes para os adultos. O suplício, na Inglaterra, era aplicado aos marinheiros. Na França, os castigos corporais eram aplicados como medida disciplinar aos detentos das penitenciárias. Na América, em dois estados, aplicava-se a mutilação nos criminosos, em forma de castração. A Dinamarca, em 1905, introduziu, para uma série de delitos, os castigos corporais do açoite com paulada e corda revestida de alcatrão. Há não muito tempo, a derrubada da República Soviética na Hungria foi marcada, entre outras coisas, pela introdução do castigo corporal para adultos a toda uma série de crimes contra a pessoa e a propriedade[15]. Vale notar, além disso, que justamente a última década do século XIX e a primeira do XX apresentaram uma visível tendência em toda uma série de países burgueses de reestabelecimento de castigos aterradores, aflitivos e vexatórios. O humanismo da burguesia dá lugar ao apelo à severidade, a uma mais ampla aplicação da pena de morte.

Kautsky explica que no fim do século XVIII e no início do XIX, ou seja, até a introdução do alistamento universal para o serviço militar, a burguesia era estruturada de modo pacífico e humano, uma vez que não servia ao Exército. É pouco provável que essa seja a principal razão. Em primeiro lugar, é preciso estabelecer a transformação da burguesia em classe reacionária, o medo diante do crescimento do movimento operário e, finalmente, a política colonial, que sempre foi uma escola de crueldade.

Apenas a completa extinção das classes dará a possibilidade de se construir um sistema de política penal do qual serão excluídos quaisquer elementos de antagonismo. Mas há, ainda, a pergunta se em tais condições haveria a necessidade de um sistema penal.

Se, devido a seu *conteúdo* e seu *caráter*, a prática penal do poder é um instrumento de defesa da dominação de classe, então, por sua forma, surge como elemento da superestrutura jurídica, integrando a ordem jurídica como um de seus ramos. Demonstramos aqui que a luta nua pela existência adquire forma jurídica com a introdução do princípio de equivalência. O ato de legítima defesa, dessa maneira, deixa de ser apenas um ato de autodefesa para se tornar uma forma de troca, um modo particular de circulação que ocupa seu lugar ao lado da circulação comercial "normal". Delito e pena são o que são, ou seja, adquirem sua natureza jurídica no solo das operações de transação. Enquanto essa forma se conserva, a luta de classes se realiza como jurisdição. Inversamente, o próprio termo "direito penal" perderia qualquer sentido, uma vez que dele evaporasse o princípio da relação de equivalência.

Dessa maneira, o direito penal se torna parte integrante da superestrutura jurídica, uma vez que encarna uma variedade dessa forma fundamental à qual a

---

[15] Cf. *Deutsche Strafrechtszeitung* [Revista do Direito Penal Alemão], n. 11-12, 1920.

sociedade moderna está subordinada: a forma da troca de equivalentes com todas as suas consequências e implicações. A realização dessas relações de troca no direito penal é um dos lados da realização do Estado de direito como forma ideal de relação entre os produtores de mercadoria independentes e iguais que se defrontam no mercado. Mas, assim como as relações abstratas não estão limitadas às relações abstratas entre proprietários de mercadoria, o tribunal penal é não apenas a encarnação da forma jurídica abstrata, e sim, ainda, uma arma imediata da luta de classes. Quanto mais aguda e tensa for essa luta, mais difícil se tornará exercer o domínio de classe na forma do direito. Nesse caso, o lugar do tribunal "imparcial" com suas garantias é ocupado pela organização da violência de classe direta, a qual em suas ações se orienta apenas por considerações de conveniência política.

Se considerarmos que a natureza da sociedade burguesa é ser uma sociedade de proprietários de mercadoria, deveremos assumir *a priori* que seu sistema penal é o mais jurídico, de acordo com o sentido que estabelecemos antes. Contudo, é como se de repente nos encontrássemos aqui diante de uma série de dificuldades. Primeiro, coloca-se o fato de que o direito penal moderno não parte, a princípio, do prejuízo da vítima, mas da violação da norma estabelecida pelo Estado. Uma vez que a vítima com suas reivindicações é colocada em segundo plano, vale perguntar onde está aqui a forma de equivalência. Contudo, em primeiro lugar, por mais que a vítima seja relegada ao segundo plano, ela ainda não desaparece, mas continua a representar o fundo da ação jurídico-penal que está em disputa. A abstração da violação do interesse público apoia-se totalmente na figura da vítima, que toma parte no processo pessoalmente ou por meio de um representante e confere a esse processo um sentido vital[16]. Além disso, até mesmo nos casos em que a vítima concreta não existe na realidade, quando se "reclama" alguma lei, tal abstração encontra encarnação real na pessoa do promotor de justiça. Essa dicotomia, por meio da qual o próprio poder estatal surge no papel de parte (o promotor) e no papel de juiz, demonstra que o processo penal, como forma jurídica, é indissociável da figura da vítima, que exige "reparação" e, consequentemente, é indissociável da forma mais geral do contrato. O promotor, como é esperado de uma "parte", reclama um "valor alto", ou seja, uma pena severa, o infrator solicita uma indulgência – "um desconto" –, e o tribunal decide "pela justiça". Coloque completamente de lado essa forma de contrato e você privará o processo penal da sua "alma jurídica". Imagine por um minuto que o tribunal se ocupe de fato apenas da discussão sobre a maneira de mudar a condição de vida de dada pessoa para que esta seja afetada no sentido de uma correção ou para que se proteja a sociedade, e o próprio sentido

---

[16] A satisfação da vítima é considerada ainda hoje um dos objetivos da pena. Cf. F. Listz, *Lehrbuch der deutschen Strafrechts* [Compêndio do direito penal alemão] (Berlim, C. Heymanns, 1905), §15.

do termo "pena" evapora. Isso não significa que todo o procedimento penal esteja completamente desprovido dos elementos simples e compreensíveis aqui citados; o que queremos demonstrar é, simplesmente, que nele, nesse procedimento, há particularidades que não abrangem considerações simples e claras sobre a finalidade social, mas representam um momento irracional, mistificador e absurdo, e, ainda, que é justamente esse o momento especificamente jurídico.

Ainda mais uma dificuldade encerra-se no que será exposto a seguir. O direito penal arcaico entende apenas o dano. A culpa e a culpabilidade, que ocupam um lugar de tamanho destaque no direito penal contemporâneo, estão completamente ausentes nesse estágio de desenvolvimento. O ato intencional, o ato descuidado e o ato acidental eram avaliados exclusivamente por suas consequências. O costume dos francos sálios e dos ossetas modernos estão, nesse sentido, no mesmo estágio de desenvolvimento. Assim, para os últimos, entre uma morte em consequência de um golpe de punhal e uma morte que aconteceu porque uma pedra rolou de uma montanha devido ao tropeço de um boi de outrem não há nenhuma diferença[17].

Disso não decorre absolutamente, como se vê, que para o direito antigo o conceito em si de responsabilidade fosse algo estranho. Ele apenas era determinado por meio de um método diferente. No direito penal contemporâneo, de acordo com o individualismo radical da sociedade burguesa, temos um conceito de responsabilidade estritamente pessoal. O direito antigo, ao contrário, estava repleto do princípio da responsabilidade coletiva: os filhos eram castigados pelos pecados dos pais, o clã respondia por cada um de seus membros. A sociedade burguesa dissolve todos os laços primitivos e orgânicos preexistentes entre os indivíduos. Ela proclama o princípio "cada um por si" e o realiza de modo consistente em todos os domínios, incluindo o direito penal. Ademais, o direito penal moderno introduziu no conceito de responsabilidade um momento psicológico e, assim, atribui-lhe grande flexibilidade. Ele se diferencia em dois níveis: responsabilidade pelo resultado que foi previsto (dolo) e responsabilidade pelo resultado que não foi previsto, mas que poderia ter sido previsto (culpa). Finalmente, construiu o conceito de inimputabilidade, ou seja, a total ausência de responsabilidade. A introdução do momento psicológico no conceito de responsabilidade significava, evidentemente, a luta racional contra os crimes. Apenas com base nas diferenças entre as ações imputáveis e inimputáveis pode ser construída uma teoria da

---

[17] Se um dos animais de um rebanho de ovelhas ou boi ou de um rebanho de cavalos, diz a lei escrita dos costumes dos ossetas, derruba uma pedra de uma montanha e essa pedra provoca ferimentos ou a morte de quem está passando, então os parentes do ferido ou do morto perseguem o dono do gado exigindo vingança de sangue como se o tivesse sido intencional ou exigem deles pagamento em sangue. Cf. M. Kovaliévski, *Os costumes modernos e a lei antiga*, cit., p. 105.

prevenção particular e geral. Contudo, na medida em que a relação entre o infrator e o poder que pune constrói-se como relação jurídica e assume a forma de um processo judicial, esse novo momento não exclui de modo nenhum o princípio da reparação equivalente; ao contrário, cria para ele a aplicação de um novo fundamento. O que significam essas distinções senão a diferenciação das condições de um futuro contrato judiciário?! A gradação de responsabilidades é um fundamento para a gradação das penas, esse momento novo, ideal ou, se preferir, psicológico, que se une ao momento material do prejuízo e ao momento objetivo da ação para oferecer conjuntamente um fundamento para a determinação da proporção da pena. Em um ato cometido dolosamente, a responsabilidade é mais grave e, consequentemente, em iguais condições, mais grave será a pena; em um ato cometido por mera culpa, a responsabilidade será menos grave, e *caeteris paribus*, a pena diminui; finalmente, em caso de responsabilidade inexistente (infrator inimputável), o castigo não é aplicado. Coloquemos no lugar da pena a *Behandlung* [tratamento terapêutico], ou seja, um conceito jurídico por um conceito médico-pedagógico, e nós chegaremos a resultados completamente diferentes, pois, antes de tudo, nos interessará *não a proporcionalidade*, mas *a correspondência* das medidas aplicadas com aqueles objetivos que com isso buscamos alcançar, ou seja, objetivos de proteção da sociedade, de tratamento do infrator etc. A partir desse ponto de vista, a relação pode se revelar como seu oposto; ou seja, no caso de uma responsabilidade atenuada, revelam-se necessárias medidas de tratamento mais longas e intensivas.

A ideia de responsabilidade é indispensável se o castigo surge como meio de acerto de contas. O criminoso responde com sua liberdade pelo delito e responde com essa porção de liberdade que é *medida* de acordo com a gravidade de seus atos. Essa ideia de responsabilidade é completamente desnecessária quando o castigo perde seu caráter de equivalência. Mas, a partir do momento em que nem os resquícios desse princípio são, de fato, conservados, o crime deixa de ser crime no sentido jurídico da palavra.

O conceito jurídico de culpa não é científico, pois conduz diretamente às contradições do indeterminismo. Do ponto de vista do encadeamento de causas que geram este ou aquele evento, não há o menor fundamento em dar preferência a um elo em detrimento de outro. As ações de um homem psicologicamente anormal (inimputável) se devem a uma série de causas, ou seja, hereditariedade, condições de vida, meio etc., tanto quanto as ações de um homem completamente normal (imputável). É interessante destacar que a pena aplicada como medida pedagógica (ou seja, excluindo a ideia jurídica de equivalência) não está de modo nenhum ligada às noções de imputabilidade, livre arbítrio etc., tampouco necessita dessas noções. A viabilidade da pena (falamos aqui, evidentemente, de viabilidade num sentido mais geral, independentemente da forma de pena escolhida, se mais indulgente ou mais severa etc.) em pedagogia define-se exclusivamente pela presença suficientemente desenvolvida da capacidade de perceber a ligação entre seus atos e suas consequências desagradáveis, além de guardar na memória tal ligação. Inimputáveis, nesse sentido, ou seja, que se deixam influenciar em determinado sentido, são também aquelas pessoas que a lei penal considera não portadoras de responsabilidade por seus atos, ou seja, as crianças desde a mais tenra idade e pessoas com deficiência mental[18].

A pena proporcional à culpa representa, fundamentalmente, a mesma forma que a reparação proporcional ao prejuízo. É, antes de mais nada, a expressão aritmética que caracteriza a "severidade" da sentença: a quantidade de dias, meses etc. de privação da liberdade, esta ou aquela soma de dinheiro de multa, a privação de tais e quais direitos. A privação da liberdade por um prazo determinado de antemão e especificado por uma sentença do tribunal é aquela forma específica por meio da qual o direito penal moderno, ou seja, burguês-capitalista, realiza o princípio da reparação equivalente. Esse modelo é inconsciente, mas está profundamente ligado ao homem abstrato e à abstração do trabalho humano mensurável pelo tempo. Não é por acaso que essa forma de castigo se fortaleceu e começou a parecer natural justamente no curso do século XIX, ou seja, quando a burguesia se desenvolveu completamente e pôde afirmar todas as suas características. É claro que prisões e calabouços existiam também na Antiguidade e na Idade Média, ao lado de outros meios de castigo físico. Mas neles deixavam-se as pessoas até a morte (ou quase) ou até que pagassem em dinheiro pelo resgate.

Para que surgisse a ideia da possibilidade de pagar pelo delito com a privação de uma quantidade predeterminada de liberdade abstrata, foi preciso que todas as formas concretas de riqueza social estivessem reduzidas à forma simples e abstrata – trabalho humano medido pelo tempo. Observamos aqui, sem dúvida, mais um caso que confirma o entrecruzamento de diferentes aspectos da cultura. O capitalismo industrial, a Declaração dos Direitos do Homem e do Cidadão, a economia política ricardiana* e o sistema de prisão com prazo de encarceramento são fenômenos de uma única e mesma época histórica.

---

[18] O famoso psiquiatra Kraepelin afirma que "o trabalho pedagógico entre os doentes mentais, de fato, tal qual se realiza hoje com grande sucesso, seria certamente impensável se todos aqueles doentes mentais intocáveis pela lei penal fossem, na realidade, privados da liberdade de autodeterminação naquele mesmo sentido que entendem os legisladores". E. Kraepelin, *Die Abschaffung des Strafmasses: ein Vorschlag zur Reform der heutigen Strafrechtspflege* [A abolição da medida da pena: proposta de reforma da atual administração do direito penal] (Stuttgart, F. Enke, 1880), p. 13. É preciso dizer que o autor faz ressalvas para que não entendam que ele não está sugerindo que se estabeleça uma responsabilidade jurídica penal para os loucos. Contudo, essas considerações mostram de modo bastante claro que o direito penal não se vale do conceito de imputabilidade como condição de prova no único sentido claro que emprega a ciência psicológica e pedagógica.

* Referência ao economista inglês David Ricardo. (N. T.)

Mas, a partir do momento em que a equivalência da pena em sua forma brutal, materialmente tangível de aplicação de castigo físico ou cobrança de uma restituição em dinheiro, justamente graças a essa brutalidade, conserva seu sentido simples compreensível por todos, ela, em sua forma abstrata de privação da liberdade por um prazo determinado, perde esse sentido, muito embora continuemos a falar em medida de pena *proporcional* à gravidade da ação.

Por isso é tão natural o desejo de muitos teóricos do direito penal, principalmente daqueles que se consideram avançados, de eliminar completamente esse momento da equivalência, que se torna claramente absurdo, e concentrar a atenção nos objetivos racionais da pena. O erro desses criminalistas progressistas se encerra no fato de que, ao criticar a assim chamada teoria absoluta da pena, acreditam estar diante apenas de pontos de vista falsos, confusões de pensamento que podem ser dissipadas com uma crítica teórica. Na verdade, a forma absurda da equivalência não surge a partir das confusões de determinados criminalistas, mas a partir das relações materiais da sociedade de produção mercantil que dela se alimenta. A contradição entre o fim racional da proteção da sociedade ou a reeducação do infrator e o princípio da restituição por equivalência existe não apenas nos livros e nas teorias, mas na própria vida, na prática tribunal, na própria estrutura da sociedade. Desse mesmo modo, a contradição entre o fato de o trabalho conectar as pessoas como tais e a forma absurda de expressão desse fato no valor da mercadoria existe não só nas teorias e nos livros, mas na própria prática social. Para demonstrar isso, basta nos determos sobre alguns momentos. Se, de fato, na vida social, a pena fosse encarada exclusivamente do ponto de vista de sua *finalidade*, então um interesse muito maior suscitaria a própria execução da pena e, sobretudo, seu resultado. Entretanto, quem irá negar que o centro de gravidade do processo penal para a esmagadora maioria está nas salas de audiência e no pronunciamento da sentença?

O interesse que se manifesta sobre a exposição mais ou menos prolongada do infrator à pena é absolutamente insignificante se comparado ao interesse que provoca o momento espetacular do pronunciamento da sentença e da determinação da "medida penal". As questões relativas à reforma penitenciária são, claramente, preocupação apenas de um pequeno círculo de especialistas; para o grande público, o centro de atenção consiste na correspondência entre a sentença e a gravidade do ato. Se, para a opinião geral, a equivalência foi determinada a contento pelo tribunal, então é como se tudo estivesse resolvido, e o posterior destino do infrator pouco interessará a alguém. "A doutrina da execução da sentença", lamenta Krohne, um dos mais destacados especialistas nesse domínio, "é a criança-problema da administração do direito penal" – em outras palavras, encontra-se relativamente negligenciada – e, prossegue ele, "O senhor pode ter a melhor das leis, o melhor dos juízes, o melhor conhecimento, mas, se o oficial de execução penal não for competente, então se pode jogar a lei na cesta do lixo e lançar o conhecimento no fogo!"[19].

Mas não é apenas nessa distribuição da atenção da sociedade que se constata o domínio do princípio da reparação equivalente. De modo não menos tímido, manifesta-se na própria prática do tribunal. Na verdade, a que tipo de fundamentação respondem as sentenças que Aschaffenburg recupera em seu livro *O delito e a luta contra ele*? Eis aqui apenas duas de uma série: um reincidente condenado 22 vezes por falsificação, roubo, fraude etc. é sentenciado pela 23ª vez a 24 dias de prisão por desacato a um funcionário. Outro, que no total passou treze anos entre cadeias e penitenciárias (*Zuchthaus*), condenado dezesseis vezes por roubo, fraude etc., é sentenciado pela 17ª vez por fraude a quatro meses de prisão[20]. Nesses casos, evidentemente, não se pode falar nem em função protetiva nem em função corretiva da pena. Prevalece aqui o princípio formal da equivalência: a uma culpa igual – uma igual medida penal[21]. E, na verdade, o que mais poderia fazer o tribunal? Não se pode esperar corrigir um reincidente contumaz em três semanas de reclusão, mas não se pode também, por um simples desacato a um funcionário, isolar o tal sujeito por toda a vida. Não lhe resta outra coisa senão conceder ao infrator a chance de pagar em sua própria moeda (umas quantas semanas de privação da liberdade) pelo pequeno delito. De resto, a justiça burguesa coloca todo seu empenho para que o contrato com o infrator cumpra-se de acordo com todas as regras da arte, ou seja, para que cada um possa verificar e garantir que o pagamento seja feito com justiça (princípio da publicidade do processo judicial), para que o infrator possa negociar livremente (princípio do contraditório), para que, com isso, possa usar os serviços de um profissional judiciário experiente (direito de ser representado por um advogado) etc. Em resumo, o Estado estabelece sua relação com o infrator no quadro leal de um negócio comercial, e é nisso que consiste a assim chamada garantia do processo penal.

O infrator deve saber de antemão *por que* deve e o que deve: *nullum crime, nulla poena, sine lege*. O que isso significa? Que seria necessário que todo infrator em potencial fosse informado precisamente sobre os métodos de correção que lhe serão aplicados? Não, o caso aqui é bem mais simples e rude: ele deve conhecer com qual quantidade de sua liberdade pagará como resultado da transação judicial. Ele deve conhecer antecipadamente as condições nas quais o pagamento lhe será exigido. É esse o sentido dos códigos penais e processuais penais.

---

[19] Citado por G. Aschaffenburg, *Das Verbrechen und seine Bekämpfung* [O crime e o combate a ele] (Heidelberg, [C. Winter,] 1903), p. 199-200.

[20] Ibidem, p. 205-6.

[21] Esse absurdo não é nada além de celebração da ideia jurídica, pois o direito é a aplicação de uma única medida e nada mais encerra em si.

Não se pode pensar que, no princípio, o direito penal tenha sido dominado pela falsa teoria da reparação e que depois prevaleceu o ponto de vista justo da defesa social. Não se pode considerar que o desenvolvimento se deu apenas no plano das ideias. A verdade é que, tanto antes quanto depois do aparecimento das tendências sociológica e antropológica na criminologia, a política punitiva continha o elemento social, na verdade, de defesa de classe. Contudo, junto com isso, ela continha e contém aqueles elementos que não surgem a partir das finalidades *técnicas* e não permitem que o procedimento punitivo exprima-se *integralmente e sem resíduos* na forma racional, desmistificada, das regras sociais técnicas. Esses elementos – cuja origem é preciso buscar não na própria política penal, mas muito mais profundamente – dão sustentação real às abstrações jurídicas do delito e da pena e atribuem a elas um significado prático no quadro da sociedade burguesa, não obstante todos os esforços da crítica teórica.

Um dos mais notáveis representantes da escola sociológica, van Hammel, afirmou, como se sabe, no congresso de criminalistas de Hamburgo, em 1905, que os principais obstáculos para a criminologia moderna são os três conceitos: culpa, delito e pena; "quando os eliminarmos", acrescenta, "tudo será melhor". A isso, pode-se responder que as formas de consciência burguesa não são abolidas por meio apenas de uma crítica ideológica, pois elas constituem uma unidade com a relação material que elas refletem. A superação dessas relações na prática, ou seja, a luta revolucionária do proletariado e a realização do socialismo, é o único caminho para a dissipação dessa miragem tornada realidade.

Não basta declarar que os conceitos de culpa e culpabilidade são preconceitos para inserir imediatamente, na prática, uma política punitiva que faça deles algo desnecessário. Enquanto a forma da mercadoria e a forma do direito que dela se origina continuarem a impor sua marca na sociedade, a ideia, no fundo absurda, ou seja, do ponto de vista não jurídico, de que a gravidade de cada delito pode ser pesada e expressa em meses ou anos de encarceramento conservará, na prática judiciária, sua força e seu real significado.

Pode-se, claro, declinar de proclamar essas ideias de forma tão grosseiramente chocante. Mas isso nem de longe quer dizer que podemos, finalmente, eliminar seu efeito na prática. A alteração terminológica não muda a essência da coisa. O *Narcomiust** da RSFSR**, ainda em 1919, publicou orientações para regulamentar o direito penal, nas quais rejeitava o princípio de culpabilidade como fundamento da

* Acrônimo para Comissariado do Povo para a Justiça (em russo, Наркомюст – Народный комиссариат юстиции). (N. T)

** Sigla para República Socialista Federativa Soviética da Rússia; em russo, Российская Советская Федеративная Социалистическая Республика (РСФСР). (N. T.)

pena, a qual deveria ser interpretada não como punição pela culpa, mas exclusivamente como medida de defesa. Do mesmo modo, o Código Penal da RSFSR dispensa o conceito de culpa. Finalmente, "os princípios fundamentais da legislação penal da União Soviética", adotados pela TsIK* da URSS, rompe com o próprio termo "pena", substituindo-o pelo termo "medida de defesa social de caráter judicial-corretivo".

Tal alteração terminológica tem, evidentemente, certo sentido declarativo. Contudo, fundamentalmente, a questão não será solucionada por meio de uma declaração. Transformar a pena de retaliação e reparação em medida de defesa social apropriada e em correção de dada personalidade socialmente perigosa significa solucionar uma enorme tarefa organizacional, que não só reside fora da ação puramente judicial, mas, principalmente, se bem-sucedida, torna desnecessários o processo judicial e a sentença judicial, pois, quando essa tarefa for completamente solucionada, o impacto do trabalho correcional deixará de ser uma simples "consequência jurídica" da sentença judicial, que sanciona este ou aquele crime, e será uma função social perfeitamente autônoma de ordem médico-pedagógica. Não há dúvida nenhuma de que nosso desenvolvimento vai e continuará indo adiante por esse caminho. Enquanto, ao falarmos sobre as medidas de defesa social, tivermos de dar ênfase à palavra "judicial", enquanto se conservarem as formas do processo jurídico e do Código Penal, a alteração terminológica será, em grande medida, puramente verbal. É óbvio que isso não poderia escapar à atenção dos juristas que escreveram a respeito de nosso CP**. Cito apenas alguns comentários: N. N. Poliánski verifica que, na parte especial do Código Penal, "a negação da culpabilidade tem um impacto puramente exterior, e só", e que "a questão da culpabilidade e dos graus de culpabilidade é uma questão diária na prática cotidiana de nossos tribunais"[22]. M. I. Issaiev, precisamente sobre isso, nota que o conceito de culpa "é conhecido do Código de 1922, pois este diferencia o dolo da culpa e, confrontando-os ao *casus*, diferencia a pena da medida de defesa social em sentido estrito"[23]. O

* Sigla para Comitê Executivo Central (em russo, Центральный исполнительный комитет – ЦИК). (N. T.)

** No original "УК", sigla em russo para "Código Penal". (N. T.)

22 N. N. Polianski, "Уголовный кодекс РСФСРи германский проект уголовного уложения" ["Código Penal na RSFSR e o projeto alemão de regulamentação penal"], Право и Жизнь [*Direito e vida*], livro 3.

23 M. M. Issaev, "Código Penal de 1º de junho de 1922", Советское право [*O direito soviético*], 1922, livro 2; cf. também: V. S. Trakhterov, "Формула невменяемости в Уголовном кодекс РСФСР" ["A fórmula da insanidade no Código Penal da RSFSR"], Вестник советской юстиции [*Revista da Justiça Soviética*], Órgão do Comissariado do Povo para a Justiça da República Socialista Soviética da Ucrânia, n. 5, 1923.

caso, claro, encerra-se no fato de que o Código Penal propriamente dito e o procedimento jurídico para o qual ele foi criado foram impregnados pelo princípio jurídico da reparação equivalente. Na realidade, o que representa a parte geral de qualquer Código Penal (incluindo o nosso) com seus conceitos de cumplicidade, coparticipação, tentativa, preparação etc., senão um modo mais preciso de medir a culpabilidade? O que representa a distinção entre dolo e culpa, senão uma distinção entre os graus de culpabilidade? Que sentido teria o conceito de imputabilidade, se não existisse o conceito de culpabilidade? Finalmente, para que seria necessária toda uma parte especial do código, se a questão é apenas sobre medidas de defesa social (de classe)?

Na verdade, uma aplicação coerente do princípio da proteção da sociedade exigiria que se fixassem não determinações de *corpo de delito* (com as quais há uma ligação lógica de *medida de pena*, determinada pela lei ou pelo tribunal), mas precisamente a descrição de *sintomas* que caracterizam um estado socialmente perigoso e o desenvolvimento de métodos que fossem necessariamente aplicados em cada caso a fim de salvaguardar a sociedade. A questão não é apenas, como pensam alguns, uma medida de defesa social em sua aplicação ligada ao momento subjetivo (forma e grau de perigo social); a pena se baseia no momento objetivo, ou seja, na concretude da composição do delito definida na parte especial do código[24]. A questão está no caráter dessa ligação. É por isso que é difícil apartar o crime de sua base objetiva, já que ele não pode despojar-se de sua forma de equivalência sem perder sua característica fundamental. Entretanto, é somente a composição concreta da pena que dá certa aparência de grandeza mensurável e, consequentemente, certa aparência de equivalência. Pode-se obrigar um homem a *pagar* por uma ação, mas não faz sentido obrigá-lo a pagar pelo fato de a sociedade o ter declarado um sujeito perigoso. Por isso, a pena supõe um tipo legal de crime precisamente fixado. A medida de defesa social o dispensa. A coerção para um julgamento é uma coerção jurídica dirigida a um sujeito dentro do quadro formal do processo, da sentença e de seu cumprimento. Essas regras podem ser mais ou menos complexas se o objetivo for a eliminação mecânica de um membro perigoso da sociedade ou sua correção; mas, em todos os casos, nelas se expressa clara e simplesmente como um fim social em si. Nas normas jurídicas que definem uma pena para cada crime, pelo contrário, esse objetivo social surge de forma mascarada. O indivíduo submetido a um tratamento está na posição de devedor que paga a dívida. Não é de admirar que a "sanção" designa igualmente tanto uma execução forçada da obrigação privada quanto uma punição disciplinar. Isso se expressa por meio da expressão "cumprir a pena". O infrator que cumpre sua

---

[24] Cf. A. A. Piontkovski, "Меры социальной защиты и Уголовный кодекс" ["Medidas de proteção social e o Código Penal"], Советское право [*O direito soviético*], n. 3 e 6, 1923.

pena retorna à posição inicial, ou seja, à existência individualista da sociedade, à "liberdade" de contrair obrigações e cometer delitos.

O direito penal, assim como o direito em geral, é uma forma de relação entre sujeitos egoístas isolados portadores de interesse privado autônomo ou entre proprietários ideais. Os criminalistas burgueses mais cautelosos percebem muito bem essa ligação entre o direito penal e a forma jurídica em geral, ou seja, as condições fundamentais sem as quais é inconcebível uma sociedade de produtores de mercadorias. É por isso que, nos apelos dos representantes extremos das escolas sociológica e antropológica, ao colocar *ad acta* os conceitos de delito e de culpa e, em geral, acabar com a concepção jurídica do direito penal, eles indagam: e como fica, nesse caso, o princípio das liberdades do cidadão, as garantias da legalidade do procedimento, o princípio *nullum crimen sine lege* etc.?

É justamente essa a posição adotada por Tchubinski na polêmica com Ferri, Dorado e outros. Segue uma de suas passagens características:

> Fazendo justiça a sua (de Dorado) maravilhosa fé no poder ilimitado da ciência, preferimos, todavia, permanecer em terreno sólido, ou seja, contar com a experiência histórica e os fatos da realidade prática; então, deveremos admitir que é bem-vindo não o arbítrio "esclarecido e racional" (e onde está a garantia de que ele será justamente assim?), mas uma ordem jurídica sólida, cuja conservação mantém a necessidade de um estudo *jurídico*.[25]

Os conceitos de delito e pena, como ficou claro a partir do que foi exposto anteriormente, são definições necessárias da forma jurídica, das quais poderemos nos livrar somente quando dermos início à eliminação da superestrutura jurídica em geral. E, quando começarmos de fato, não apenas nas declarações, a eliminar esses conceitos e conseguirmos nos virar sem eles, esse será o sintoma de que, diante de nós, alargam-se os estreitos horizontes do direito burguês.

---

[25] M. P. Tchubinski, Курс уголовной политики [*Curso de política penal*] (Iaroslavl, 1909), p. 20 e seg.

Viktor Deni, *Capitalistas de todos os países, uni-vos!*, 1920.

Índice onomástico

Adoratski, Vladímir Víktorovich (1878-1945): historiador e teórico político soviético; autor de diversos trabalhos sobre teoria marxista do Estado e do direito e sobre filosofia e história do marxismo. Foi assistente administrativo do Arquivo Central da URSS e membro da Academia de Ciências da URSS. p. 95, 147.

Aleksiéiev, Nikolai Nikolaivitch (1879-1964): historiador e jurista russo, um dos ideólogos do eurasianismo, tendo estabelecido os fundamentos do "direito eurasista". p. 110.

Beccaria, Cesare (1738-1794): aristocrata, jurista e economista italiano, considerado o principal representante do iluminismo penal. Seu livro *Dos delitos e das penas*, escrito após ter sido preso, é uma das obras mais influentes do direito penal moderno, tendo contribuído para a sedimentação da ideia de proporcionalidade entre delito e pena. p. 84, 172.

Bentham, Jeremy (1748-1832): jurista e filósofo utilitarista inglês. Sua teoria moral influenciou muito o liberalismo inglês. Em direito penal, defendia uma noção pragmática de pena, que deveria ser pensada de acordo com a utilidade social de sua aplicação. Foi idealizador do projeto de prisão panóptica, um dispositivo de vigilância total, associado ao surgimento do cárcere moderno. Sua obra principal é *Uma introdução aos princípios da moral e da legislação*. p. 166.

Bergbohm, Karl Magnus (1849-1927): jurista alemão, defensor do positivismo jurídico. p. 84.

Binder, Julius (1870-1939): filósofo do direito alemão; a princípio, destaca-se como discípulo do neokantista Rudolf Stammler, do qual depois se afasta, tornando-se um grande opositor dessa matriz teórica. Adepto de uma forma de neo-hegelianismo, defendia um "idealismo objetivo" em oposição ao positivismo jurídico. Seu nome é associado ao apoio ao regime nazista. p. 163.

Bukhárin, Nikolai Ivánovitch (1888-1938): político russo, teórico marxista e um dos líderes da Revolução Russa. Ocupou importantes cargos políticos e foi personagem-chave na elaboração das políticas econômicas adotadas pela URSS. Foi membro do Politburo e do comitê central do Partido Comunista da URSS, editor do *Pravda* e líder da Internacional Comunista. Era um crítico da "burocracia" do Estado e defendia um "socialismo humanista", de corte mais democrático e gradualista. p. 74.

Cohen, Hermann (1842-1918): filósofo alemão ligado ao neokantismo e um dos fundadores da Escola de Marburgo. Seu livro mais importante é *System der Philosophie*, publicado em 1902. p. 68.

Dernburg, Heinrich (1829-1907): jurista, professor e político alemão, cujos trabalhos buscavam um equilíbrio entre os "interesses mercantis" e as "utopias sociais". p. 123-4, 128.

Duguit, Pierre Marie Nicolas Léon (1859-1928): jurista francês especialista em direito público, membro da escola sociológica do direito e crítico destacado das teorias subjetivas do direito, opunha-se a concepções jurídicas do Estado, como a de Georg Jellinek. Na esteira de Émile Durkheim, o autor defende que as normas de direito objetivo são baseadas em solidariedade social substancial, e não o contrário. Entre suas principais obras estão *L'État, le droit objectif et la loi positive*, *Souveraineté et liberté* e *Traité de droit constitutionnel*. p. 106-8.

Feuerbach, Ludwig Andreas (1804-1872): filósofo e teólogo alemão cujo pensamento é considerado, entre outras coisas, o elo entre as filosofias de G. W. F. Hegel e Karl Marx. Desenvolveu uma crítica da religião baseada no conceito de alienação. p. 144.

Gerardo de Cambrai (ou de Florennes) (c. 975-1051): bispo de Cambrai de 1012 até sua morte; pertencente ao alto clero da Igreja católica, foi um sábio e influente político, com obra notável de justificação da ordem social feudal. p. 140.

Goikhbarg, Aleksandr Grigórievitch (1883-1962): social-democrata russo, depois bolchevique, jurista, estadista soviético, um dos criadores do Código da Família da URSS, considerado extremamente inovador do ponto de vista do direito das mulheres. p. 108-9, 113-4.

Grotius, Hugo (também Hugo Grócio, Huig de Groot e Hugo de Groot) (1583-1645): foi um jurista dos Países Baixos, considerado um dos fundadores do direito internacional. Destacou-se como defensor da doutrina do direito natural. Entre suas obras, destaca-se *O direito da guerra e da paz*. p. 146, 168.

Gumplowicz, Ludwig (1839-1909): advogado, professor e político polonês. Foi um dos fundadores da sociologia europeia. Defende uma concepção realista de Estado, entendendo-o como poder efetivo resultante da luta entre raças. Sua obra é interpretada como apologética do imperialismo. p. 72, 93-4, 104-6, 141-2, 147, 151.

Hauriou, Maurice (1856-1929): jurista e sociólogo francês. É considerado um dos fundadores do direito administrativo francês, o qual influenciou e fundamentou com sua teoria das instituições. p. 128-9, 139, 141.

Heinzen, Karl Peter (1809-1880): democrata radical alemão, escreveu para a *Gazeta Renana*. Exiliado na Europa e nos Estados Unidos, contribuiu para vários jornais, defendendo, entre outras ideias notáveis, o fim da escravidão norte-americana e os direitos das mulheres. p. 102-3.

Iáblotchkov, Tíkhon Mikháilovitch (1880-1926): jurista russo-soviético, especialista em direito privado internacional. p. 93.

Ihering, Rudolf von (1818-1892): um dos mais importantes juristas da Alemanha; sua obra influencia decisivamente a cultura jurídica do Ocidente. Seu pensamento parte da escola da jurisprudência dos conceitos, ecoando, na Alemanha, o juspositivismo do Código Civil Francês de 1804. Na fase final de sua obra, seu pensamento aponta para uma jurisprudência dos interesses. Seus livros mais importantes são *A luta pelo direito* e *A finalidade do direito*. p. 110, 114, 166, 169-70.

Ilinski, Igor Vladimírovitch (1880-1937): advogado russo-soviético, bibliógrafo, estudioso de literatura, colaborador da Casa Museu L. N. Tolstói em Iásnaia Poliana. p. 115.

Jellinek, Georg (1851-1911): filósofo do direito e juiz alemão; entre suas diversas publicações, destaca-se o livro *Teoria geral do Estado*, uma das obras mais influentes da disciplina. Sua proposição de uma teoria do direito universalista, em oposição às teorias baseadas em especificidades nacionais e culturais, influenciou o pensamento de autores como Hans Kelsen. p. 112, 147-8.

Kant, Immanuel (1724-1804): filósofo alemão, professor da Universidade de Königsberg; seu realismo transcendental – ou crítico – é um marco importante da filosofia ocidental. p. 149, 154-6, 158, 160, 163.

Puchta, Georg Friedrich (1798-1846): jurista alemão. Partindo da Escola Histórica de Direito, é considerado um dos fundadores da jurisprudência dos conceitos. Sua principal obra é o *Manual das Pandectas*. p. 118, 142.

Razumovski, Isaac Petróvitch (1893-?): filósofo, teórico do direito e sociólogo soviético; autor de um dos primeiros cursos soviéticos de materialismo histórico. p. 115, 117-8.

Reisner, Mikhail Andréievitch (1868-1928): cientista, jurista, psicólogo social e historiador russo. Participou da elaboração da primeira Constituição soviética. Foi um dos fundadores da Sociedade Psicanalítica Russa e trabalhou no Comissariado do Povo para a Educação. p. 87-91, 96, 164.

Schopenhauer, Arthur (1788-1860): professor e filósofo alemão de inspiração kantiana. Sua obra-prima, *O mundo como vontade e representação*, influenciou autores como Sigmund Freud. p. 157.

Simmel, Georg (1858-1918): sociólogo alemão; desenvolveu a sociologia formal, tendo lançado com seu livro *Soziologie: Untersuchungen über die Formen der Vergesellschaftung* as bases da orientação hermenêutica de sociologia. p. 69-70.

Soloviov, Vladímir Serguéievitch (1853-1900): poeta simbolista, filósofo e teólogo russo. Suas diversas obras influenciaram autores como Fiódor Dostoiévski e Lev Tolstói. p. 156-7.

Stammler, Rudolf (1856-1938): filósofo do direito alemão; inspirador da corrente neokantiana no âmbito jurídico. Defende uma variante "teleológica" do positivismo jurídico, que entende o direito como norma jurídica justa. p. 68, 70, 84.

Stutchka, Piotr [Pēteris Stučka] (1835-1932): advogado e político letão, é considerado um dos principais teóricos marxistas do direito. Foi presidente e primeiro-ministro da Letônia de janeiro a maio de 1919. Com destaque, ocupou diversos postos relevantes na antiga União Soviética, entre eles o de Comissário do Povo para a Justiça. Dentre as suas mais importantes obras está *Direito e luta de classes*. p. 60, 64-5, 71-2, 87, 91, 96.

Trubetskoi, Evguiéni Nikoláevitch (1863-1920): filósofo, jurista e publicista russo, é autor da primeira *Enciclopédia de direito russa*. p. 164.

Tugan-Baranovski, Mikhail Ivánovitch (1865-1919): economista, historiador e principal representante do marxismo jurídico na Ucrânia. p. 153.

Voltaire (pseudônimo de François-Marie Arouet) (1694-1778): escritor, ensaísta e filósofo iluminista francês. É uma das figuras do Iluminismo cujas obras e ideias a favor do livre pensamento e do livre mercado marcaram tanto a Revolução Francesa quanto a Americana. Sua obra principal é o romance *Cândido, ou O otimismo*. p. 84.

Wundt, Wilhelm Maximilian (1832-1920): médico, filósofo e psicólogo alemão; um dos fundadores da moderna psicologia experimental. Suas principais ideias estão sintetizadas em *Fundamentos da psicologia fisiológica*. p. 69.

Ziber, Nikolai Ivánovitch (1844-1888): economista e acadêmico russo e um dos primeiros divulgadores do marxismo na Rússia. p. 73-4.

A teoria socioeconômica de Pachukanis*

Umberto Cerroni

Pachukanis[1] marca o momento de mais alta consciência teórica alcançado pelo pensamento jurídico soviético. Em muitos aspectos, sua figura assemelha-se à de Stutchka. Empenhado como ele na batalha política, Pachukanis é ao mesmo tempo um estudioso rigorosamente amarrado à investigação cientifica e muito menos inclinado do que Stutchka a conceber a obra do jurista revolucionário como mero e pragmático "serviço" à revolução. Sua produção não é vasta, mas sua principal obra é uma síntese conceitual cerrada, que, pelo menos, traz a lume todos os grandes problemas teóricos que se põem relativamente à teoria do direito na nova

---

* Item 5 do capítulo 2 do livro *Il pensiero giuridico sovietico* (Roma, Riuniti, 1969), traduzido do original em italiano por Maria de Lourdes (Sá Nogueira) Saraiva para a edição portuguesa *O pensamento jurídico soviético* (Mem Martins, Europa-América, 1976). Aqui publicado com as adaptações necessárias à edição brasileira. (N. E.)

[1] Evguiéni B. Pachukanis nasceu em 10 de fevereiro de 1891, em Staritsa, província de Tver, atual Calinine. Foi vice-presidente da Academia Comunista e diretor do Instituto da Construção Soviética e do Direito. Em 1936, acumulou o cargo de vice-comissário do Povo para a Justiça da URSS, do qual foi destituído após um duro ataque de P. Judin (*Pravda*, 10 de janeiro de 1937). Desapareceu durante as repressões stalinistas, provavelmente fuzilado. A sua reabilitação foi publicamente comunicada pelo professor Orlovski, membro correspondente da Academia das Ciências da URSS, num artigo publicado no *Vestnik Akademii Nauk* (n. 8, ago. 1956). A sua obra principal teve três edições (1924, 1926, 1927) e foi seguidamente traduzida em alemão, inglês, servo-croata e italiano. Sobre ela, além das citadas antologias sobre a filosofia jurídica soviética e das obras gerais, ver a introdução de Ljubomir Taditch à tradução servo-croata de Evguiéni B. Pachukanis, *Opsta teorija prava i marksizam* (Sarajevo, Veselin Masleša, 1958), e, do mesmo autor, *Filozofske osnove pravne teorije Hansa Kelsena* ["Os fundamentos filosóficos da teoria jurídica de Hans Kelsen"] (Sarajevo, Veselin Masleša, 1962) e, ainda, Z. Anzulovic, "Pasukanisova teorija prava u svijetlu kritike" ["A teoria do direito de Pachukanis à luz da crítica"], *Zbornik radova Pravnog fakulteta u Splitu*, 5, 1967, p. 7-38.

sociedade. Como Stutchka, finalmente, propõe estes dois pontos específicos de enfoque do fenômeno jurídico: a) aproximação não meramente analógica, mas causal, do fenômeno jurídico à fenomenologia da produção mercantil; b) consideração do fenômeno jurídico como alicerce de uma ideologia jurídica específica, própria do mundo moderno. No entanto, dois elementos, pelo menos, diferenciam profundamente sua perspectiva da de Stutchka. O primeiro refere-se a uma mais nítida acentuação do caráter objetivo (extraconsciencial) de toda a problemática jurídica e é assim formulado por Pachukanis no prefácio à segunda edição da sua obra principal:

> Se a análise de Marx da forma-mercadoria também em sua relação com a forma do sujeito encontrou ampla aplicação como meio de crítica à ideologia jurídica burguesa, ela não foi de modo nenhum utilizada para o estudo da superestrutura jurídica como fenômeno objetivo. O que o impede é, antes de tudo, o fato de que, para os poucos marxistas que estudam as questões do direito, o traço característico central, essencial e único dos fenômenos jurídicos é o momento da regulamentação social (estatal) coercitiva.*

O segundo elemento diz respeito a uma maior agudeza metodológica, que se insere numa cultura filosófica mais profunda e numa meditação muito penetrante sobre o método de *O capital*. Não por acaso Pachukanis talvez tenha sido o primeiro estudioso marxista a trabalhar na base da Introdução de 1857**, texto de Marx que por muito tempo ficou de lado na tradição da exegese marxista.

A obra principal de Pachukanis inicia-se com um problema geral de método, sobre o qual convém nos determos para sublinhar tanto a novidade da posição como sua correspondência geral com a perspectiva metodológica de Marx. "A teoria geral do direito", escreve Pachukanis, "pode ser definida como o desenvolvimento dos conceitos jurídicos fundamentais, ou seja, os mais abstratos."*** Trata-se daqueles conceitos que, na tradição kantiana e neokantiana, passam por elementos condicionantes da própria possibilidade da experiência jurídica, e é exatamente contra essa tradição que Pachukanis trava a polêmica, entrando no mérito da problemática teorética e evitando os simplismos das condenações meramente socioló-

---

* Ver, neste volume, p. 61. (N. E.)

** K. Marx, "Introdução", em *Grundrisse: manuscritos econômicos de 1857-1858 – Esboços da crítica da economia política* (trad. Mario Duayer et al., São Paulo/Rio de Janeiro, Boitempo/Editora da UFRJ, 2011), p. 37-64. (N. E.)

*** Ver, neste volume, p. 67. (N. E.)

gicas, que abundavam em Stutchka. Sua crítica "imanente", como diz Lukács[2], enfrenta um núcleo teórico essencial, que pode resumir-se deste modo: se é verdade que as categorias jurídicas tornam possíveis as construções da dogmática jurídica, não é menos verdade que até a jurisprudência prática proporciona o material sobre o qual se modelam as categorias. Essa formulação ataca, pois, a tradição kantiana no seu domínio e propõe, de uma maneira nova, a relação entre a jurisprudência prática e a teoria (filosofia) do direito. Pachukanis pode concordar com Kant que a primeira é ainda um "pau de cabeleira"[3] e admitir a afirmação de Karner de que "a ciência do direito começa onde a jurisprudência acaba", mas não conclui realmente que "a ciência do direito deva pura e simplesmente descartar as abstrações fundamentais, que exprimem a essência da forma jurídica"*. Mas a questão crucial de uma ciência do direito é precisamente acomodar-se ao material da jurisprudência prática e verificar as categorias que constrói. Com tal posição, que atribui uma função nova tanto à filosofia do direito como à teoria geral do direito (nas acepções correntes), Pachukanis está já fora dos campos minados pelas definições muito gerais e genéricas da forma jurídica, como das simplificações sociológicas de certo marxismo vulgar. Em relação à segunda perspectiva, Pachukanis vai muito além das proposições de Stutchka, segundo o qual não basta usar as velhas categorias no "significado soviético" (à maneira do círculo Pickwick, como dizia Stutchka), e discute com aqueles marxistas (entre os quais se pode colocar certamente também Stutchka) aos quais "pareceu suficiente introduzir o momento da luta de classes nas teorias citadas para que se obtivesse uma teoria do direito genuinamente marxista e materialista"**. Desse ponto de partida só pode resultar, efetivamente, "uma história das formas econômicas com um colorido jurídico mais ou menos acentuado ou uma história das instituições, mas de

---

[2] Ver György Lukács, *La distruzione della ragione* (Turim, Einaudi, 1959), p. 6-7, em que se faz notar a insuficiência de uma crítica que se limite a descobrir a gênese e a função social das posições filosóficas: "Uma verdadeira crítica marxista-leninista da filosofia reacionária não se pode interromper neste momento. Ela deve, pelo contrário, mostrar concretamente no próprio material filosófico, e como consequências objetivas e filosoficamente necessárias dessas posições, a falsidade do pensamento [...]. A crítica imanente é, por isso, um legítimo ou, antes, um indispensável elemento para expor e desmascarar as tendências reacionárias na filosofia". Observe-se, no entanto, até que ponto a formulação é ambígua em Lukács, uma vez que essa crítica se torna *indispensável para*: a investigação já está respondida no momento em que começa. Essa observação é muito importante para evidenciar a grave carência de atitude cientifica numa certa tradição marxista.

[3] Ver Immanuel Kant, *Scritti politici e di filosofia della storia e del diritto* (Turim, Unione Tipografico-Editrice Torinese, 1956), p. 406. Para uma discussão pormenorizada do problema, remeto a Umberto Cerroni, *La libertà dei moderni* (Bari, De Donato, 1968), caps. II e III.

* Ver, neste volume, p. 69. (N. E.)

** Ver, neste volume, p. 71. (N. E.)

modo nenhum uma teoria geral do direito"*. Trata-se, pelo contrário, e pondo de parte uma certa moda de não ter "responsabilidades perante a jurisprudência"**, de não passar em silêncio as definições formais para dar atenção aos conteúdos. Essa preocupação "teorética" leva Pachukanis a empreender uma investigação mais formal e lógica do que histórica. Mas trata-se de um tipo de investigação que, longe de ignorar a história – os conteúdos e as instituições –, procura, pelo contrário, levá-los a uma clareza científica, fazendo deles os suportes de uma correta discriminação das próprias categorias. Nesse sentido, é exemplar o repúdio da primeira perspectiva aqui indicada, na qual proliferam as designações genéricas do direito. Na crítica a essa maneira tradicional de conceber a investigação formal (no sentido kantiano) das categorias jurídicas, Pachukanis tira partido da lição da construção marxista das categorias econômicas e, em geral, abandona o velho caminho, no qual a maior parte dos marxistas atuavam; mais do que entretecer as citações de Marx e Engels relativas ao direito, procura extrair indicações de método no procedimento usado por Marx no estudo da matéria científica da economia política.

Pachukanis escreve:

> No entanto, ao declinar da análise dos conceitos jurídicos fundamentais, temos somente uma teoria que explica a origem da regulamentação jurídica a partir das necessidades materiais da sociedade e, consequentemente, a correspondência das normas jurídicas com os interesses de uma ou outra classe social. Mas a própria regulamentação jurídica, não obstante a riqueza de conteúdo histórico que inserirmos nesse conceito, continua não sendo analisada enquanto forma. Em vez da totalidade de conexões e desmembramentos internos, somos compelidos a lançar mão de esboços jurídicos pobres e aproximativos, tão aproximativos que as fronteiras que separam a esfera jurídica das esferas adjacentes são totalmente obliteradas.
>
> Até certo ponto, tal método deve ser considerado justificado. A história econômica pode ser abordada deixando completamente de lado detalhes e pormenores – por exemplo, as teorias de renda ou salário. Mas o que dizer de uma história das formas econômicas em que as categorias fundamentais da teoria da economia – valor, capital, lucro, renda etc. – se desvanecem no conceito vago e indistinto de economia?[4]

---

* Ver, neste volume, p. 71. (N. E.)

** Ver, neste volume, p. 72. (N. E.)

[4] Ver, neste volume, p. 72-3. Para essa posição, Pachukanis recorre à introdução de 1857 de Marx. Seu procedimento não encontra talvez – na tradição marxista – outro precedente a não ser as argumentações de Lenin em "Quem são os amigos do povo e como lutam contra os sociais-democratas". Nesse artigo de 1893, discutindo a sociologia populista, Lenin critica as "construções puramente apriorísticas, dogmáticas, abstratas", e nota que "começar por perguntarmos a nós mesmos o que é a sociedade e o que é progresso significa começar pelo fim. Onde ireis buscar o conceito de sociedade e de progresso em geral, se não estudastes ainda sequer uma formação social em particular, se não soubestes sequer estabelecer esse conceito, se não soubestes sequer

Desse ponto de partida, Pachukanis faz surgir alguns problemas de capital importância. O primeiro é o de uma maneira nova de apresentar a questão definidora do direito, que agora conduziu ao confronto direto com a problemática direta oferecida pela jurisprudência prática. O segundo é o de uma relação entre economia e direito que já não se articula de acordo com o esquema genérico da hierarquia base-superestrutura, mas de acordo com um esquema *histórico* de comparação sistemática entre categorias econômicas e categorias jurídicas tanto no plano sincrônico como no plano diacrônico. Finalmente, o terceiro refere-se à necessidade de uma pesquisa discriminatória entre categorias jurídicas primárias e secundárias.

Acerca do primeiro problema, Pachukanis não hesita em afirmar que "conhecemos muito pouco do direito a partir das definições que lhe são dadas, e, inversamente, o especialista correspondente que nos oferece conhecimento mais sólido sobre o direito como forma é aquele que *menos* atenção reserva à própria definição"*. A recusa da *definitio per genus et differentiam specificam* é determinada pela infecundidade de uma identificação formalista de um objeto que, para Pachukanis, pode, na realidade, ser apreendido apenas "em seu movimento real", em sua história, onde verdadeiramente se revelam as relações internas, genéticas e causais das categorias. As formulações tradicionais só aparentemente oferecem uma gama mais ampla de abstração e generalização, desde o momento em que a definição abstratamente geral que delas resulta "serve bem para qualquer época e estágio do desenvolvimento da sociedade humana"**, exatamente por isso não pode aperceber-se do movimento histórico que gera a forma mais evoluída do direito, nem, por consequência, dos processos causais que a subentendem. A ignorância desses processos será necessariamente preenchida por uma reconstrução *a posteriori* do movimento histórico, de tal modo que as categorias modernas mais complexas virão a ser não já a consequência causal, mas antes a conclusão teleológica do processo. Por esse motivo, a investigação não pode começar pelas definições gerais do direito, mas pela análise das categorias jurídicas como historicamente se apresentaram no tipo de sociedade mais evoluído, isto é, na sociedade burguesa moderna. Então, a investigação lógica se tornará também investigação histórica diferencial e deixará de ter necessidade – para reencontrar a história – de fazer que, ao estudo formal dos

---

empreender um sério estudo dos fatos, uma análise objetiva de qualquer uma das relações sociais?". V. I. Lenin, *Opere complete* (Roma, Rinascita/Editori Riuniti, 1955-1970), v. 1, p. 138-9. Tais argumentações circulavam também entre os escritores positivistas, mas a sua utilização na tradição marxista conduzia a uma posição pertinente não só da relação entre ciência e filosofia, mas também da relação sociedade presente-sociedade passada, num espírito bastante próximo do que transparece em certos escritos de Marx.

* Ver, neste volume, p. 73. (N. E.)

** Ver, neste volume, p. 74. (N. E.)

conceitos gerais, se siga o estudo *das origens* do direito que, entre outras coisas, constitui a fase menos acessível às nossas documentações e às nossas próprias capacidades explicativas.

Quanto ao segundo problema, Pachukanis apoia-se em grande medida na problemática já tratada por Stutchka da relação entre as categorias econômicas mercantis e as categorias de direito formal moderno, tal como é indicado por Marx em vários trechos de *O capital*. Mas sua investigação realiza, pelo menos, um progresso em relação a Stutchka, na medida em que reconstitui a relação economia-direito não só como historicamente determinada, mas ainda como um nexo unitário que estrutura uma mesma e global relação social. Esse nexo torna-se particularmente nítido na moderna sociedade burguesa, em que:

> as relações entre as pessoas no processo de produção adquirem uma forma duplamente enigmática. Elas, por um lado, surgem como relações entre coisas, que são ao mesmo tempo mercadorias; por outro, como relações de vontade entre unidades independentes e iguais umas perante as outras, como as que se dão entre sujeitos de direitos. Ao lado da propriedade mística do valor aparece algo não menos enigmático: o direito. Ao mesmo tempo, a relação unitária e total adquire dois aspectos abstratos fundamentais: o econômico e o jurídico.*

Em vez de deslocar o problema no sentido da contraposição entre forma concreta (econômica) e forma abstrata (jurídica), como tinha feito Stutchka, Pachukanis propõe-se exatamente a esclarecer, nesse caso, a máxima abstração atingida pela forma jurídica no direito formal burguês, através da identificação de uma relação econômica não menos abstrata, que tem como epicentro o valor e a figura do "trabalho abstrato".

Em conformidade com o que já foi dito, Pachukanis tem, pois, de encarar um terceiro problema: discriminar as categorias jurídicas para identificar entre elas as primárias, como tinha feito Marx ao organizar o estudo de *O capital*. Nesse ponto, todavia, parece surgir na teoria de Pachukanis a mesma lacuna que se verificou na teoria de Stutchka. Com efeito, também Pachukanis atribui às categorias privatistas do direito uma nítida primazia em prejuízo das teorias publicistas e principalmente do Estado e da norma. O fato é extremamente interessante, tanto mais que Pachukanis tinha já chamado a atenção para a necessidade de se conseguir uma explicação da própria forma de regulamentação jurídica. Além disso, em polêmica com Reisner, Pachukanis tinha exatamente estabelecido o limite das posições tradicionais entre juristas marxistas, isto é, a redução da problemática do Estado a simples problemática ideológica e voluntarista (de modo que os únicos institutos

---

* Ver, neste volume, p. 124. (N. E.)

histórico-concretos a explicar pela investigação econômico-sociológica seriam os institutos privatistas).

Lê-se no segundo capítulo da obra principal de Pachukanis:

> O reconhecimento do caráter ideológico deste ou daquele conceito, de modo geral, não nos livra do trabalho de detectar a realidade objetiva, ou seja, aquela que existe no mundo exterior, não apenas na consciência. Caso contrário, deveríamos eliminar quaisquer fronteiras com o mundo além-túmulo, o qual também existe na percepção de algumas pessoas e – por que não dizer? – do Estado. O professor Reisner, todavia, faz exatamente isso. Valendo-se da famosa citação de Engels sobre o Estado como "a primeira força ideológica" que domina as pessoas, ele, sem lançar dúvida sobre nada, identifica o Estado e a ideologia do Estado.*

A conclusão é que "o Estado não é apenas uma forma ideológica, ele é, ao mesmo tempo, uma forma de ser social. O caráter ideológico de um conceito não elimina aquelas relações reais e materiais que este exprime"**. Numa vigorosa polêmica, Pachukanis ataca também, através de Reisner, o psicologismo de Petrajítski e – o único entre os juristas soviéticos – consegue ver mesmo, em relação ao Estado, a existência de um nexo unitário entre ideologia e realidade, evitando reduzir o Estado a simples conceito.

Seria de esperar, então, que Pachukanis concluísse sua investigação trazendo a lume o processo lógico-histórico através do qual uma sociedade atomizada em "mercado" exprime, como dizia Marx, um Estado separado ou meramente político. Nesse plano, a normalização jurídica viria a produzir não só um comando, mas uma abstração tornada possível, não menos do que o sujeito jurídico, precisamente pela precipitação atomística da sociedade civil que se libertou dos vínculos políticos feudais. Não faltam intuições penetrantes que apontam nessa direção. Assim, por exemplo, Pachukanis critica a fórmula engelsiana do Estado como instrumento de autoconservação das classes e toma o "problema de fundo" levantado pela existência moderna de um Estado político-jurídico perguntando:

> por que a dominação de classe não se apresenta como é, ou seja, a sujeição de uma parte da população à outra, mas assume a forma de uma dominação estatal oficial ou, o que dá no mesmo, por que o aparelho de coerção estatal não se constitui como aparelho privado da classe dominante, mas se destaca deste, assumindo a forma de um aparelho de poder público impessoal, separado da sociedade?***

---

* Ver, neste volume, p. 88. (N. E.)

** Ver, neste volume, p. 89. (N. E.)

*** Ver, neste volume, p. 143. (N. E.)

Nessa linha, Pachukanis chega a afirmar que, na sociedade burguesa moderna, "a máquina do Estado se realiza de fato como 'vontade geral' impessoal, como 'poder de direito' etc., na medida em que a sociedade representa um mercado", visto que "em uma sociedade de possuidores de mercadorias e dentro dos limites do ato de troca, a função de coerção não pode aparecer como função social, já que não é abstrata e impessoal":

> Ela deve aparecer como uma coerção proveniente de uma pessoa abstrata e geral, como uma coerção que representa não os interesses do indivíduo da qual provém – já que na sociedade mercantil toda pessoa é egoísta –, mas os interesses de todos os participantes das relações jurídicas. O poder de uma pessoa sobre outra é exercido como o poder do próprio direito, ou seja, como o poder de uma norma objetiva e imparcial.*

Essas afirmações – e outras semelhantes – ultrapassam muito a análise de Stutchka, interrompida na concepção do Estado (e da norma) como simples instrumento desejado e "inventado" pela classe dominante, concepção manifestamente impotente em face do Estado de direito e do Estado que baseia a sua soberania no sufrágio universal. Elas permitem também eliminar a aparente antinomia que Stutchka via entre igualdade jurídica e desigualdade de fato ("exploração"), e que ele procurava resolver, definindo a garantia publicista da propriedade privada como um "direito da desigualdade". Pachukanis considera antes que a igualdade jurídica de todos (capitalistas e assalariados) é exatamente o ponto em que se realiza *paritariamente* e *voluntariamente* uma relação de sujeição real de quem vende a *si próprio* para obter um salário de subsistência, relação esta que se estabelece entre possuidores de coisas (em que as coisas são, por vezes, precisamente as próprias energias vitais, os próprios homens!). Surpreende-nos, pois, ainda mais que, depois dessa delimitação nítida entre Estado feudal e Estado de direito burguês, entre privilégio medieval e direito formal moderno, entre coerção (vinculação política) direta e coerção impessoal (tendo no meio uma esfera política igualitária, mas abstrata), Pachukanis continue a conceber o Estado como "mera" garantia dos institutos proprietários – e, portanto, fundamentalmente como um "instrumento" construído voluntariamente pela classe dominante – e a entender que a norma é apenas um comando que realiza essa garantia[5].

---

* Ver, neste volume, p. 146. (N. E.)

[5] Posto de parte da problemática científica todo o problema do direito público e da norma, Pachukanis teve fundamentalmente de voltar à ideia da "primazia do direito privado". Acaba, assim, por selecionar como categoria jurídica central o sujeito que "é o átomo da teoria jurídica, o elemento mais simples e indivisível, que não pode mais ser descomposto", pelo qual convém começar a análise [ver, neste volume, p. 117]. Não se apercebe, entretanto, de que o relevo dado à precipitação

As dificuldades em que Pachukanis se enreda (entrando parcialmente em contradição com algumas das suas penetrantes intuições) são bem marcadas pelas objeções que Hans Kelsen levantou à sua teoria. Fundamentalmente, propôs a Pachukanis o problema de que Reisner já tinha se dado conta, ou seja, da transição da economia para o direito. A explicação falha da necessária conclusão *normativa* da referida transição permite efetivamente a Kelsen objetar a Pachukanis que a forma jurídica "não pode ser idêntica à relação econômica específica que a reflete" e estabelecer, assim, "a questão essencial de uma teoria do direito diferente de uma teoria da economia". Com uma argumentação rigorosa, Kelsen continua:

> O fato de um indivíduo possuir efetivamente alguma coisa não significa que seja o seu proprietário legítimo. Pachukanis não pode ignorar completamente isso. Ele diz: "Os possuidores de bens eram, naturalmente, proprietários antes de *se reconhecerem* como tais entre si". Todavia, uma vez que, como jurista, deve admitir a diferença entre posse efetiva e propriedade, acrescenta: "mas eles eram proprietários noutro sentido, orgânico e extrajurídico". "Propriedade" em "sentido extrajurídico" é uma contradição nos próprios termos. Pachukanis tem de cair inevitavelmente nessa contradição, porque descreve a relação jurídica de propriedade sem recorrer às normas jurídicas, que constituem essa relação.[6]

---

atomista da sociedade moderna, na qual todos os sujeitos estão dissociados politicamente entre si e unidos exclusivamente pelos atos de troca, é por si só um primeiro passo para o esclarecimento da categoria do sujeito jurídico. De fato, é mesmo e só o reconhecimento normativo da universalidade da subjetividade jurídica que conclui o processo; este, finalmente, não pressupõe apenas a dissociação econômica, mas também a respectiva agregação normativa dos sujeitos – um sujeito jurídico é, de resto, isso, e não um mero sujeito econômico, precisamente em virtude de uma norma jurídica. Pachukanis julga resolver as dificuldades desviando a atenção para a relação jurídica e afirmando que "a relação jurídica entre os sujeitos é apenas outro lado das relações entre os produtos do trabalho tornados mercadoria", de modo que agora não o sujeito, mas "a relação jurídica é a célula central do tecido jurídico, e apenas nela o direito se realiza em seu real movimento". O direito como conjunto de normas, pois, "não é nada além de uma abstração sem vida" [ver, neste volume, p. 97]. Todavia, as dificuldades são apenas afastadas, uma vez que uma relação é jurídica e não econômica precisamente por força de uma qualificação normativa. No fim das contas, afirmar que "apenas o desenvolvimento do mercado cria a possibilidade e a necessidade de converter o homem, que se apropria das coisas por meio do trabalho (ou da pilhagem), em proprietário jurídico" não significa ainda ter realmente distinguido o proprietário "econômico" do proprietário "jurídico": uma diferenciação que exige a presença (e, portanto, a explicação categorial) da norma. A única saída que Pachukanis pode encontrar é a tese de que "o 'natural' transforma-se imperceptivelmente em jurídico'" [ver, neste volume, p. 130], em que aquele *imperceptivelmente* deixa claramente entender a insuficiência da explicação científica. Sobre esse ponto específico, pode então retomar a contraofensiva do normativista. Ver o argumento crítico de Kelsen, a seguir referido.

[6] Hans Kelsen, *La teoria comunista del diritto* (Milão, Comunità, 1956), p. 145. Absolutamente desfocado é, pelo contrário, o juízo de conjunto de Kelsen sobre a teoria de Pachukanis, conside-

E, acrescentamos nós, não recorre às normas jurídicas porque, tendo visto que a relação econômica não é constituída pelas normas, não viu, no entanto, que ela própria constitui (postula) as normas jurídicas. Em última análise, estas, e todo o sistema publicista que se insere no fenômeno do Estado político-jurídico moderno, são completamente estranhas à análise que empreendeu. Deve ter, portanto, de tornar a concebê-las, com o Estado, como um instrumental instalado pela classe dominante, cujo desaparecimento está ligado ao desaparecimento da classe dominante que o *desejou*. Daí a tendência de Pachukanis para conceber o processo de "decomposição do Estado" fora de uma conexão orgânica com o processo de reorganização autônoma e homogênea da sociedade. Sobre esse ponto, ou seja, sobre um ponto de fricção imediata com a práxis política, o atacará Vichinski.

Umberto Cerroni (1926-2007) foi um jurista italiano e proeminente estudioso da filosofia do direito. Na Universidade de Lecce, lecionou história do pensamento econômico e história do pensamento político. Em 1971, tornou-se professor titular de filosofia política, passando a dar aulas no Istituto Universitario Orientale de Nápoles. Em 1976, tornou-se professor de ciências políticas na Faculdade de Sociologia da Universidade "La Sapienza" de Roma, onde foi nomeado professor emérito. Autor de vastíssima obra, destacam-se seus livros *O pensamento jurídico soviético*, de 1969, e *Teoria política e socialismo*, de 1973.

rada em nítido contraste com a perspectiva de Marx. Kelsen nem sequer suspeita da existência de sugestões metodológicas em Marx adequadas à direção seguida, em geral, por Pachukanis.

A favor de Pachukanis: exposição e defesa da teoria jurídica da forma-mercadoria*

China Miéville

1. Ascensão e queda de Pachukanis

Pachukanis é um gigante da teoria do direito. Não apenas foi uma figura dominante na jurisprudência soviética da década de 1920 e início da década de 1930, mas "é o único filósofo do direito soviético marxista que obteve reconhecimento acadêmico significativo fora da URSS"[1]. A reputação intelectual de Pachukanis na URSS sofreu um revés extremo. Até o início da década de 1930, ele era o maior filósofo do direito do país[2]; depois, em 1937, foi denunciado como "traidor e sabotador", um "inimigo do povo"[3]. Foi preso e desapareceu em janeiro do mesmo ano. Desse momento até a sua reabilitação jurídica póstuma em 1956 – ainda considerado oficialmente equivocado, mas ao menos reconhecido como um pensador –, Pachukanis e sua teoria eram tabu na URSS[4].

---

* Tradução dos itens "1. The Rise and Fall of Pashukanis" e "2. The General Theory of Law and Marxism", do capítulo 3, "For Pashukanis: An Exposition and Defence of the Commodity-Form Theory of Law", do livro *Between Equal Rights: A Marxist Theory of International Law* (Leiden, Brill, 2005), p. 75-9. Traduzido do original em inglês por Pedro Davoglio. (N. E.)

[1] Piers Beirne e Robert Sharlet, "Towards a General Theory of Law and Marxism: E. B. Pashukanis", em Piers Beirne (org.), *Revolution in Law* (Londres, M. E. Sharpe, 1990), p. 17.

[2] Contudo, é exagerada a afirmação de John Hazard de que a teoria de Pachukanis era "considerada infalível"; ver John Hazard, "Foreword", em E. Pashukanis, *Pashukanis: Selected Writings on Marxism and Law* (Londres, Academic Press, 1980), p. xiv. Embora reconhecesse o poder e a importância da abordagem de Pachukanis, P. I. Stutchka criticou-o já em 1927, ver Michael Head, "The Passionate Legal Debates of the Early Years of the Russian Revolution", *Canadian Journal of Law and Jurisprudence*, v. 14, n. 1, 2001, p. 3-27.

[3] Susan Von Arx, *An Examination of E. B. Pashukanis', General Theory of Law and Marxism* (Tese de PhD, Suny, 1997), p. 3.

[4] Há material biográfico disponível em Piers Beirne e Robert Sharlet, "Pashukanis and Soviet Legality", em Piers Beirne e Richard Quinney (orgs.), *Marxism and Law* (Nova York, Wiley, 1982); e Michael

O expurgo final de Pachukanis foi resultado da incompatibilidade entre suas teorias e as exigências do programa stalinista. Tentando orientar suas velas aos novos ventos, Pachukanis revisou seu trabalho diversas vezes e publicou uma série de "autocríticas"[5]. Essas revisões alteraram fundamentalmente a natureza de sua teoria, até "não ser mais reconhecível"[6]: em 1931, "Pachukanis tinha revisto significativamente cada uma de suas hipóteses, inclusive a sua premissa metodológica fundamental. O resultado não era mais compatível com a teoria jurídica da "troca mercantil"[7].

Por exemplo, *Curso de direito econômico soviético*, de 1935, e o ensaio "O Estado e o direito sob o socialismo", de 1936[8],

> mostram quão empobrecidos os brilhantes *insights* de *Teoria geral do direito e marxismo* tinham se tornado depois do XVI Congresso do Partido [em junho de 1930] e do Segundo Plano Quinquenal. Neste ponto, não precisamos mais especular se as revisões intelectuais da principal ideia da obra de Pachukanis foram induzidas por pressões estritamente políticas e oportunistas. Em *Curso de direito econômico soviético*, Pachukanis dá uma explicação extensa, simplista e funcionalista da natureza do direito econômico soviético sob as condições de transição do socialismo. [Foi] concebido sob coerção manifesta para conformar-se à interpretação stalinista das análises breves e insatisfatórias de Marx e Engels sobre o período de transição entre o capitalismo e a fase superior do comunismo [...].[9]

Essas "abjurações finais [...] são repetições quase ilegíveis do dogma stalinista"[10]. A trajetória do pensamento de Pachukanis deve ser classificada como uma tragédia intelectual.

Head, "The Rise and Fall of a Soviet Jurist: Evgeny Pashukanis and Stalinism", *Canadian Journal of Law and Jurisprudence*, v. 17, n. 2, 2004. A história da recepção da filosofia de Pachukanis está em Robert Sharlet, Peter Maggs e Piers Beirne, "P. I. Stuchka and Soviet Law", em Piers Beirne (org.), *Revolution in Law*, cit.; e Michael Head, "The Rise and Fall of a Soviet Jurist", cit. Sobre a ascensão e a queda da teoria de Pachukanis e a "escola jurídica da troca mercantil", ver Robert Sharlet, *Pashukanis and the Commodity Exchange Theory of Law, 1924-1930: A Study in Soviet Marxist Legal Thought* (tese de PhD, Indiana University, 1968); Piers Beirne e Robert Sharlet, "Towards a General Theory of Law and Marxism: E. B. Pashukanis", cit.; Michael Head, "The Rise and Fall of a Soviet Jurist", cit., que também apresenta um resumo da teoria, de sua recepção e críticas. Em "The Passionate Legal Debates of the Early Years of the Russian Revolution", Michael Head faz um panorama dos debates jurídicos na Rússia, aos quais Pachukanis deu uma importante contribuição.

5 Para uma cronologia dessas "correções", ver Robert Sharlet, *Pashukanis and the Commodity Exchange Theory of Law*, cit., p. 268-87.

6 Ibidem, p. 284.

7 Ibidem, p. 275.

8 Piers Beirne e Robert Sharlet, "Towards a General Theory of Law and Marxism", cit., p. 302-44 e 346-61.

9 Idem, "Pashukanis and Soviet Legality", cit., p. 30. Essa é uma versão prévia do trabalho posteriormente publicado como "Towards a General Theory of Law and Marxism", cit.

10 Ronnie Warrington, "Standing Pashukanis on his Head", *Capital and Class*, n. 12, 1980-1981, p. 103.

A reputação de Pachukanis foi conquistada com *Teoria geral do direito e marxismo*, publicado em 1924. É nele que encontramos o núcleo de seu pensamento jurídico. [...]

2. Teoria geral do direito e marxismo[11]

Devemos enfatizar que Pachukanis via esse livro apenas como um ponto de partida para a teoria do direito marxista. Ele o descreveu como um "um rascunho", "um esboço [...] de uma crítica marxista dos principais conceitos jurídicos"*. O ponto principal de sua teoria era, nas palavras de seu colega Stutchka, uma "tentativa de aproximação da forma do direito e da forma da mercadoria"**: daí a teoria jurídica da "troca mercantil" ou da "forma-mercadoria".

Pachukanis via esse projeto como um esclarecimento de uma teoria já existente em Marx e Engels, embora não formulada de maneira rigorosa. "A tese fundamental", afirmou ele, "[a] de que o sujeito de direito das teorias jurídicas possui uma relação extremamente próxima com os proprietários de mercadoria, não precisa ser provada uma segunda vez depois de Marx"***. Sua modéstia beira a timidez. Não só a meia dúzia de afirmações discrepantes sobre o direito presente na obra de Marx está longe de ser sistemática, como Pachukanis reivindica muito mais do que a vaga "relação próxima" entre os proprietários de mercadoria e o sujeito de direito.

Pachukanis argumenta que *a lógica da forma da mercadoria é a lógica da forma do direito*. Chris Arthur faz um excelente trabalho ao tratar dessa relação complexa:

> Pachukanis argumenta que *o elemento jurídico na regulação da conduta humana entra em cena quando começam o isolamento e a oposição de interesses*. Ele prossegue relacionando isso intimamente ao surgimento da forma da mercadoria na mediação das trocas materiais. Sua estratégia materialista básica é correlacionar a troca de mercadorias com o momento em que o homem passa a ser visto como uma personalidade jurídica – portador de direitos (em oposição aos privilégios consuetudinários). Além do mais, isso se explica em termos de vínculos conceituais que se obtêm entre a esfera da troca de mercadorias e a forma do direito. A natureza da superestrutura jurídica é adequada a esse modo de produção. Para que a produção possa se realizar como produção de mercadorias, é preciso encontrar formas adequadas de conceber as relações sociais e as relações dos homens com seus produtos, e elas são encontradas na forma do direito [...].

[11] Exposições mais abrangentes incluem Robert Sharlet, *Pashukanis and the Commodity Exchange Theory of Law*, cit.; e Susan Von Arx, *An Examination of E. B. Pashukanis', General Theory of Law and Marxism*, cit., p. 13-156, que faz uma leitura capítulo a capítulo.

* Ver, neste volume, p. 9. (N. E.)

** Ver, neste volume, p. 12. (N. E.)

*** Ver, neste volume, p. 12. (N. E.)

> À medida que o produto do trabalho assume a forma de mercadoria e se torna portador de valor, as pessoas adquirem a qualidade de sujeitos jurídicos com direitos [...]. Para Pachukanis, as formas jurídicas regulam as relações entre sujeitos autônomos – o sujeito é o "átomo" do sistema jurídico. Ao destacar o caráter específico dessa regulamentação jurídica do comportamento, ele a contrasta com a regulação técnica, argumentando que, nesta última, pode-se presumir uma unidade de propósitos, enquanto o elemento básico da regulação jurídica é a contestação – dois lados defendendo cada qual os seus direitos. De maneira deliberadamente paradoxal, diz que, historicamente, o direito começa com o processo judicial.[12]

O argumento de Pachukanis é que, na troca mercantil, a mercadoria deve ser propriedade privada de seu proprietário, livremente trocada por outra. Em sua forma fundamental, as mercadorias são trocadas em dada proporção por seus valores de troca, não por uma razão externa qualquer ou porque uma das partes da troca assim o exigem. Portanto, cada agente da troca precisa ser 1) um proprietário privado, e 2) formalmente igual ao(s) outro(s) agente(s). Sem essas condições, o que ocorreria não seria uma troca de mercadorias. A forma jurídica é a *forma necessária* tomada pela relação entre proprietários formalmente iguais de valores de troca.

Na oposição e na igualdade dos sujeitos de direito, sendo a troca pacífica ou não, a contestação é no mínimo implícita e pertence ao núcleo da forma jurídica. Onde há potencialidade de disputa entre *indivíduos soberanos, formalmente iguais*, implicados na troca mercantil – em oposição aos indivíduos formalmente desiguais implicados nas relações hierárquicas de comando, digamos, do feudalismo – uma forma específica de regulação social é necessária. Ela precisa formalizar o método de solução de qualquer disputa, sem diminuir a soberania ou a igualdade de nenhuma das partes. *Essa forma é o direito*, que se caracteriza por sua qualidade abstrata e se baseia na igualdade de seus sujeitos e em seu caráter permeável ao capitalismo.

China Miéville (1972), nasceu na Inglaterra e é formado em antropologia social pela Universidade de Cambridge, com mestrado e doutorado em filosofia do direito internacional pela London School of Economics. Professor de escrita criativa na Universidade de Warwick, foi um dos fundadores do Left Unity e é membro da International Socialist Organization. Um dos nomes mais importantes da literatura *new weird*, foi duplamente contemplado pelo British Fantasy Award e recebeu três vezes o Arthur C. Clarke Award (o prêmio mais importante dedicado aos livros de ficção científica). É autor, entre outros, de *A cidade & a cidade* (2014) e *Estação Perdido* (2015), ambos pela Boitempo.

---

[12] Chris Arthur, "Introduction", em E. Pashukanis, *Law and Marxism*, cit., p. 13-5; grifos do original.

Sobre o autor

Evguiéni B. Pachukanis (1891-1937) é considerado o mais importante teórico marxista do direito. Nasceu na cidade de Staritsa, na província de Tver, Rússia. Mudou-se para São Petersburgo em 1906, onde, aos 15 anos, começou a militar no movimento estudantil secundarista e na juventude operária, passando a integrar o Partido Social-Democrata Russo. Em 1909 ingressou na Faculdade de Direito da Universidade de São Petersburgo e sua atividade política revolucionária logo chamou a atenção do governo. No ano seguinte, foi preso e exilou-se em Munique, na Alemanha, onde frequentou o curso de direito da Ludwig-Maximilians-Universität, preparando ali uma tese de especialização sobre direito do trabalho, sem que se possa ter certeza se a defendeu ou não.

Quando a Primeira Guerra Mundial eclodiu, Pachukanis já havia conseguido retornar a São Petersburgo, tendo se mudado para Moscou antes da Revolução de 1917, na qual tomou parte. No interior desse processo atuou como "juiz popular" no Comitê Militar Revolucionário, órgão responsável por preparar e pôr em marcha a insurreição armada contra o regime tsarista.

Com a estabilização do regime bolchevique, passou a integrar as fileiras do Partido Comunista da URSS em 1918, mesmo ano em que se tornou membro da Academia Socialista – denominada Academia Comunista após 1924 –, instituição com relevante impacto nas pesquisas em ciências sociais e direito do novo governo. Posteriormente foi incorporado à seção de Teoria do Estado e do Direito da Academia Comunista, liderada à época por Piotr Stutchka, ajudando a consolidá-la como o grande polo de crítica marxista do direito no país.

Nessa época, estabeleceu importante diálogo com os principais nomes do pensamento jurídico soviético, atuando como editor e colaborador em diversas coletâneas e revistas. Esse fértil debate culminou com a publicação de *Teoria geral do direito e marxismo*, em 1924, cujo impacto se fez notar rapidamente, tanto na

URSS quanto no exterior. O livro foi adotado como manual em cursos de direito de todo o país. Com isso, o autor passou a liderar a escola teórica que ficou conhecida como "commodity exchange school of law" (Beirne e Sharlet), sendo convidado para conferências nos Estados Unidos e em diversos países da Europa.

No rescaldo desse impacto mundial, é eleito para a direção da União Internacional dos Juristas Progressistas, entidade que defendia presos políticos nos países ocidentais. Nessa posição, denunciou intensamente a ascensão do fascismo em eventos internacionais.

Entretanto, quando a direção stalinista se assenta, vê-se em embate frontal com as novas orientações do regime e sua doutrina do socialismo jurídico. Diante de ameaças contra si e seus familiares, procura ajustar-se aos novos quadrantes ideológicos sustentados por Andrei Vychinski, novo prócere da elaboração teórica sobre o direito. Em 1930 realiza a primeira das muitas "autocríticas" que desfiguraram sua obra, tornando-a uma caricatura marxizante do positivismo jurídico.

Mesmo nesse contexto, não abandonou a luta de classes, tendo se destacado no combate interno por posições estratégicas a seus aliados no aparato universitário e de pesquisa do país. Atuou ainda como vice-comissário da Justiça, na gestão de Nikolai Krylenko, trabalhando na comissão de redação da Constituição Soviética de 1936 e no projeto de Código Penal da Rússia. Esse último trabalho é o provável estopim para a sua prisão em 4 de janeiro de 1937. Há diferentes versões de sua execução, variando entre ter sido imediata ou após alguns meses. Seus livros foram proibidos e seus partidários, vítimas de repressão e silenciados. Na década de 1950 foi oficialmente reabilitado pelo regime, mas sua principal obra só foi reeditada no país em 1982.

Moisés, *Pachukanis*, 2016, caneta sobre papel.

Principais obras de E. B. Pachukanis

Первые месяцы существования Московского народного суда [Os primeiros meses de existência do tribunal popular de Moscou], Еженедельник советской юстиции [O semanário da justiça soviético], n. 44-45, 1922, p. 15-6.

Кунов, как интерпретатор марксовой теории общества и государства [Kunov como intérprete da teoria marxista da sociedade e do Estado], Вестник Социалистической Академии [Revista da Academia Socialista], n. 6, 1923, p. 400-1.

Обзор литературы по общей теории права [Revisão da literatura sobre teoria geral do direito], Вестник Социалистической Академии [Revista da Academia Socialista], n. 5, 1923, p. 227-33.

Общая теория права и марксизм: Опыт критики основных юридических понятий [Teoria geral do direito e marxismo: ensaio crítico sobre os conceitos jurídicos básicos]. Moscou, Academia Socialista, 1924, 160 p.; 2. ed. ampliada e revisada, 1926; 3. ed., 1927; reimpressão, 1927; 4. ed., 1980.

Рур и репарации: Обзор дипломат, переписки за янв.-сент. 1923 г. [Ruhr e reparação: Visão de um diplomata, correspondências de janeiro a setembro de 1923], Международная летопись [Anais internacionais], n. 1, 1924, p. 22-7.

Буржуазное государство и проблема суверенитета [O Estado burguês e o problema da soberania], Вестник Коммунистической Академии [Revista da Academia Comunista], n. 10, 1925, p. 300-12.

Обзор основных направлений во французской литературе государ-ственного права [Exame das principais correntes da literatura francesa sobre sobre o direito público], Вестник Коммунистической Академии [Revista da Academia Comunista], n. 12, 1925, p. 353-62.

Энциклопедия государства и права [Enciclopédia do Estado e do direito]. Moscou, 1925-1926, v. 1. Verbetes: “Абсолютные права государства” [Direitos absolutos do Estado], p. 19-21; “Аннексия” [Anexação], p. 138-41;“Береговые воды” [Águas costeiras],

p. 241-4;"Блокада" [Bloqueio], p. 260-3; "Вассальное государство" [Estado vassalo], p. 349-50; "Великие державы" [As grandes potências], p. 357-9; "Виза" [Visto], p. 419-20; "Визитация" [Visitas], p. 420-1; "Война (право войны)" [Guerra (direito de guerra)], p. 461-71; "Выдача преступников" [Extradição de criminosos'], p. 520-5; "Границы государственные" [Fronteiras estatais], p. 737-40; "Дипломатические акты" [Atos diplomáticos], p. 937-8; "Добыча военная" [Espólio de guerra], p. 964-6; "Договор международный" [Acordo internacional], p. 972-85; "Дюги Леон" [Diugui, León], p. 1.064-8; "Заложники" [Reféns], p. 1.161-3.

Энциклопедия государства и права [Enciclopédia do Estado e do direito]. Moscou, 1925-1926. v. 2. Verbetes: "Интервенция" [Intervenção], p. 223-32; "Интернационализация" [Internacionalização], p. 233-5; "Контрабанда военная" [Contrabando de guerra], p. 525-31; "Контрибуция" [Indenização], p. 534-6; "Международное право" [Direito internacional], p. 857-74; "Мины подводные" [Minas submarinas], p. 999-1.002; "Мирная блокада" [Bloqueio pacífico], p. 1.002-4; "Море открытое" [Mar aberto], p. 1.031-3; "Нейтрализованное государство" [Estado neutralizado], p. 1.348-50; "Нейтралитет" [Neutralidade], p. 1.350-7.

Десятилетие Государства и революции Ленина [Dez anos de O Estado e a revolução de Lenin], Революция права [Revolução do direito], n. 4, 1927, p. 9-22.

Коммунистическая академия: (деятельность за 1918-1927 гг.) [Academia comunista: (atuação de 1918-1927)], Печать и революция [Imprensa e revolução], n. 7, 1927, p. 250-6.

Коммунистическая академия при ЦИК СССР [Academia Comunista sob o Comitê Executivo Central da URSS], Научный работник [O cientista], n. 9, 1927, p. 15-20.

Куда идет наше государство [Para onde vai nosso Estado], Правда/Pravda [A verdade], 30 out. 1927.

К характеристике фашистской диктатуры [Para uma caracterização da ditadura fascista] Вестник Коммунистической Академии [Revista da Academia Comunista], n. 19, 1927, p. 62-91.

Марксистская теория права и строительство социализма [A teoria marxista do direito e a construção do socialismo], Революция права [Revolução do direito], n. 3, 1927, p. 3-12.

О революционных моментах в истории английского государства и английского права [Sobre os momentos revolucionários na história do Estado inglês e do direito inglês], Революция права [Revolução do direito], n. 1, 1927, p. 112-74.

Обзор литературы по административному праву [Revisão da literatura sobre direito administrativo], Революция права [Revolução do direito], n. 3, 1927, p. 174-7.

Энциклопедия государства и права [Enciclopédia do Estado e do direito]. Moscou, 1925-1927, v. 3. Verbetes: "Объект права" [Objeto do direito], p. 102-3; "Ограничение средств войны" [Limitação dos meios de guerra], p. 121-4; "Оптация" [Opção], p. 134--6; "Ответственность государства" [A responsabilidade], p. 165-83; "Пиратство"

[Piratária], p. 279-82; "Подводная война" [Guerra submarina], p. 292-4; "Политика международная" [Política internacional], p. 328-34; "Признание (в международном праве)" [Reconhecimento (em direito internacional)], p. 503-10; "Протекторат" [Protetorado], p. 562-3; "Территория (государственная)" [Território (de Estado)], p. 1.161-6; "Фашизм" [Fascismo], p. 1.407-13.

Prefácio a M. Galkovitch, Штаты и дальневосточная проблема [Os estados e o problema do Extremo Oriente]. Moscou/Leningrado, Gossizdat, 1928, 208 p.

Prefácio a L. Ivanov, Англо-французское соперничество 1919-1927 [A rivalidade anglo-francesa de 1919-1927]. Moscou/Leningrado, Gossizdat, 1928, 164 p.

Империализм и колониальная политика: Курс лекций [Imperialismo e política colonial]. Moscou, Editora da Academia Comunista, 1928, parte 1, 119 p.

К вопросу о задачах советской науки международного права [Sobre a questão das tarefas da ciência soviética do direito internacional], Международное право [Direito Internacional], n. 1, 1928, p. 7-15.

Мировая политика в 1927 г. [Política internacional em 1927], Мировое хозяйство и мировая политика [Economia munidal e política mundial], n. 1, 1928, p. 3-11.

Неделя советских историков в Берлине [Semana dos historiadores soviéticos em Berlim], Вестник Коммунистической Академии [Revista da Academia Comunista], n. 30, 1928, p. 238-46.

Вашингтонская конференция [Conferência de Washington], Большая советская энциклопедия [Grande Enciclopédia Soviética]. Moscou, 1928, v. 9, p. 109-12.

Война и международное право [Guerra e direito internacional], Большая советская энциклопедия [Grande Enciclopédia Soviética]. Moscou, 1928, v. 12, p. 644.

Диктатура пролетариата и оппозиция [Ditadura do proletariado e oposição], Революция права [Revolução do direito], n. 1, 1928, p. 5-14.

Гаагские мирные конференции 1899 и 1900 гг. [Conferência internacional de Haia de 1899 e 1900]. Большая советская энциклопедия [Grande Enciclopédia Soviética], Moscou, 1929, v. 14, p. 154-6.

Секция общей теории права и государства [Seção de teoria geral do direito e Estado]. Editora da Academia Comunista. 2a. ed., Moscou, 1930, 101 p.

Колониальная политика и ее новейшие апологеты [Política colonial e seus novíssimos apologistas], Вестник Коммунистической Академии [Revista da Academia Comunista], n. 34, 1929, p. 7-18.

Новейшие откровения Карла Каутского [A mais recente revelação de Karl Kautsky], Революция права [Revolução do direito], n. 1, 1929, p. 15-41.

Prefácio a M. Hauriou, Основы публичного права. Moscou, Editora da Academia Comunista, 1929, 759 p. Секция общей теории права и государства [Sessão de teoria geral do direito e Estado].

Очередные задачи борьбы с бюрократизмом [As tarefas imediatas na luta contra a burocratismo]. Moscou, Editora da Academia Comunista, 1929, 80 p. Секция общей теории права и государства [Sessão de teoria geral do direito e Estado].

Советский государственный аппарат в борьбе с бюрократизмом [Aparelho soviético de Estado na luta contra a burocratismo]. Moscou, Editora da Academia Comunista, 1929, 33 p. Секция общей теории права и государства [Sessão de teoria geral do direito e Estado].

Экономика и правовое регулирование [Economia e regulamentação legal], Революция права [Revolução do direito], n. 4, 1929, p. 12-32; n. 5, 1929, p. 20-37.

Борьба против белого террора в буржуазной юстиции [Luta contra o Terror Branco na justiça burguesa], Советская юстиция [A justiça soviética], n. 6, 1930, p. 17-21.

К вопросу о классовой борьбе в переходный период [Sobre a questão da luta de classes no período de transição], Советское государство и революция права [O Estado soviético e a revolução do direito], n. 5-6, 1930, p. 7-25.

Международная юридическая конференция [Conferência jurídica internacional], Советское государство и революция права [O Estado soviético e a revolução do direito], n. 2, 1930, p. 139-49.

Положение на теоретическом правовом фронте [A situação do fronte teórico do direito], Советское государство и революция права [O Estado soviético e a revolução do direito], n. 11-12, 1930, p. 16-49.

Право в системе исторического материализма [O direito no sistema no materialismo histórico], Бюллетень заочного консультационного отделения ИКП [Boletim da correspondência do departamento consultivo do Instituto da Cátedra Vermelha], n. 8, 1930, p. 52-8.

Борьба за ленинскую партийность в науке и задачи Коммунистической академии [A luta por um partidarismo leninista na ciência e as tarefas da Academia Comunista], Вестник Коммунистической Академии [Revista da Academia Comunista], n. 12, 1931, p. 3-12; Бюллетень заочного консультационного отделения ИКП [Boletim da correspondência do departamento consultivo do Instituto da Cátedra Vermelha], n. 9-10, 1931, p. 4-11.

Вынужденный ответ [Uma resposta forçada], Советское государство и революция права [O Estado soviético e a revolução do direito], n. 5-6, 1931, p. 98-102.

Гегель, государство и право [Hegel, Estado e direito], Советское государство и революция права [O Estado soviético e a revolução do direito], n. 8, 1931, p. 16-32.

За марксо-ленинскую теорию государства и права [Por uma teoria marxista-leninista do Estado e do direito]. Moscou/Leningrado, Sopeguiz, 1931, 38 p.

Кризис капитализма и фашистские теории государства [Crise do capitalismo e da teoria fascista do Estado], Советское государство и революция права [O Estado soviético e a revolução do direito], n. 10-12, 1931, p. 33-54; Бюллетень заочного консультационного отделения ИКП [Boletim da correspondência do departamento consultivo do Instituto da Cátedra Vermelha], n. 8, 1931, p. 24-38.

На правом фронте [No front do direito], Советская юстиция [A justiça soviética], n. 1, 1931, p. 12-4.

Основные проблемы марксистской теории права и государства [Problemas fundamentais da teoria marxista do direito e do Estado], Советское государство и революция права [O Estado soviético e a revolução do direito], n. 1, 1931, p. 11-40.

Положение на теоретическом правовом фронте [A situação do fronte teórico do direito], Бюллетень заочного консультационного отделения Институт Красной профессуры – ИКП [Boletim da correspondência do departamento consultivo do Instituto da Cátedra Vermelha], n. 2, 1931, p. 3-40.

Пролетарское государство и строительство социализма [O Estado proletários e a construção do socialismo], Советское государство и революция права [O Estado soviético e a revolução do direito], n. 10-12, 1931, p. 3-14.

Собственность, обмен и правовые отношения [Propriedade, troca e relação jurídica], Бюллетень заочного консультационного отделения ИКП [Boletim da correspondência do departamento consultivo do Instituto da Cátedra Vermelha – ICV], n. 4, 1931, p. 13-8.

Старостаты: Трехгорпая краснознаменная мануфактура [Velhice: sociedade manufatureira de Tryokhgornyi], Советское государство и революция права [O Estado soviético e a revolução do direito], n. 2, 1931, p. 110-7.

Гегель и вопросы государства и права [Hegel e as questões de Estado e direito], em Гегель и диалектический материализм: Сборник статей к 100-летию со дня смерти Гегеля [Hegel e o materialismo dialético: Coletânea de artigos dos cem anos da morte de Hegel]. Moscou, Partizdat, 1932, p. 214-9.

Древнее общество; возникновение государства и права [Civilizações da antiguidade; o surgimento do Estado e do direito], em Учение о государстве и праве: Учеб. пособие для комвузов и вузов [Doutrina sobre o Estado e o direito: material didático para alunos Komvuz e VUZ]. Moscou, Partizdat, 1932, p. 45-74.

За марксо-ленинский учебник по советскому строительству [Por um compêndio marxista-leninista sobre a construção soviética], Совм. с 3. Ашрафьян и др. – Сов. гос., n. 1, 1932, p. 168-85.

Марксистская теория государства и права [Teoria marxista do Estado e do direito], em Учение о государстве и праве: Учеб. пособие для комвузов и вузов [*Doutrina sobre o Estado e o direito: material didático para alunos Komvuz e VUZ*], 1932, p. 9-44.

О работе Института советского строительства и права [Sobre o trabalho do Instituro de Construção Soviética e Direito], Вестник Социалистической Академии [Revista da Academia Socialista], n. 11-12, 1932, p. 203-6.

Пролетарское государство и построение бесклассового общества [O Estado proletário e a edificação da sociedade sem classes], Moscou, Partizdat, 1932. 40 p.

Пятнадцать лет [Quinze anos], em 15 лет советского строительства: Сб. ст. [*15 anos de construção soviética: coletânea de artigos*]. Под ред. Е. Пашуканиса [Edição de E. Pachukanis]. Moscou: Сов. законодательство [Legislação soviética], 1932, p. 5-38, В надзаг: Ком. академия. Ин-та сов. строительства и права. [Sob supervisão da Academia Comunista. Instituto da Construção Soviética e Direito]; também: Советское государство [*O Estado soviético*], n. 9-10, 1932, p. 5-33.

Проблемы государства и права в свете решений XVII партконференции [Problemas do Estado e do direito à luz das decisões da XVII Conferência do Partido], Советское государство [*O Estado soviético*], n. 4, 1932, p. 33; n. 5-6, 1932, p. 211-9.

Проблема государства во второй пятилетке [O problema do Estado no segundo plano quinquenal], Вестник Социалистической Академии [Revista da Academia Socialista], 1932, n. 6, p. 80-4; Большевик Закавказья [*O bolchevique do Cáucaso*], Tbilisi, 1932, n. 1, p. 72-91.

Диктатура пролетариата – путь к коммунизму [Ditadura do proletariado – o caminho para o comunismo], em Маркс и пролетарское государство: Сб. ст. [*Marx e o Estado proletário: coletânea de artigos*]/ Под общ. ред. Е. Пашуканиса [Edição geral de E. Pachukanis]. М.; Л.: Издательство социально-экономической литературы» – Соцэкгиз [Editora de literatura social e econômica – Sotsékguiz], 1933, p. 3-27.

Как германские социал-фашисты фальсифицировали Советы [Como os sociais-fascistas alemães promoveram a falsificação do Soviete], Советское государство [*O Estado soviético*], n. 6, 1933, p. 21-39.

На старых позициях [Sobre antigas posições], Вестник Социалистической Академии [*Revista da Academia Socialista*], n. 5, 1933, p. 40-56. 2ª ed.: "Пролетарское государство и построение бесклассового общества" [O Estado proletário e a edificação da sociedade sem classes]/ Минск, 1933, 42 с. Па белорус, яз. Теория борьбы и победы пролетариата: (К 50-летию со дня смерти Маркса) [Teoria das lutas e vitórias do proletariado: (Pelos 50 anos da morte de Marx)], Советское государство [*O Estado soviético*], n. 33, 1933, p. 3-20.

Анатолий Васильевич Луначарский [Anatoli Vassiliévitch Lunatchársk], Вестн. Ком. акад., n. 1, 1934, p. 77-80, ?,66 Библиография работ Е. Б. Пашуканиса.

Борьба с бюрократизмом на современном этапе [Luta contra o burocratismo na etapa contemporânea], Большевик Бело-руссии [*O bolchevique bielorrusso*], Minsk, n. 15, 1934, p. 23-4. На белорус, яз. [Em bielorrusso].

Вступление СССР в Лигу Наций [A entrada da URSS na Liga das Nações], Советское государство [*O Estado soviético*], n. 6, 1934, p. 23-8.

К вопросу о подготовке кадров советского строительства и права [Sobre a questão da formação de quadros para a construção soviética e de direito], Советское государство [*O Estado soviético*], n. 2, 1934, p. 35-41.

Как германские социал-фашисты фальсифицировали Советы [Como os sociais-fascistas alemães promoveram a falsificação do Soviete], Сов. законодательство [Legislação soviética], 1934, n. 7-8, p. 109-24.

Как социал-фашисты фальсифицировали Советы в Германии [Como os sociais-fascistas alemães promoveram a falsificação do Soviete na Alemanha], em I Всегерманский съезд рабочих и солдатских Советов [I Congresso Alemão de trabalhadores e soldados dos Sovietes]. 16-21 de dezembro. 1918: transcrição. Moscou: Сов. законодательство [Legislação soviética], 1934, p. 5-27.

Ленинизм побеждает [O leninismo vencerá], Советское государство [*O Estado soviético*], n. 1, 1934, p. 3-19.

Ленинское учение о пролетарском государстве и построении бесклассового общества [Doutrina leinista do Estado proletário e a construção da sociedade sem classes], Вестник Социалистической Академии [*Revista da Academia Socialista*], n. 1, 1934, p. 90-1; n. 4, 1934, p. 35-9.

Реконструкция госаппарата и борьба с бюрократизмом [Reconstrução do aparato estatal e a luta contra o burocratismo], Тез. докл. на Научной секции ИССП. М., 1934. 13 с. В надзаг.: Ком. акаде-мия. Ин-т сов. строительства и права.

Советское право и революционная законность [Direito soviético e a lei revolucionária], Институт Красной профессуры – ИКП [*Instituto da Cátedra Vermelha – ICV*], n. 2, 1934, p. 13-28.

Большевизм и Советы 1905 года [Bolchevismo e Soviete no ano de 1905], Советское государство [*O Estado soviético*], n. 6, 1935, p. 14-22.

Борьба партии с троцкистами и правыми по вопросам государства и диктатуры пролетариата [A luta do partido contra os trotskistas e contra a direita sobre a questão do Estado e da ditadura do proletariado], Большевик [*O bolchevique*], n. 7, 1935, p. 63-71.

Об изменениях Советской Конституции [Sobre as emendas na Constituição Soviética], em: Об изменениях Советской Конституции: Сб. ст. [*Sobre as emendas na Constituição Soviética: coletânea de artigos*]. Moscou: Власть Советов [Poder Soviético], 1935, p. 5-28; Об изменениях Советской Конституции [Sobre as emendas na Constituição Soviética]. Советское государство [O Estado soviético], n. 1-2, 1935, p. 17-33.

Очерки по международному праву [Artigos sobre direito internacional], М.: Сов. законодательство [Legislação soviética], 1935, 223 p. В надзаг.: Ком. академия. Ин-т сов. строительства и права. Реконструкция юсаппарата и борьба с бюрократизмом. – В кн.: Реконструкция госаппарата и борьба с бюрократизмом: Материалы сессии Нн-та. [Sob supervisão da Academia Comunista. Instituto da Construção Soviética e Direito. A reconstrução do aparelho judiciário e a luta contra o burocratismo, em: *A reconstrução do aparelho estatal e a luta contra o burocratismo: materiais da sessão do Instituto.*], Moscou, Власть Сонетов [Poder Soviético], 1935, p. 5-32. U надзаг.: Ком. академия. Ип-т сов. строительства и права [Sob supervisão da Academia Comunista. Instituto da Construção Soviética e Direito].

Фридрих Энгельс [Friedrich Engels], Путь Ленина [*O caminho de Lenin*], n. 7-8, 1935, p. 7-10; também em Партработник [*O oficial do partido*], n. 13-14, 1935.

Энгельс как теоретик марксизма и борец за революционный марксизм [Engels como teórico do marxismo e o combate pelo marxismo revolucionário], Пол знаменем марксизма [*A bandeira do marxismo*], n. 5, 1935, p. 28-40.

Государство и право при социализме [Estado e direito sobre socialismo], Советское государство [*O Estado soviético*], n. 3, 1936, p. 3-11.

Избирательные права граждан СССР [Os direitos eleitorais dos cidadãos da URSS], Спутник агитатора [*Parceiro de agitação*], n. 19, 1936, p. 28-34.

Личная собственность в социалистическом государстве [A propriedade pessoal no Estado socialista], Правда/Pravda [*A verdade*], 14 jun. 1936.

Проблемы исторической науки и наши задачи [Problemas da ciência histórica e as nossas tarefas], colaboração de Iá. Bermanom, L. Ratnerom. Советское государство [*O Estado soviético*], n. 2, 1936, p. 3-14.

Советское социалистическое право. [Direito socialista soviético], Большевик [O bolchevique], n. 22, 1936, p. 20-32.

Социалистическое государство и его Конституция [O Estado socialista e sua Constituição], Сов. строительство [A construção soviética], n. 4, 1936, p. 5-12.

SOBRE *TEORIA GERAL DO DIREITO E MARXISMO*

JOHN HAZARD*

Fisicamente, Pachukanis era uma figura imponente. Memórias se perdem com o passar dos anos, mas ainda vejo diante de meus olhos as grossas sobrancelhas negras movendo-se vigorosamente para cima e para baixo no rosto animado. Era um homem grande – ou ao menos dava essa impressão quando falava de um palanque ou andava de um lado para o outro em seu escritório na rua Frunze, 10. Sua figura ainda assombra esse escritório, que hoje é ocupado pelo diretor do Instituto de Estado e Direito da Academia de Ciências da União das Repúblicas Socialistas Soviéticas (URSS) e que é visitado com frequência. Em certa ocasião, em 1936, o professor Samuel N. Harper, da Universidade de Chicago, levou-me como observador a uma entrevista sobre a futura Constituição. Nessa época, Pachukanis era vice-representante do comitê de redação constitucional e vinha compilando e comparando constituições de vários Estados para auxiliar os peritos. A experiência que Harper adquirira na Rússia datava da virada do século, quando era estudante em São Petersburgo. Viu a morte de perto no Domingo Sangrento, em 1905, quando os cossacos atacaram a multidão na grande praça em frente ao Palácio de Inverno, brandindo os sabres do alto de suas nobres selas. Agora tentava entender a Rússia de Stalin.

Esqueci-me do teor da entrevista, apesar de me lembrar que me pareceu apenas uma repetição do que já havia lido em numerosos panfletos que circulavam sobre a nova Constituição. Lembro-me, porém, da figura dominadora de Pachukanis no

* Excerto de "Foreword", em E. Pashukanis, *Pashukanis: Selected Writings on Marxism and Law* (Londres, Academic Press, 1980), p. xiv, traduzido do original em inglês por Martha Camargo Vasconcelos Pereira. (N. E.)

amplo escritório, a escrivaninha parecendo um "T" encostado à mesa verde à qual fomos convidados a nos sentar. Ele foi delicado com o convidado estrangeiro, mas falou com suma autoridade. Mal sabia ele, ou demonstrava não saber, que dali a poucos meses seu nome seria apontado como o de um inimigo e suas teorias seriam expurgadas dos livros.

Pachukanis foi reabilitado postumamente, após a morte de Stalin, assim como a introdução que acompanha estas crônicas prefaciais. Dizem que ele foi punido injustamente, como tantos outros reabilitados naquela época. Notas comemorativas foram publicadas na revista de direito que sucedeu àquela que ele editava, e seu retrato foi pendurado ao lado da imagem dos antigos diretores do instituto. Suas ideias não foram restabelecidas como aceitáveis nem mesmo para discussão, mas a leitura de sua obra não era mais proibida, e seus livros voltaram às estantes da Biblioteca Lenin, a poucos metros de distância, na direção do Kremlin.

A obra de Pachukanis gera certo fascínio no Ocidente não apenas por seu caráter criativo, mas por mostrar a evolução do pensamento do autor enquanto ele tentava dar sentido ao que acreditava ser pragmaticamente necessário às doutrinas como ele as entendia. Ele teve de criar um novo sistema legal que estabelecesse ordem, mas ao mesmo tempo preparasse o caminho para uma sociedade sem classes, na qual ele acreditava fervorosamente. Trabalhou para um mestre difícil, Josef Stalin, cuja palavra era lei para a maioria das pessoas. Pachukanis mostrou que podia mudar suas atitudes para sobreviver, mas não estava disposto a ser subserviente. Tentou salvar alguma coisa de sua teoria. Os ensaios deste volume mostram os caminhos que ele teve de tomar para seguir em frente e serão uma leitura estimulante, se não forem entendidos apenas como uma progressão de ideias como a de qualquer outro grande pensador, mas como o esforço de um homem para se manter fiel ao que era o marxismo para ele, enquanto censurava a si mesmo para sobreviver. Trata-se de um exercício de malabarismo político – fracassado no final, porque ele foi arrancado do palco por um mestre que não o reconhecia, mas ainda assim fascinante.

John Newbold Hazard (1909-1995) nasceu em Syracuse, Nova York, e formou-se na Harvard Law School in 1934. Durante a Segunda Guerra Mundial, trabalhou ativamente para o governo dos Estados Unidos intermediando negociações com a União Soviética. Foi um dos pioneiros e também um dos principais especialistas estadunidenses do direito soviético. Entre outros títulos, é autor do célebre *The Soviet System of Government* (1957).

Carlos Rivera-Lugo*

À guisa de resumo, poderíamos falar dos seguintes sete elementos constitutivos da teoria marxista do direito esboçada por Pachukanis:

1. Independentemente do fato de o direito encontrar-se envolvido numa bruma ideológica, uma teoria geral marxista sobre ele deve concentrar-se na crítica da forma jurídica e dos efeitos constitutivos de uma subjetividade jurídica como reflexo de relações sociais especificas.

2. A genealogia da forma legal e, por consequência, da subjetividade jurídica encontra-se nas relações de troca de mercadorias, instância determinante das relações sociais características da produção social capitalista segundo Marx.

3. A forma jurídica é equivalente à forma-mercadoria. Assim como o sujeito jurídico constitui a célula básica das relações jurídicas, a mercadoria é a célula básica das relações econômicas. Decorre daí que a análise deve ter a forma-mercadoria como ponto de partida.

4. O sujeito jurídico é essencialmente produtor ou possuidor de mercadorias. É por essa condição jurídica que o sujeito participa do processo de troca de mercadorias, entre as quais está a força de trabalho.

5. O direito, a partir de seu princípio da igualdade, "juridifica", em última instância, a forma do valor. Decorre daí que as relações jurídicas são a materialização das relações sociais de troca.

6. Mais do que os direitos abstratos de cada sujeito jurídico, o que prevalece afinal é o balanço real das forças. Decorre daí que a forma jurídica é, no fundo, um modo de regulação social predicado na coerção e na sanção para compelir a submissão à ordem capitalista prevalecente.

7. Uma teoria geral do direito, por uma perspectiva marxista, deve assumir a extinção progressiva da forma jurídica como modo predominante de regulação social, cujo fim é a reprodução das relações sociais que prevalecem no capitalismo. Não se pode pretender abrir caminho para uma nova sociedade e um novo modo de vida pelo uso da forma jurídica. A única maneira de empreender a transformação radical rumo à constituição da sociedade comunista requererá outro modo não jurídico de regulação social, mediante o qual a convivência social fundada em práticas escoradas em uma nova consciência ética do comum substituirá a necessidade da normatividade clássica

---

* Excerto de "Comunismo y derecho: reflexiones sobre la crítica actual de la forma jurídica", em *¡Ni una vida más para el derecho! Reflexiones sobre la crisis actual de la forma-jurídica* (Aguascalientes/San Luis Potosí, Centro de Estudios Jurídicos y Sociales Mispat y Programa de Maestría en Derechos Humanos de la Universidad Autónoma de San Luis Potosí, 2014), p. 168-9, traduzido do original em espanhol por Daniel S. Mayor Fabre. (N. E.)

e coativa do direito. A autodeterminação substitui, assim, a submissão como critério legitimador da nova normatividade comunista.

Longe de constituir um reducionismo determinista, como alguns a caracterizaram a exemplo de Kelsen, a proposta teórica de Pachukanis é um presságio do processo de subsunção real sob o econômico pelo qual passa o direito em nossos tempos. Mesmo a ênfase que dá ao momento da troca de mercadorias, longe de tender a subvalorizar a totalidade do circuito do capital – nem em particular o momento da produção social –, o que faz é confirmar o que Marx e Engels já afirmavam em relação à centralidade da troca de mercadorias para o modo capitalista de produção social. Eles ancoraram as relações jurídicas nas relações de troca, como expressão da predominância do valor de troca como o novo *leitmotiv* da produção social. A forma jurídica serve para materializar tais relações de troca.

O jurista bolchevique nos obriga a confrontar o jurídico como dispositivo de poder a serviço da reprodução do capital, uma forma reificada de dominação que transcende nossa falsa situação como "sujeitos de direito" para tentar controlar nossa vida, de fora e de dentro de cada um de nós. Ainda assim, Pachukanis contrapõe a regulação normativa societal, cujo fim é o comum, à regulação jurídica, cujo eixo é o privado. Decorre daí sua insistência no imperativo de assumir a extinção progressiva desta última, como forma dominante, para a construção da sociedade comunista.

Carlos Rivera-Lugo (1948) é um acadêmico porto-riquenho com formação pela Universidad de Puerto Rico, pela Facultad Latinoamericana de Ciencias Sociales, pela Columbia University School of Law e pela Universidad del País Vasco. Atualmente, é professor da pós-graduação em direitos humanos da Faculdade de Direito da Universidade Autónoma de San Luis Potosí, no México, e membro do grupo de trabalho Pensamiento Jurídico Crítico, do Conselho Latinoamericano de Ciências Sociais (Clacso). É autor de *¡Ni una vida más para el derecho! Reflexiones sobre la crisis actual de la forma jurídica* (2014).

Jean-Marie Vincent*

Desde que Pachukanis publicou a primeira versão de seu livro, ocorreram muitas mudanças na vida jurídica. Desenvolveu-se, aceleradamente, um direito dito social, o que mostra de maneira muito clara que a pretensão igualitária do direito

* Excerto de "Présentation", em E. B. Pasukanis, *La théorie générale du droit et le marxisme* (Paris, Études et Documentation Internationales, 1976), traduzido do original em francês por Taylisi de Souza Correa Leite. (N. E.)

burguês choca-se contra uma realidade de profundas desigualdades entre os indivíduos, os grupos e as classes. Alguns grupos da classe dominante arrogam-se verdadeiros privilégios, enquanto os grupos das classes dominadas devem ser protegidos dentro de certos limites contra os efeitos nefastos da exploração capitalista. A própria ordem judiciária mudou profundamente. Na maioria dos países ocidentais, o topo da hierarquia judiciária tornou-se mais "político", isto é, mais diretamente dependente do Estado, porque assumiu funções político-administrativas bastante amplas. Por outro lado, os grupos profissionais viram suas competências se estenderem no domínio judicial ou quase judicial. O resultado é uma complicação extraordinária da justiça, um emaranhado de jurisdições e competências, sobreposições de domínios que implicam intervenções muito mais frequentes do governo e da alta burocracia. A separação dos poderes, que nunca passou de uma divisão de trabalho no interior do Estado, controlada e sancionada por uma opinião pública burguesa, hoje não é mais do que uma ficção. O intervencionismo e a atual multifuncionalidade do Estado capitalista acarretam mudanças constantemente repetidas da ordem jurídica, que também se torna mais pesada, mais opressiva. Para as massas populares, que não dispõem da assessoria jurídica necessária para o uso racional das diferentes legislações, o direito é cada vez mais imprevisível e irracional. As características próprias do indivíduo e sua situação em determinado momento aparentemente não têm nenhuma relação significativa com as relações jurídicas que ele mantém com outros (embora sua situação de explorado se reflita em sua posição jurídica inferior).

Portanto, não há razão para considerarmos que os problemas fundamentais apresentados por Pachukanis estejam ultrapassados. As mudanças do direito, sua adaptação às transformações da sociedade capitalista, não alteraram sua natureza de classe, seu papel para produzir e reproduzir o indivíduo isolado necessário às relações de produção capitalistas, para promover a apropriação da força de trabalho pelos capitalistas, para impedir e reprimir a organização coletiva dos trabalhadores e conter os confrontos dos indivíduos e dos diferentes estratos da sociedade.

Jean-Marie Vincent (1934-2004) é um filósofo francês e pesquisador marxista de ciências políticas, com ênfase na crítica do trabalho e na teoria do valor. De inclinação trotskista, participou da fundação do Parti Socialiste Unifié (PSU), no qual militou durante os anos 1970, desligando-se em 1981. É autor de *Critique du travail: le faire et l'agir* (1987).

Dragan Milovanovic*

Na Europa e na América do Norte, foi somente no fim da década de 1970 que alguns teóricos do direito redescobriram o trabalho de Pachukanis. Submetendo-o a uma cuidadosa análise crítica, chegaram à conclusão de que oferecia uma alternativa às interpretações tradicionais marxistas, que veem a lei pura e simplesmente como vinculada aos interesses da classe dominante. Em meados da década de 1980, a perspectiva instrumental que estava em voga na sociologia, na criminologia, na política e na economia marxistas cederia – em grande parte em virtude dos *insights* de Pachukanis – a uma avaliação marxista mais estrutural da relação do direito com a economia e outras esferas sociais. [...]

[Nesta obra,] Pachukanis, antecipou muitas das teorias revisionistas desenvolvidas por Louis Althusser e Nicos Poulantzas do fim da década de 1960 até o fim da década de 1970. A noção emergente, contrária à forma dominante do marxismo instrumental e de classe nos anos 1960, afirmava a existência de um número de esferas relativamente autônomas (a econômica, a política, a ideológica e a jurídica) que surgiram historicamente em articulações relativamente estabilizadas, produzindo a substância real do próprio direito. Em diferentes momentos históricos, uma dessas esferas sociais pode ser a mais dominante. Pachukanis já parece reconhecer isso num artigo de 1932, ao declarar: "Uma relação jurídica é uma forma de relação de produção, pois a influência ativa da organização de classe da classe dominante transforma a relação factual em legal, dá uma nova qualidade a ela e, assim, a inclui na construção da superestrutura jurídica". Pachukanis indica aqui a natureza interconectada das várias esferas de influência, em que uma pode ser a mais dominante.

Dragan Milovanovic, nascido na Sérvia, é professor de direito criminal na Northeastern Illinois University, em Chicago, Illinois. Autor de diversas obras sobre criminologia e direito, é editor da revista *International Journal for the Semiotics of Law*.

* Excerto de "Introduction to the Transaction Edition", em E. B. Pashukanis, *The General Theory of Law & Marxism* (2. ed., New Brunswick/Londres,Transaction, 2003), p. viii e xviii-xix, traduzido do original em inglês por Thiago Kühl. (N. E.)

KARL KORSCH*

É particularmente instrutivo compararmos a "teoria geral do direito" publicada em 1929 pelo marxista soviético Pachukanis não com as declarações mais antigas de Marx e Engels, historicamente derivadas das circunstâncias concretas do despertar revolucionário do moderno movimento dos trabalhadores, mas sim com um escrito publicado em 1887 por Engels (em colaboração com Kautsky) em *Die Neue Zeit*, no qual Engels se posiciona sobre as questões do direito, a partir das necessidades teóricas e práticas de uma nova fase do desenvolvimento do moderno movimento dos trabalhadores consideravelmente mais próxima das circunstâncias atuais. Ao mesmo tempo que o crítico materialista F. Engels condena severamente as ilusões do "socialismo dos juristas" defendidas então por A. Menger e outros amigos "bem intencionados" dos trabalhadores, sublinha energicamente o fato de a moderna classe operária "não poder exprimir completamente as suas condições de vida no seio das ilusões jurídicas da burguesia", rejeita incisivamente a pretensão que poderia tentar um dos partidos socialistas existentes a "criar a partir de seu programa uma nova filosofia do direito", ele não se satisfaz com essa negação, abstratamente centrada no "objetivo final" revolucionário, da "forma jurídica" e da "concepção jurídica do mundo" essencialmente características da sociedade burguesa. Em oposição aos chamados "direitos socialistas fundamentais" (direito ao "produto integral do trabalho" etc.) pomposamente estabelecidos por Menger e que são insuficientes já do ponto de vista teórico, mas aos quais, mesmo sob essa forma, acabam renunciando na prática, Engels proclama outras "reivindicações jurídicas bem determinadas" que, de acordo com sua concepção, devem ser avançadas pelos socialistas e sem as quais "é impossível um partido socialista ativo, como, aliás, qualquer partido político". E a única condição fundamental que coloca para *tal programa de reivindicações jurídicas da classe proletária em luta* é a seguinte condição *materialista*: essas reivindicações jurídicas, diferentes e variáveis de acordo com a época, o país e o grau de desenvolvimento social, devem ser, em todos os casos, adaptadas o mais exatamente possível às circunstâncias e às condições efetivas da luta de classes[1].

---

* Excerto de "Paschukanis: Allgemeine Rechtslehre und Marxismus", em Carl Grünberg (ed.), *Archiv für die Geschichte des Sozialismus und der Arbeiterbewegung* (Leipzig, C. L. Hirschfeld, 1930), v. 15, p. 301-10 (aqui, p. 307-8), traduzido do original em alemão por Soveral Martins para a edição portuguesa de E. Pachukanis, *A teoria geral do direito e o marxismo* (Coimbra, Centelha, 1977). Neste volume, publicado com revisão da tradução de Nélio Schneider. (N. E.)

1 [F. Engels,] "Juristen-Sozialismus", em *Die Neue Zeit*, Stuttgart, v. 5, n. 2, 1887, p. 49-62 [ed. bras.: F. Engels e K. Kautsky, *O socialismo jurídico*, trad. Lívia Cotrim e Márcio Bilharinho Naves, 2. ed. rev., São Paulo, Boitempo, 2012].

É evidente que esses critérios de apreciação de um programa jurídico socialista e também, portanto, de uma teoria socialista do direito, estabelecidos por Engels nesse testamento não podem ser simplesmente aplicados sem modificações à "teoria marxista do direito" do marxista soviético Pachukanis. Com efeito, este livro de Pachukanis foi escrito nas condições totalmente diferentes de uma revolução proletária já iniciada e em pleno curso. E mesmo quem considera essas condições uma ilusão histórica deve levar em conta sua existência subjetiva ao julgar o conteúdo dessa "teoria marxista do direito". Não se pode nem mesmo criticar o autor por não ter percebido, em sua disciplina específica, que é o direito, o caráter burguês das atuais instituições de seu "Estado soviético socialista" no presente "período de transição", caráter que não se modificou com a mudança de sua designação. [...]

Karl Korsch (1886-1961) foi um teórico marxista alemão formado em direito pela Universidade de Jena e ligado à Escola de Frankfurt. Entre 1917 e 1933, influenciado pela Revolução Russa, militou em diversas frentes na esquerda alemã, até deixar o país. Após um breve período na Inglaterra e na Dinamarca, se estabeleceu nos Estados Unidos, onde lecionou na Tulane University. Suas obras mais importantes são *Marxismo e filosofia* (1923) e a biografia *Karl Marx* (1938).

OUTROS LANÇAMENTOS DA BOITEMPO

Como a China escapou da terapia de choque
Isabella Weber
Tradução de **Diogo Fagundes**
Revisão técnica e orelha de **Elias Jabbour**

Junho de 2013: a rebelião fantasma
Breno Altman e Maria Carlotto (org.)
Textos de **Camila Rocha, Jones Manoel, Lucas Monteiro, Maikon Nery, Mateus Mendes, Paula Nunes, Raquel Rolnik** e **Roberto Andrés** e **Vladimir Safatle**
Prólogo de **Dilma Roussef**
Orelha de **Isabela Kalil**
Fotos de **Maikon Nery**
Apoio de **Fundação Friedrich Ebert**

Imperialismo e questão europeia
Domenico Losurdo
Tradução de **Sandor José Ney Rezende**
Organização e introdução de **Emiliano Alessandroni**
Posfácio de **Stefano G. Azzarà**
Revisão técnica e orelha de **Rita Coitinho**

Marx, esse desconhecido
Michael Löwy
Tradução de **Fabio Mascaro Querido**
Orelha de **Valerio Arcary**

Che Guevara e a luta revolucionária na Bolívia
Luiz Bernardo Pericás
Orelha de **Michael Löwy**
Quarta capa de **Werner Altmann e Osvaldo Coggiola**

ESCRITOS GRAMSCIANOS

Conselho editorial: Alvaro Bianchi, Daniela Mussi, Gianni Fresu, Guido Liguori, Marcos del Roio e Virgínia Fontes

Os líderes e as massas
escritos de 1921 a 1926
Antonio Gramsci
Seleção e apresentação de **Gianni Fresu**
Tradução de **Carlos Nelson Coutinho e Rita Coitinho**
Leitura crítica de **Marcos del Roio**
Orelha e notas de rodapé de **Luciana Aliaga**

ESTADO DE SÍTIO

Coordenação: Paulo Arantes

Colonialismo digital
Deivison Faustino e walter Lippold
Prefácio de **Sérgio Amadeu da Silveira**
Orelha de **Tarcízio Silva**

MARX-ENGELS

Resumo de O capital
Friedrich Engels
Tradução de **Nélio Schneider e Leila Escorsim Netto (cartas)**
Apresentação de **Lincoln Secco**
Orelha de **Janaína de Faria**

LITERATURA

Arrigo
Marcelo Ridenti
Orelha de **Michael Löwy**
Quarta capa de **Regina Dalcastagnè, Maria Arminda Nascimento Arruda e João Quartim de Moraes**

Laerte, *Folha de S.Paulo*

Publicado em abril de 2017, um ano depois do golpe jurídico-parlamentar-midiático que depôs a presidenta do Brasil legitimamente eleita, Dilma Rousseff, e cem anos após a deflagração da Revolução Russa, este livro foi composto em Adobe Garamond Pro, corpo 11/13,2, e reimpresso em papel Polen Natural 80 g/m² pela gráfica Rettec, para a Boitempo, em julho de 2023, com tiragem de 1.500 exemplares.